Change

By Caren Meyer

Impressum

1. Auflage 2024
Copyright © Caren Meyer, An der Freiheit 4, 17255 Priepert
Alle Rechte vorbehalten.
Coverdesign: Caren Meyer

TikTok: carenmeyer.autorin

ISBN: 9783759208897

Herstellung und Druck über tolino media GmbH & Co. KG,
Albrechtstr. 14, 80636 München. Printed in Germany.
Fragen zu Produktsicherheit an: gpsr@tolino.media.

Triggerwarnung

Dieses Buch ist teilweise schwer zu verkraften und enthält Inhalte wie Gewalt, Suizidgedanken, Hass und Tod.

Für alle, die immer noch mit ihrer Vergangenheit kämpfen und glauben, dass sie nicht genauso Liebe verdienen.

...

„Du bist stärker, als du denkst..."

Kämpfe immer weiter und gib nicht auf…

Prolog

17? Verdammt. Ehrlich gesagt konnte man mir mein Alter nie ansehen, laut zahlreicher Menschen. Es war ein Alter voller Verwirrungen, wo man einfach nicht wusste, wer man war und wer man sein wollte. Genau das war ich. Ich wusste weder, was ich vom Leben wollte, noch was das Leben überhaupt bedeutete. Tief in mir fühlte ich mich immer noch wie ein kleines Kind, oder besser gesagt, einfach noch nicht erwachsen. Die Zeit schien plötzlich viel schneller zu vergehen als zuvor, und das bereitete mir ehrlich gesagt ziemliche Angst. Letztens war ich noch in der Kita, dann auf einmal in der Grundschule und dann auch schon in der Oberstufe. Wo rannte bloß die Zeit hin? Es war unfassbar, wie viel man innerhalb von 17 Jahren erleben konnte und was für einen kleinen Teil es ausmachte im gesamten Leben. Und trotzdem zerbrach ich mir meinen Kopf über mein Gestern, mein Heute und über mein Morgen. Ich wusste nicht, was mit mir nicht stimmte, aber ich hatte immer das Gefühl, dass man mich nie wirklich verstand. Egal wie sehr ich versuchte, meine Gefühle zu erklären, es schien nie anzukommen. Als würde ich mit einer Wand reden. Oder als wäre ich es nicht wert, dass man mich anhörte. Niemand befreite mich von meinen Sorgen, meinen Gedanken und dem ganzen Chaos. So sehr ich doch wollte, dass man mich befreite, niemand war da. Niemand. Wie sollte ich das auch schaffen? Ich hatte bereits zu viel Zeit damit verschwendet, es anderen zu erklären, und am Ende kam immer dasselbe dabei heraus. Leider waren Menschen einfach nicht so, wie man sie gerne hätte. Jeder war zu sehr mit sich selbst beschäftigt, was nicht unbedingt schlecht war, aber es bedeutete, dass sie keine Zeit für andere fanden. Warum mochte man mich nicht so, wie ich war? Ich hörte immer nur, dass ich arrogant, verwöhnt und hohl im Kopf sei. Es war, als hätte man mich von Anfang an abgewiesen, ohne mir eine Chance zu geben. Aber das war doch nicht fair... Wie sollte ich zeigen, dass ich Gutes in mir hatte, wenn man mich sofort abwies und mich abstempelte? Seltsamerweise wurde ich immer als die Dumme abgestempelt, die nichts begriff, obwohl ich die besten Noten in der Schule hatte. Es war ein Mysterium, das ich nicht verstand. Was war bloß los mit diesen Menschen?

„Die kleine Naive". Diese kleinen Worte hatten dennoch große Auswirkungen und verletzten mich. Ohne dass ich es wollte, schlugen all diese Worte auf mich ein, bis ich nicht mehr konnte. Es war auch niemand da, der mich aufhob, der mich vom Boden hochnahm. So sehr ich mir doch wünschte, es wäre auch nur ein Mensch in meinem Leben, der mir zeigen konnte, dass ich es wert war. Dass ich es wert war, geliebt zu werden. Gesehen zu werden.

„Wie soll ich so weitermachen?", fragte ich mich jeden Tag, wenn ich in den Spiegel schaute, denn im Spiegel, wo ich mir selbst in die Augen sah und in den Verstand, welcher mich verrückt machte. Es war, als würde ich die Spiegelung einer Gestalt sehen, die ich verabscheute, denn diese Person war so kaputt, dass sie selbst anfing zu weinen, sobald sie sich ansah. Warum konnte ich nicht jemand sein, der ein besonderes Talent besaß, etwas Außergewöhnliches? Niemand möchte unbemerkt und unbedeutend bleiben. Doch ich fühlte mich, als ob ich in meinem eigenen Leben nur eine Nebenrolle spielte, und das machte mich fertig. Denn was auch immer ich tat, ich hatte das Talent für nichts gut genug zu sein. Weder für Menschen, noch in bestimmten Dingen. Jedenfalls wusste ich nicht, wer die Hauptrolle hatte, aber ich war es definitiv nicht. Manchmal bekam ich Komplimente, die mich zum Lächeln brachten, aber sie kamen immer nur von meiner Familie. Natürlich wertschätzte ich alles Positive, doch all das wurde zerstört von all dem Negativen in meinem Leben. Mein Leben war für mich schon hart genug, auch wenn es anderen gegenüber privilegiert war. Ich war mehr als dankbar für das, was ich hatte, doch es war auch nicht das, wofür es sich lohnte zu leben. Was war schon materieller Reichtum? Das Problem war mein Kopf, von dem ich nie eine Pause bekam. Dank der Leute, die mich immer runtergemacht hatten, war nun immer dieses traurige kleine Selbstwertgefühl meine zweite Stimme im Kopf. Und diese Stimme machte mich verrückt, jeden weiteren Tag, denn es gab keine Pause.

Mein Vater hatte hohe Erwartungen an mich, und ich wollte selbst auch erfolgreich sein. Er war bewundernswert, wie er etwas schuf, aus dem Nichts. Ich durfte ihn nicht enttäuschen. Und dann sah ich wieder mein Spiegelbild, das mir sagte, dass ich alles falsch machte. Warum fühlte ich mich so anders, obwohl ich eigentlich genauso war wie alle anderen? Verdammt sei mein Kopf.

1.Kapitel

Es klingelte, und die Lehrer baten uns Schüler, in die Klassenräume zu gehen. Ich war noch immer völlig vernarrt in mein Buch „A New Beginning with You", das ich die ganze Pause über gelesen hatte. In meinem Kopf schwirrten die Wörter nur so umher, sodass ich an nichts anderes mehr denken konnte als an Eva, die im Buch gerade ihre Gefühle gestand. Die Welt zu erleben, wie Eva, war so wundervoll. Ich hatte das Gefühl, wir teilten unsere Gedanken, als hätten wir eben gleiche Gedankengänge. Bücher gaben mir so viel Sicherheit, weil ich jedes Mal wusste, dass es ein gutes Ende geben würde. Wenn ich ehrlich war, gehörte ich zu den Lesern, die oft zuerst das Ende lasen, vermutlich weil ich einfach Sicherheit brauchte. Ich musste wissen, ob es ein schönes Ende gab oder ob ich mich auf etwas Herzzerreißendes einließ. Hingegen konnte ich mir ein gutes Ende in meinem Leben nicht vorstellen. Herzschmerz hatte ich bereits in meinem eigenen Leben erlebt, und so wollte ich lieber von einer perfekten Welt träumen.

Es kam oft vor, dass ich von einem anderen Leben träumte, einem, in dem ich sein konnte, wer ich war. Einem, in dem ich geliebt wurde.

Mr. Spencer, mein Mathelehrer, kam auf mich zu. Ich sah ihn im Augenwinkel und klappte daraufhin ruckartig das Buch zu. Plötzlich befand ich mich wieder in der Schule. Auch wenn ich lieber wieder im Buch sein wollte, packte ich mein Buch in meine Tasche und schulterte sie. Nun hatten wir Chemie, ich mochte schon immer Chemie. „Wie kann man es nicht mögen?", dachte ich, denn es ist so interessant und überwältigend. Ich lachte ein wenig in mich hinein und schüttelte den Kopf, um dem Unterricht zu folgen, denn mir war aufgefallen, wie Mr. Wyler ein paar Mal zu mir herüberschielte. Mir kamen immer so viele Fragen in den Kopf, wenn ich im Chemieraum saß. Man konnte sagen, dass ich aufblühte und einfach alles wissen wollte. Der Raum war groß, mit so vielen Laborgeräten. Hier fühlte man sich wie eine Chemikerin, mit all den Reagenzgläsern und den Substanzen, in den Regalen. Am liebsten würde ich Mr. Wyler mit Fragen löchern und alles hinterfragen, aber ich machte es nie. Er war streng und um die 40 Jahre alt, aber bei seinem Alter war ich mir nicht so sicher, weil er so jung wirkte. Mr. Wyler erklärte eine Aufgabe an der Tafel, daraufhin sollten wir uns in Gruppen zusammensetzen. Die Aufgaben waren leicht und einfach zu lösen, das sollte nicht schwer sein. Ich schaute mich um, doch alle lachten und fingen laut an zu quatschen. Wenn ich meine Klasse so ansah, konnte ich nicht glauben, dass sie Probleme hatten. Ich rutschte unbequem auf meinem Stuhl herum. Die Stimmen um mich herum machten mich nervös. Es gefiel mir nicht, in der Rolle zu stecken, in der ich mich wie das letzte Opfer fühlte. Ich gehörte nicht dazu und fühlte mich wie eine... Gestörte. Vielleicht war die Bezeichnung etwas übertrieben, aber ich fand keine bessere, die mein Gefühl besser beschreiben konnte. Niemandem wollte ich meine Schattenseiten zeigen. Sie waren grausam. Selbst ich versteckte sie vor mir, denn sie machten mir Angst. Meine Schatten zeigten meine größten Ängste, vor denen ich davonlief. Bisher versuchte ich, sie zu verstecken, aber sie versuchten auszubrechen, doch das durfte nicht geschehen. Die anderen wirkten so sorgenfrei, das wollte ich auch sein. Neidisch sah ich meine Mitschüler an. Gruppenarbeit war schlimm, eine sehr unangenehme Situation, die mich innerlich verrückt machte. Ich wusste nicht wohin, ich wusste, sie mochten mich nicht. Und ich wusste, was sie über mich dachten, sie machten kein großes Geheimnis daraus. Ich bemerkte, dass sich inzwischen alle Cliquen in der Klasse zusammenfügten und ich noch immer auf meinem Platz saß. In meinem Inneren zog sich alles zusammen, und mein Herz klopfte schwer. Mir wurde unwohl, und ich wollte mich am liebsten in Luft auflösen. Wäre ich eine Mischung aus Stickstoff und Sauerstoff, würde ich mich tatsächlich in Luft verwandeln. Wieso sagte man mir so oft, ich wäre ein freundlicher und liebevoller Mensch? Die meisten sahen das Gegenteil.Egal wie freundlich ich zu anderen war, sie stempelten mich sofort ab und wollten nichts mit mir zu tun haben. Solange dies jeder dachte, war ich allein. Ich hatte Angst, dass ich am Ende allein blieb, während alle anderen ihr Glück finden würden. Ich war schon immer etwas zurückgeblieben, ich meine nicht geistig, aber ich verstand es auch nicht. Wie ein nicht passendes Puzzleteil in einem Puzzle. Alles, was mich tatsächlich glücklich machte, waren meine Serien und Filme, mit denen ich jeden Tag verbrachte. Ich schaffte es durch Filme oder auch Bücher, meine Vergangenheit zu vergessen und an einem neuen Leben teilzunehmen. Manchmal verschlang ich Bücher geradezu. Bücher waren Kunstwerke für mich. Ein Buch gab mir so viel. Sie regten mich zum Nachdenken an und boten mir eine riesige Vorstellungskraft. Sie schafften Möglichkeiten neue Dinge zu denken, zu lernen und zu träumen. War es denn nicht unfassbar, was für eine Kraft Bücher auf den Verstand und unser Herz haben? Man lernte das Unmögliche kennen. Manchmal tauchte mein ganzer Kopf so tief in die Geschichte ein, dass ich meine Realität vergaß. Und diese Realität war brutal, voll mit Gewalt, Hass und Trauer. Wenn ich so darüber nachdachte, hörte sich das sogar ziemlich traurig an, aber ich tauchte gerne in andere Welten ab. Ich wünschte mir schon oft zu sein wie die Hauptrolle in dem Film. Zu gern würde ich mich der Welt beweisen, doch das war leicht gesagt. Was konnte ich schon bieten? Ich war eben... gewöhnlich, und so sah die Realität eher traurig aus. All meine Taten in der Vergangenheit brachen über mir zusammen, sobald ich allein mit meinen Gedanken war. Das verfolgte mich. Wenn es einen Schalter für Gefühle gäbe, hätte ich meine längst abgeschaltet. Ich musste nicht einmal lange darüber nachdenken, denn wenn es die Möglichkeit gäbe, würde ich sie ergreifen. Ich wollte lieber alles andere sein als ich selbst.

***

Alle starrten mich bereits an, weil ich noch immer an meinem Platz saß und alle anderen im Gruppenkreis. Dann sah ich auch noch, wie sich Marvin zu seinem Freund lehnte und unübersehbar über mich sprach. Sie lachten und sahen mich spöttisch an.

„Idioten", meckerte ich sie in meinem Kopf an.

Ich versuchte, sie nicht zu beachten, doch sie durchbohrten mich mit ihren Blicken. Es war unmöglich, sie nicht anzusehen, trotzdem versuchte ich es.

„Konzentriere dich!", wiederholte ich erinnernd in Gedanken.

Mr. Wyler war mal wieder gezwungen, mich in eine Gruppe zu stecken, in der ich arbeiten sollte. Denn ich war diese Außenseiterin, mit der niemand etwas anfangen konnte, womit ich mich bereits abgefunden hatte. Manchmal fragte ich mich, wie es wäre, wenn ich einen Neustart an einer anderen Schule haben könnte, wo ich sein darf, wer ich sein will.

Ich spürte den ganzen Hass und wusste, was sie dachten. Es machte mich irgendwie traurig, es verletzte mich. Und ich versuchte, es mir nicht anmerken zu lassen, aber mein Gesicht zeigte immer, wie ich mich fühlte und verriet mich damit. Mit meiner Hand an der Stirn sah es aus, als würde ich nachdenken, doch ich versuchte, mein Gesicht, meine Gefühle zu verstecken.

Meine Ohren bemerkten, wie sie alle über mich sprachen, und meine Augen betrachteten ihr Grinsen im Augenwinkel. Ein Stechen machte sich plötzlich in meinem Bauch bemerkbar, und ich fühlte mich falsch. So falsch…

Was hatte ich ihnen denn getan, dass sie ihre ganze Wut und ihren Hass auf mich richteten? Ich strich meine braune Haarsträhne, die mir ins Gesicht fiel, hinter mein Ohr. Ich hatte meine Haare zwar zu einem Zopf gebunden, doch irgendwie kamen sie immer heraus. Der Zopf war meine Standardfrisur, die ich immer in der Schule trug. Ich mochte es eben lieber, mein Privates-ich nicht mit in die Schule zu nehmen, da ich nicht wollte, dass sie noch mehr über mich wussten, als sie es jetzt schon taten, denn was sie wussten, richteten sie gegen mich.

Ich wartete, bis wir Aufgaben bekamen und malte in der Zwischenzeit still in mein Heft. Absolut keinen Plan, was ich malte, es war eben irgendwas. Irgendwann merkte ich nicht mal, was um mich herum passierte, ich hatte es geschafft, mich abzukapseln. Alles, was sie sagten, traf mich auf eine bestimmte Art, auch wenn nicht alles stimmte. Ich fing an, die Dinge zu glauben, die sie mir an den Kopf warfen. Sie hatten auch irgendwie recht, dachte ich mir. Ich zweifelte sehr an mir, ich fühlte mich nicht gut in meiner Haut, aber so ging es sicherlich jedem. Ich dachte schon oft, wie das Leben ohne mich wäre, doch ich käme nie darauf, mein Leben zu beenden, dafür gäbe es zu viele Gründe, die dagegensprachen.Dennoch gab es reichlich Momente, wo ich einfach aufgeben wollte. Es war so anstrengend, immer wieder aufzustehen, wenn man mich zu Boden stieß. Trotzdem kämpfte ich noch immer, denn ich war von der Fantasie besessen, ein besseres Leben in der Zukunft zu bekommen.

Ich träumte davon, stark und selbstbewusst zu sein. Ein Mensch, der genug Selbstvertrauen hatte, dass es ihm nicht gleich weh tat, wenn jemand sie angriff. Eine Kämpferin.

Es gab schließlich auch mal gute Momente, die mir halfen, noch stehenzubleiben. Meine Familie war das, was mich meistens stärkte. Sie war überhaupt nicht perfekt, aber ich wusste, dass ich geliebt wurde. Zumindestens von meinem Vater. Ich hatte schon oft gehofft, dass meine Klassenkameraden verstehen würden, wie ich mich fühlte, und mich endlich in Frieden ließen. Falsch gedacht. Sie schienen es eher zu ignorieren, oder ich war ihnen einfach egal.

Es wurde sogar noch schlimmer. Ich presste die Lippen zusammen und dachte an meine Eltern. Mein Vater war nur am Arbeiten und meine Mutter war noch seltener da. Sie verließ mich für ihr eigenes besseres Leben und eine Karriere. Ich wollte am liebsten bei diesem Thema meinen Kopf gegen die Wand rammen und nicht damit aufhören. Es war komisch, ich war komisch, das wusste ich. Komisch… ja, das war ich. Naja, ich kannte halt absolut niemanden, der so war wie ich. Warum war ich bloß so anders?

Ich setzte mich nun in meine zugeteilte Gruppe. Ausgerechnet in Marvins Gruppe. Ich stand von meinem sicheren Platz auf, lief quer durch den Klassenraum und ließ mich auf einem Stuhl, etwas abseits, nieder.

Dabei versuchte ich, mich unsichtbar zu machen. Sie ignorierten mich; soweit, so gut. Ich hatte so eine Angst, dass sie mich wieder verletzten. Deshalb hielt ich Abstand, damit sie mich nicht ansahen und dann auf das Thema „Louisa" kommen würden.

Mein Herz pochte wie wild, und ich konnte mich kaum auf den Unterricht konzentrieren. Am Ende der Stunde konnte ich es kaum aushalten. Ich schluckte bis jetzt immer die Tränen hinunter, wie lange ich das noch schaffte, wusste ich nicht. Alles staute sich tief in mir an. Mein Lehrer kam zu mir. Er hatte nicht mitbekommen, wie ich mich von meiner Gruppe ferngehalten hatte und den Blick am Boden gehalten hatte. Ich hatte ihn in der Stunde gefragt, ob ich auf die Toilette konnte. Ich wollte meine Tränen rauslassen, die sich so stauten, doch er sagte „Nein", denn der Unterricht war fast vorbei. Es war so unerträglich, und ich hielt es kaum aus. Ich musste mich ziemlich anstrengen, mir nichts anmerken zu lassen. Die Schule war für mich ein Ort, an dem ich jeden Tag kämpfen musste, um nicht meine Maske fallen zu lassen, die ich trug. Sie schützte mich davor, verletzbar zu sein. Aber wenn man so kaputt war wie ich, dann hielt eine solche Maske nicht ewig, weshalb ich im Notfall auf die Toilette rannte, wenn niemand mir dort begegnete. Dort konnte ich sie dann endlich abnehmen, sodass mein Herz mir augenblicklich in die Hände fiel. Ich setzte mich wieder zur Gruppe und verkroch mich auf meinen Stuhl. Meine Beine wippten auf und ab. Ich wollte dem Unterricht folgen, aber es fiel mir zu schwer, auch nur ein wenig Unterrichtsstoff aufzunehmen. Und dann war die Stunde endlich zu Ende, und ich konnte spüren, wie ich wieder begann zu atmen. Mein Brustkorb hebte- und senkte sich schwer.

„Endlich", dachte ich und sah zur Uhr über der Tür hinauf. Ich war so erleichtert, denn nach der Pause konnte ich endlich nach Hause und den Tag vergessen.

Mit schnellen Schritten kam auf einmal Mr. Wyler auf mich zu, mit seiner Lehrertasche auf der Schulter. Ich verstand nicht, wieso alle Lehrer diese gleiche dämliche Tasche trugen. Er sah mich an.

„Komm Louisa, die Stunde ist vorbei.", sagte Mr. Wyler und schenkte mir ein aufmunterndes Lächeln, aber es gelang ihm nicht. Ich wollte gerade anfangen zu reden, da kamen die Tränen, wie aus einem Wasserfall. Eine nach der anderen.

„Ich kann nicht mehr so weitermachen, ich schaff das nicht. Ich will dringend in eine andere Gruppe", gestand ich ihm und hoffte, dass er nicht nachfragte. Während Tränen über mein Gesicht liefen, sah ich panisch umher, in der Hoffnung, niemand würde mich beim Weinen erwischen. Das würde die anderen nur erfreuen.

Ich sah ihn nicht an, sondern hoffte einfach nur, dass er mich verstand. Mein Blick auf dem Boden gerichtet, im Augenwinkel sah ich, wie er sich zu mir setzte und mich verwirrt ansah. Ich sah ihn nicht an, sondern hoffte nur, dass er mich verstand. Es war furchtbar, mich so verletzlich zu zeigen, dass ich mir in diesem Moment versprach, dass so etwas nie wieder vorkommen würde. Meine Augen durchbohrten den Boden, wie seit 40 Minuten. Die Klassenzimmeruhr tickte monoton an der Wand. Der Raum, den ich sonst nur flüchtig betrachtete, schien plötzlich enger und drückender.

„Ja, geh in eine andere Gruppe", sagte er. Sein Lächeln wirkte unbeholfen, als er ging. Ein unerklärliches Gewicht lastete auf meinen Schultern, und der Raum schien sich noch weiter zu verengen. Noch nie hatte ich mich so schlecht gefühlt wie in diesem Moment. Ich spürte die Traurigkeit in mir, die ich schon ewig unterdrückte. Dann zog sich Wut in mir zusammen, denn ich konnte es nicht schaffen, ihre Worte nicht in mein Herz zu lassen. Ich kniff meine Augen fest zusammen, während meine Hände sich zu Fäusten ballten, doch im nächsten Moment umschlug mich wieder die Trauer.

Ich legte meine Stirn in Falten und dachte nach. Meine Gedanken hallten im Raum umher, während ich an alles dachte, was mir widerfahren war. Wie verletzend alle zu mir waren und dass es ihnen egal war, was sie mir damit antaten und was sie in mir damit auslösten.

Mein Vater sagte mir immer, ich solle die anderen reden lassen; sie wären nur neidisch. Trotzdem tat es mir weh. So sehr ich es versuchte, mir wurde keine Chance gegeben. Ich sehnte mich nach Liebe, nach dem Gefühl, dass mich jemand in den Arm schloss und auf mich wartete, wenn ich Halt brauchte. Doch Liebe gab es nicht. Sie war erfunden von Autoren in Büchern. Jedenfalls wurde mir das bewusst, nach allem, was ich miterlebt hatte. Meine Standards waren nicht zu hoch, aber dennoch für die meisten unerreichbar. Mit den Jahren wurde unsere Gesellschaft immer kaputter.

Ich wollte schöne Momente erleben und glücklich sein – so unbeschwert wie damals, als noch alles gut war. Ich verlangte doch nicht viel. Ich wollte doch nur, dass man mich liebte, so wie ich war.

„Was ist so schwer daran?", fragte ich mich und bereute es, meinem Lehrer meine Gefühle gezeigt zu haben. Wenn man doch nur die Zeit umkehren konnte. Ich hatte nicht vor zu heulen und doch tat ich es, wieder. „Peinlich".

Vor sechs Jahren war ich glücklich, nahm nichts ernst und lachte so unbeschwert, als gäbe es keine Probleme auf der Welt. Und ich hatte verflucht so viel Scheiße angestellt. Bei dem Gedanken schmunzelte ich flüchtig.

Ich stand auf, nahm meine Tasche, packte alle Stifte zusammen und steckte sie ein. Der Klassenraum, in dem ich so viele Stunden verbracht hatte, wirkte jetzt wie ein Ort voller unangenehmer Erinnerungen. Ein Ort, den ich mir wünschte, nie wieder sehen zu müssen. Ich sah mich noch einmal um, weil ich nichts vergessen wollte, und verließ den Raum.

Der Flur vor mir wirkte endlos, als ich langsam darüber schritt. Mein Blick war leer, und ich fühlte mich, als wäre ich nicht anwesend – wie ein Geist, der durch die Schulflure wandelte. Eine

Gestalt, die niemand beachtete.

Meine Gedanken schwirrten nur so durch meinen Kopf, denn ich platze fast vor. Die Flurlichter schienen gedämpft, und der Geruch von Reinigungsmitteln hing in der Luft. Es war der Geruch, den ich sonst nie wahrnahm, aber heute schien er meine Sinne zu durchdringen. Der kalte Fliesenboden unter meinen Füßen fühlte sich irgendwie kalt an.

Manchmal abends, wenn ich einfach nur in mein Bett wollte, kam plötzlich alles zurück, und das hasste ich besonders. Ich hasste es so sehr, dass ich nicht abschließen konnte. Alle Probleme, die ich vergessen wollte, tauchten wieder auf, obwohl ich dachte, dass ich sie vergessen würde. Leider kann man Probleme nicht verschwinden lassen; man muss sie lösen, und das brauchte auch wieder Zeit.

Ich war immer nur ein Einzelgänger, das störte mich am meisten, denn ich konnte auch mit niemandem reden. Es war einfach niemand für mich da. Selbst mein Vater, der eigentlich die Hälfte meines Lebens auf Geschäftsreise war, verstand mich nicht. Es kam manchmal so rüber, als kannte er seine eigene Tochter nicht. Auch dadurch fühlte ich mich so alleingelassen. Sein Leben bestand aus Arbeit, als wäre das der Lebenssinn. Als wäre der Lebenssinn viel Geld zu besitzen und sich alles kaufen zu können, was man begehrte. So wollte ich nicht leben.

2. Kapitel

Bereits seit zwei Jahren lebte ich mit meinem Vater in Mayfair in England. Mayfair war groß und wunderschön. Überall waren riesige Gebäude. Sie sahen alle aus wie Schlösser und guckte man zu lange hin, würde man seine Augen verlieren, so prachtvoll waren sie alle. Ein Haus schöner als das andere. Mein Vater und ich waren erst vor kurzem dort hingezogen, davor lebten wir eher ländlich. Ich hatte leider keine Geschwister, aber ich hoffte immer darauf, dass ich welche bekam. Mit der Trennung meiner Eltern war mir dann klar, dass ich keine Geschwister bekommen würde. Ich hatte die Hoffnung verloren. Unser Haus war recht schön und beeindruckend. Es hatte ein paar Stockwerke und war bereits hundert Jahre alt, trotzdem wirkte es auf eine bestimmte Art modern. Jeden Tag blieben Leute kurze Zeit stehen, um sich unser Haus anzusehen, wenn sie auf dem Bürgersteig liefen. Am liebsten mochte ich die Symmetrie unseres Hauses. Es war von starken Mauern umgeben, besaß diesen wunderschönen Stuck, den man bei fast jedem Gebäude in Mayfair sehen konnte. Es machte das ganze so prachtvoll. Vor ein paar Jahren, als ich gerade in die Grundschule kam, verschwand meine Mutter Liora. Sie wollte Karriere machen und stellte ihren Job über mich. Über ihr eigenes Kind! Sie verließ mich, wegen Geld, wegen Karriere, wegen dieses beschissenen Jobs. Ich hatte wenig Kontakt zur ihr, fast gar keinen.

Früher waren meine Eltern anstrengend und hatten sich gegenseitig ziemlich fertig gemacht, nun war es zumindest still im Haus. Trotzdem kamen immer wieder Erinnerungen hoch, an die Ecken des Hauses, in denen meine Eltern immer gestritten hatten, und daran, wie ich daneben stand mit Tränen in den Augen. Meine Eltern hatten nicht einmal bemerkt, dass ich im Raum war, mit meinem kleinen Kuscheltier fest in der Hand, das ich so fest drückte. Ich erinnerte mich oft daran, wie ich mein Kuscheltier so fest umarmte, wenn es mir nicht gut ging. Später wurde mir klar, dass ich diese Umarmung zur Aufmunterung von meinen Eltern gebraucht hatte, doch diese waren nur mit sich beschäftigt. Sie hatten sich ständig gegenseitig angeklagt, nur weil sie wütend wurden und ihre Probleme nicht auf normale Weise lösen konnten. Um es kurz zu machen, sie hassten sich! Es wunderte mich daher nicht, dass meine Mutter mich und meinen Vater verließ, aber dennoch war ich ihr einziges Kind. Sollte sie mich eigentlich so sehr lieben, dass ihr alles andere egal war?

Wenn ich ehrlich war, hatte ich nicht einmal Erinnerung daran, meine Eltern glücklich und verliebt zu sehen. Sie waren bestimmt irgendwann glücklich gewesen, nur hatte ich es nicht mitbekommen oder vergessen. Sonst war ich ein normales Mädchen, nichts war besonders an mir, es gab keine Erlebnisse, die mich spannend machten, was mich nervte. Ich wollte nicht normal sein, denn das bedeutete langweilig zu sein.

***

Auch an diesem Abend würde ich allein sein und, wie immer, meine Lieblingsserie „Die Hatsons" gucken. Allein, denn mein

Vater musste noch arbeiten. Ich hatte keine Ahnung, wann er sich blicken lassen würde.

Nach der Schule wurde ich vom Fahrdienst meines Vaters abgeholt, so wie immer. Ich hatte nichts gegen den Fahrdienst, denn so etwas brachte viele Vorteile mit sich. Ich konnte jederzeit überall sein. Während manch andere auf ihren Bus warteten, war ich bereits zu Hause.

Mein Vater arbeitete in einer großen Firma, die er leitete. Der Nachteil: Ich sah ihn kaum. Ich hatte alles, was sich viele wünschten, doch was war das für ein Leben, wenn man am Ende allein war? Ich besaß mehr Geld als so manch anderer, doch schön war das nun auch wieder nicht. Geld brachte mir nichts. Nicht das, was ich eigentlich wollte.

Ich rutschte etwas auf meiner Couch herum, da ich schon seit zwei Stunden an der gleichen Stelle saß und meine Couch auch nicht verlassen wollte. Das war mein Tagesablauf nach der Schule. Ich war nicht stolz darauf. Anders würde ich mich nicht beschreiben, ja genau das war ich.

„Geld zu haben ist… okay, aber es ist nicht alles. Eher nebensächlich", dachte ich und hörte nicht meiner Serie zu. Die Figuren sprachen, und ich starrte zwar auf den Bildschirm des Fernsehers, aber ich war völlig weggetreten und nur noch am Nachdenken.

Mein Vater besaß einige Immobilien, und ich wollte ehrlich nicht wissen, wie viele es inzwischen waren. Es war besser, nichts oder weniger zu wissen, als sich den Kopf darüber zu zerbrechen. In letzter Zeit ging ich oft shoppen, weil es mich glücklich machte, aber ich zog die meisten Kleidungsstücke, die ich kaufte, nicht einmal an. Es machte einfach Spaß, Dinge zu kaufen, aber auch schon nach wenigen Minuten verging mir die Freude daran. Ein Teil meiner Habseligkeiten beschloss ich dann zu spenden, denn sie machten mich nicht glücklich. Doch ich wusste, dass jemand anders sie mehr wertschätzen würde.

Ich ließ meine Finger durch meine Haare gleiten. Mein Haar lag endlich wieder auf meinen Schultern, nicht in einem Zopf gebunden, wie sonst in der Schule. Ich mochte sie lieber offen, trotzdem trug ich einen Zopf in der Schule. Die Ferien hatten gerade begonnen, eine gute Nachricht, denn das bedeutete, dass ich nicht wieder in die Schule musste. Alles war still im Haus, sodass ich fast einschlief.

Doch dann hörte ich Schritte. Wer war das bloß? Mein Vater? Um diese Zeit? Es schien jemand im Haus zu sein, aber wer? Die Schritte wurden lauter. Ich bekam Angst, und in meinem Kopf legte sich der Panikschalter um.

Die Schritte entfernten sich wieder. Leise ging ich zum Treppenhaus, völlig angstvoll schielte ich hinunter. Es war eine düstere Gestalt. Sie ging zu unserem Tresor, holte eine Brechstange aus dem Rucksack und hebelte den Tresor auf. Ein lautes „KNACK" und er war offen. Schnell stopfte die Gestalt das Geld in den Rucksack.

Wir hatten doch Sicherheitsleute, 3, um genau zu sein. Wo waren sie? Wieso taten sie nicht ihren Job? Ich schaute aus dem Fenster und erstarrte. Sie waren alle tot. Mein Puls stieg schlagartig, und ich dachte, ich bekäme keine Luft mehr.

„Fuck.", kam es aus meinem Mund, als ich das Ganze betrachtete.

Mein Körper fing an zu zittern, und mir lief ein eiskalter Schauer über den Rücken. Ich lief schnell, aber leise in mein Zimmer zurück und griff nach meinem Handy. Dann rief ich die Polizei an. Sie meinte, sie wären unterwegs und ich solle ruhig bleiben, aber das war nicht so leicht.

„Verstecken Sie sich und verriegeln Sie ihre Tür. Gehen Sie auf keinen Fall raus!", wiederholte ich den Rat der Notrufzentrale in meinem Kopf. Trotzdem ging ich wieder ins Treppenhaus. Der Einbrecher hatte mich noch nicht gesehen. Ich befand mich bereits am Treppengeländer und sah nun, wie er unsere Gemälde von der Wand nahm. Mein Vater sammelt nämlich teure Bilder im Wert von Millionen. Wieso kauft man sich derart teure Gemälde? Sie waren nicht mal schön.

Mittlerweile bemerkte ich, wie sich Schweiß auf meiner Stirn sammelte. Leise ging ich noch ein paar Stufen runter, denn ich wollte wissen, was gerade passierte. Es war mir klar, dass es keine gute Idee war, aber irgendwie bewegte ich mich trotzdem in Richtung Einbrecher. Schritt für Schritt. Eine Stufe quietschte, ich duckte mich. Zum Glück hatte er mich nicht gesehen.

Mein Puls raste, bei jeder Bewegung, die ich machte oder diese Gestalt. Ich konnte ihn erkennen, er war maskiert und … Oh Scheiße! Verdammt! Er hatte eine Schusswaffe in seiner rechten Hand. Ich dachte, ich würde gleich wegkippen, mir wurde ganz schummrig und ich verlor ein wenig mein Gleichgewicht.

Ich konnte es nicht glauben, was gerade passierte. Mit meiner linken Hand krallte ich mich am Geländer der Treppe fest. Es war wie in einem schlechten Krimi. Ich legte meine Hand auf mein Herz und atmete durch.

Dann hörte ich eine zweite Person - es war mein Vater. Augenblicklich riss ich angstvoll meine Augen auf. Er sah völlig erschrocken aus, kreidebleich, er musste wohl die Sicherheitsleute gesehen haben. Die Polizei war alarmiert, doch irgendwie tauchte sie nicht auf. Die Zeit kroch nur so dahin. Die Gestalt wurde hektisch und lief eilig in Richtung meines Vaters.

Ich wusste nicht, was ich tun sollte, aber ich musste ihm helfen, auch wenn ich keinen Plan hatte, was ich tun konnte. Ich lief in das Zimmer meines Vaters und wollte mir aus dem Waffenschrank eine Schusswaffe entnehmen. Es lagen mehrere Exemplare da, doch ich konnte mich nicht entscheiden, welche ich nehmen sollte. Druck stieg in mir auf.

Meine Hand entschied sich schnell für einen Revolver, während mein Kopf völlig überanstrengt nachzudenken versuchte. Ich lief langsam, aber mit schnellen Schritten runter. Ich wusste, dass die Gestalt gleich auf meinen Vater treffen würde. Er hielt bereits die Waffe auf ihn, bevor ich ihn erreichte. Er murmelte leicht vor sich hin: „Ach. Schön, dass wir aufeinandertreffen. Wie fühlt es sich an unten zu stehen? Auf die Knie! Sag hallo zu meiner Schusswaffe und tschüss zu deinem Leben."

Mein Vater fing leicht an zu weinen, während er zu Boden kniete. Der Typ fing an zu lachen und begann seine Pistole zu entsichern, was mein Stichwort war.

„Halt, bitte, ich habe Familie. Sie sind doch auf Geld aus? Ich kann Ihnen geben, was sie wollen. Nehmen Sie alles und gehen Sie. Ich flehe Sie an!", sprach mein Vater jammernd vor sich her. Ich sah sie und rannte runter.

Noch nie hatte meinen Vater so gesehen.

„Halt!", schrie ich und konnte nicht glauben, dass ich das tatsächlich tat. Er wurde aufmerksam auf mich. Ich hatte solche Angst, doch ich stand aufrecht direkt vor ihm und hielt die Waffe auf ihn. Mit zitternden Händen drückte ich dann ab, doch es war keine Munition drin. Er lachte und zielte auf mich. Ich bekam die Panik meines Lebens, doch ich wich nicht von meinem Vater. Ich blieb vor ihm stehen. Meine Beine waren nicht mehr so stabil wie zuvor und machten mir noch größere Angst. Mein Brustkorb pulsierte unter meiner Hand, und ich erkannte, dass mein Herz raste. Es fühlte sich an, als würde ich einen Herzinfarkt bekommen. Plötzlich schien er etwas zu hören. Er drehte sich um und schoss … direkt auf mich. Mein Vater schrie auf. Ich konnte nichts mehr hören und klappte in mich zusammen. Ich merkte nur noch den Schmerz in meiner Brust. Mein Blut verteilte sich überall. Ich begann unkontrolliert zu schreien und hielt immer wieder meine Hand auf mein blutendes Bein. Ich konnte kaum etwas wahrnehmen, aber ich wusste, dass mein Vater mich im Arm hielt und weinte. Er sagte etwas, doch ich konnte es nicht verstehen.

Eine Träne löste sich und rollte meine Wange runter. Dann verlor ich die Besinnung.

„Das ist mein Ende", dachte ich und alles, was ich erkennen konnte, war das pure Schwarz. Ich war weg. Hörte nur noch meinen Atem und mein Herz. Mein Herz, das schallend hämmerte und dann immer leiser wurde. Eigentlich hatte ich davon gehört, dass man in den letzten Minuten seines Lebens alles Schöne in seinem Leben abgespielt bekam, bevor man die Erde verließ, doch bei mir kam nichts. Alles war nur schwarz.

Ich fühlte mich wie im Nirgendwo und spürte eine Flüssigkeit, die aus meinem Bein strömte. Sie umgab mich am ganzen Körper und ertränkte mich.

***

Ich sah ein helles Licht, das immer näher auf mich zukam, und versuchte blinzelnd meine Augen zu öffnen. Ein starkes, helles Licht brannte in meinen Augen. Ich sah mich langsam um und stellte fest, dass ich in einem Krankenhaus lag. Ich öffnete meine Augen weiter. Ein Schmerz zog sich in meiner Brust zusammen. Ich setzte mich auf, dann wurde mir schwindelig. Ich hatte eine Atemmaske auf.

„Was soll das?", dachte ich und zog die Atemmaske herunter. Dann musste ich mich übergeben. Ich wollte ins Badezimmer rennen, doch ich konnte mich vor Schmerzen nicht bewegen. Ich fühlte meine Beine nicht. Mein Puls stieg, und ich bekam Panik. Mein Herz pochte stark in meiner Brust. Ich suchte schnell eine Schale, um meinen Mageninhalt zu entleeren, der in mir wie ein Vulkan auszubrechen drohte. Gefunden. Zum Glück. Es drehte sich noch immer alles in meinem Kopf, und das würde wahrscheinlich auch nicht sofort verschwinden.

Plötzlich kam ein Mann mit weißer Bekleidung und einem Namensschild herein.

„Oh, wie ich sehe, sind Sie wach", sagte er zu mir, während er die Brille abnahm, sich mit dem Zeigefinger den Nasenrücken rieb und anschließend die Brillengläser mit dem Saum seines Kittels putzte. Kurz nachdem er das Gestell wieder aufgesetzt hatte, sah er mich an. Er lächelte und kam näher.

„Was ist mit mir? Wieso liege ich hier? Ich möchte nach Hause!", sagte ich mit leisem, flehendem Ton, und noch immer drehte

27

sich alles in meinem Kopf. Meine Stimme begann zu zittern, ich konnte meine Lippen nicht stillhalten. Er schüttelte den Kopf.

„Sie können noch nicht gehen, tut mir leid, aber Sie sind gerade aus dem Koma erwacht und-", ich unterbrach ihn.

„Ich war im Koma? Wie lange?" Ich bekam einen gewaltigen Schreck, als ich das Wort Koma hörte. Mein Herz fing wieder an, in einem schnellen Rhythmus zu beben.

„Wir werden Sie unterstützen und Ihnen bei Ihrer Genesung helfen. Keine Sorge, legen Sie sich ruhig noch einmal hin. Sie werden in die Reha-Abteilung geleitet, wenn Sie bereit sind, und Sie werden ein hartes Programm durchlaufen müssen. Sie müssen wieder auf die Beine kommen, vor allem, weil Ihr rechtes Bein durch den Schuss stark verletzt wurde. Weitere Infos erhalten Sie morgen, heute sollten Sie sich noch ausruhen", erzählte mir der Arzt in einem so ruhigen Ton, dass ich jeden Moment ausflippen könnte.

„Was ist, wenn ich nie wieder laufen kann? Oh mein Gott, was ist mit mir passiert?", dachte ich und versuchte mich zu erinnern, doch mein Kopf schmerzte bei der Anstrengung. Ich konnte mich an nichts mehr erinnern, eine dicke, fette Lücke klaffte in meinem Gedächtnis. Ich legte mich zurück und bemerkte jetzt zum ersten Mal, als der Arzt mein Zimmer verließ, dass überall in meinem Zimmer Blumen und kleine Karten standen.

„Was habe ich bitte verpasst?", stellte ich mir die Frage. Ich war völlig verwirrt.

Kurze Zeit später klopfte es an der Tür, und ein Typ, etwas meines Alters, kam herein, mit einem weißen Hemd, weißer Hose und einem Namensschild. Ich konnte den Namen nicht lesen, weil mir noch immer schlecht war. Er kam ans Bett, zu mir.

„Hey, ich bin Alec. Das eben war mein Vorgesetzter. Ich mache ein Praktikum hier und äh… Also, ich sollte dann mal", sagte er zu mir und deutete auf ein Gerät, das meine Messwerte aufzeichnen sollte. Er lächelte und schrieb etwas auf ein Blatt. Ich konnte meine Augen nicht von ihm abwenden, denn er sah wahnsinnig gut aus und hatte eine tolle Ausstrahlung. Ich musste ihn einfach anlächeln.

Ich fragte mich, wie groß er wohl war, denn er wirkte, als wäre er zwei Meter groß. Seine Haare waren ein wenig kurz, und an den Seiten hatte er kaum Haare, eben abrasiert. Er war breit und muskulös gebaut. Ich musste mich schnell wieder von seinem Blick lösen, sonst hätte es peinlich werden können. Ich sah ihm wieder ins Gesicht und lächelte freundlich.

„Ich bin Louisa", sagte ich monoton. Ich sollte echt aufhören, ihn so anzustarren, aber meine Augen fuhren immer wieder über seine Arme entlang. Meine Augen blieben an seinem Bizeps hängen, der sich bewegte, wenn er bestimmte Bewegungen machte.

„Weiß ich doch", sagte er und drehte seinen Zettel um. Ich löste augenblicklich den Blick von ihm und sah zu Boden. Er lachte amüsiert, aber hoffentlich nicht, weil er gemerkt hatte, wie ich ihn bereits angestarrt hatte, seitdem er hereingekommen war. Ich musste auch lachen. Er verdrehte die Augen und sah weiterhin unverschämt gut aus. Alec machte sich ein paar Notizen auf seinem Klemmbrett.

„Gott, Louisa, hör auf ihn so anzustarren", wies ich mich selbst in Gedanken zurecht. Dann wurde mir klar, warum er lachte. Ich hatte mich mit meinem Namen vorgestellt, obwohl er den bereits wusste. Na klar, er musste natürlich wissen, bei wem er gerade im Zimmer war. Ich richtete mich im Bett auf und blickte zu ihm. „Sag mal, wie alt bist du?", fragte ich ihn ein wenig überstürzend. Ich war einfach neugierig, das war ich immer. Ich kaute auf meiner Unterlippe, leider machte ich das automatisch, wenn ich nervös war, das hat zumindest mein Vater bemerkt. Er sah halt einfach zu jung aus, um hier zu arbeiten.

„Ich bin 19", sagte er, lächelte und setzte sich auf einen Stuhl neben meinem Bett.

„Darf ich denn auch fragen, wie alt du bist?", sagte er und blickte direkt in meine Augen, sodass ich nicht mehr weggucken konnte, als wäre ihm bewusst, was er tat.

„Wie? Steht das nicht auf dem Zettel?", scherzte ich und lachte.

Er zog seine Augenbraue hoch und sah mich an. Alec hatte diese dunklen Augen, denen man sich nicht entziehen konnte. Sie wirkten so dunkel, und doch lieblich.

„Ich wollte es von dir hören.", erwiderte er und lächelte ein wenig verlegen. Ich wurde noch nervöser. Was zum? Und wieso macht er mich so nervös? Mein Puls beschleunigte sich, nicht weil ich Angst hatte, nein, sondern weil Alec etwas in mir auslöste.

„Louisa, komm runter", sagte ich zu mir selbst, natürlich in meinen Gedanken.

„Ich bin 17. Weißt du, wie lange ich in der Rehaklinik bleiben muss? Wann kann ich wieder aufstehen und einfach laufen?", übersprang ich unser Gespräch mit der Frage.

Vorsichtig und noch etwas mitgenommen legte ich mich zurück und hoffte, hier bald wegzukommen. Ich atmete tief aus. Eigentlich wollte ich mich nicht auf andere verlassen, doch das Krankenhaus und mein Zustand zwang mich dazu.

„Das tut mir leid, das kann ich dir nicht sagen. Wie gesagt, ich bin nur Praktikant." Er sah mich bemitleidend an, als würde er verstehen, dass ich unbedingt hier raus wollte.

Plötzlich bekam ich keine Luft mehr. Ich griff hilfesuchend an meinen Hals und begann immer blasser zu werden. Das Messgerät schlug wie verrückt Alarm, sodass es in den Ohren schmerzte. Alec sprang auf und wurde sofort aufmerksam. Er drückte auf einen roten Knopf, der sich am Bett befand. Die piepsenden Alarmgeräusche erfüllten den Raum und dröhnten in meinem Kopf. Zügig nahm er meine Arme und richtete mich auf. Deutlich sah ich die Angst in seinen Augen, er wirkte bleich und erschrocken. Dann kam auch schon sofort der Arzt herein. Alles drehte sich, und ich lief rot an. Tränen brachen aus, und ich bettelte noch immer nach Luft. Sie packten mich und versuchten, mir zu helfen. Ich dachte, ich würde sterben. Mein Körper war auf einmal zu einem Rätsel geworden, das niemand lösen konnte. Niemand wusste, warum ich die Anfälle bekam. Die Ärzte waren überall und taten ihr Möglichstes. Ich wusste nicht, was sie taten, aber ich merkte, dass ich immer besser Luft bekam. Und dann wurde meine Atmung langsamer, und ich schloss die Augen. Ich war völlig erschöpft und sah nur noch schwarz, bis ich dann einfach weg war. Wieder.

3. Kapitel

Ich erwachte in einem Raum, in dem die Stille fast greifbar war. Selbst im Halbdunkel konnte ich die Umrisse von medizinischen Geräten und Möbeln erkennen. Als meine Augen langsam die Konturen erfassen konnten, bemerkte ich Alec, der auf einem Stuhl neben mir friedlich schlief. Sein Kopf ruhte leicht auf seiner Hand, und die sanften Atemzüge verrieten, dass er in einem tiefen Schlaf versunken war.

Die Frage schlich sich in meine Gedanken: Warum war er überhaupt hier in meinem Krankenzimmer?

„Alec. Alec. Hey, wach auf", flüsterte ich ihm zu. Er regte sich, öffnete verschlafen die Augen und blickte mich mit einer Mischung aus Müdigkeit und Besorgnis an.

„Hey, du bist wach. Geht es dir besser?", erkundigte sich Alec leise und noch immer in einem Dämmerzustand.

„Ja... mir geht es besser. Danke ...", antwortete ich, und ein zaghaftes Lächeln glitt über meine Lippen. Er rieb sich die Augen, suchte meinen Blick.

„Louisa ... Du hast mir einen ganz schönen Schrecken eingejagt." Er fuhr sich nervös durch die Haare, blickte mir dann tief in die Augen und schenkte mir ein ansteckendes Lächeln. Es schien, als würde er sich tatsächlich um mich sorgen. Worte fehlten mir, also lächelte ich einfach zurück.

Alec stand auf, überprüfte meine Messwerte und wandte sich

dann meinem Nachttisch zu. Ich griff nach meinem Handy, durchschaute meine Nachrichten. Ein leises Gefühl der Enttäuschung stieg auf, als ich feststellte, dass niemand geschrieben hatte. Dann klingelte mein Handy, und das Display zeigte den Anruf meines Vaters. Ja, er meldete sich mal. Die Freude darüber vermischte sich jedoch mit Enttäuschung, als er nur nach meinem Befinden fragte und meinte, ich solle stark bleiben. Enttäuscht darüber, dass er wieder nur an die Arbeit dachte, wandte ich meinen Blick ab. Geld, Geld, Geld – als ob das das Einzige im Leben ist! Wie sehr hätte es mich gefreut, wenn mein Vater gekommen wäre, um bei mir zu sein. Wie sehr hätte es mir gefallen, wenn mein Vater da gewesen wäre, als ich aufgewacht war. Die Umgebung im Krankenzimmer wirkte kühl und steril, und meine Gedanken sehnten sich nach einem vertrauten Gesicht, nach einem Hauch von familiärer Wärme.

In der Stille des Krankenzimmers versank ich in Gedanken, während Alec weiter meine Vitalwerte überprüfte.

***

Es gab Abendessen im Krankenhaus, schrecklich! Das schmeckte einfach nicht. Das Erste, was ich tun würde, wenn ich aus dem Krankenhaus käme, wäre essen gehen – und zwar richtig essen. „So viel ich kann", dachte ich und versprach es mir damit selbst. Der Raum um mich herum war von kühlem, steril wirkendem Licht durchflutet, und der Geschmack des Krankenhausessens verstärkte das Verlangen nach etwas Normalem, nach einem echten kulinarischen Genuss.

Alec, ein wahrer Lichtblick in dieser Umgebung, behandelte

mich anders als die anderen im Krankenhaus. Er sah mich nicht nur als Patienten, sondern als Menschen. Während seiner Pausen setzte er sich zu mir, und unsere Gespräche schienen stundenlang zu dauern. Es war, als ob die Zeit stillstand, wenn er bei mir war, und ich fühlte mich besser, weniger allein.

Es erstaunte mich immer wieder, wie Alec selbst in seinen Freistunden zu mir kam. Sein Lächeln schien meine Gedanken zu lesen, und seine Präsenz wirkte tröstend.

„Ich habe Essen mitgebracht", rief Alec mit einem breitesten Lächeln überhaupt. Der Raum erhellte sich förmlich, als er ein Fast-Food-Paket auf mein Bett legte.

„Du hast doch gesagt, wie sehr dich das Essen hier anwidert. Hast du Lust, mit mir zusammen zu essen?", fragte er und fuhr sich nervös durch die Haare.

„Oh mein Gott, das ist genau das, was ich jetzt brauche!", rief ich begeistert. Er hatte nicht nur Essen mitgebracht, sondern auch eine angenehme Ablenkung vom Krankenhausalltag.

„Du meinst, ich bin genau das, was du brauchst?!", scherzte er stolz, und wir lachten gemeinsam. Wenigstens in diesen Momenten fühlte ich mich geschätzt und nicht übersehen.

Inzwischen hatte ich mit der Reha begonnen, doch meine Fortschritte waren minimal. Mir wurde klar, dass ich es vielleicht nicht schaffen könnte. Die Klinikatmosphäre drückte auf meine Stimmung, und ich griff nach meiner Cola, um die Gedanken zu verscheuchen. Normalerweise mochte ich keine Cola, aber in diesem Moment schien sie der einzige Ausweg zu sein. Alec unterbrach sein Pommes-Essen und sah mich auffällig an. Ich spürte, dass er etwas auf dem Herzen hatte. Seine dunklen Augen durchbohrten meine, und sein Blick verriet eine tiefere Absicht.

„Du bist so viel schöner, wenn du lächelst", stellte er aus dem Nichts fest. Diese einfachen, aber aufrichtigen Worte erreichten mein Herz, und ich konnte ein leichtes Erröten nicht verhindern.

„Was hast du gerade gesagt? Ich glaube, ich habe etwas falsch verstanden". Ich versuchte mich vom Husten erholen. Alec lachte, musterte mich und schüttelte den Kopf.

„Du hast schon richtig verstanden", sagte er, mit einem verschmitzten Grinsen auf den Lippen. Doch seine Worte hallten in meinem Kopf nach. Er fand mich schön? Mich? Das ging doch gar nicht. Alle sagten, ich sei hässlich.

Wenn er doch wüsste, dass ich außerhalb des Krankenhauses die Außenseiterin war, die von niemandem beachtet wurde. Plötzlich schien ich hier eine völlig neue Person zu sein, jemand, dem man Aufmerksamkeit geschenkte.

Ich blickte aus dem Fenster, versuchte, die aufgewühlten Gefühle zu ordnen, während die Gedanken an Alecs Worte nicht mehr aus meinem Kopf wollten.

„Vielleicht solltest du nicht so schnell essen", schlug er vor, und sein Lächeln war so beruhigend, dass es meine Unruhe etwas milderte.

„Hör auf, mich aus dem Konzept zu bringen", erwiderte ich und warf ein Pommes nach ihm, den er geschickt auffing. Mein Lachen verstummte, und meine Stirn legte sich grübelnd in Falten.

„Du kannst mich nicht schön finden", dachte ich laut und verzog mein Gesicht in Unsicherheit. Der Raum füllte sich mit einer merkwürdigen Spannung, während ich darauf wartete, dass Alec antwortete.

„Doch, ich kann.", sagte er und fing meinen Blick auf. Immer wenn er mich so ansah, hatte ich das Gefühl, er könnte lesen, was ich dachte, wie in einem Buch, weshalb ich schnell den Augenkontakt löste. Doch als ich ihn in die Augen sah, konnte ich Ehrlichkeit und etwas Vertrautes erkennen. Ich wurde etwas nervös und versuchte, auf ein neues Thema zu lenken.

„Die Sonne strahlt echt schön. Wie warm ist es eigentlich?", fragte ich ihn ablenkend und trank einen großen Schluck von meiner Cola.

Es war ziemlich anstrengend, die ganze Zeit im Bett zu sitzen und nicht die Geduld zu verlieren. Was ich wusste war, dass sie mich nicht so bald gehen lassen würden und mich damit nur quälten. Ich fühlte mich in diesem Zimmer so beschissen, aber Alec machte es erträglich. Ich würde wohl noch eine lange Zeit hier festhängen, also entschloss ich mir, nicht länger Gedanken zu machen.

Er legte seinen Burger beiseite, den er sich mitgebracht hatte, und machte seine Hände sauber. Aufmerksam sah ich ihn verwundert zu und versuchte zu deuten, warum er es plötzlich so eilig hatte. Er stand auf und ging. Das erschrak mich. Hatte ich etwas Falsches gesagt? Ich war enttäuscht, dass er einfach ging, doch dann kam er mit einem Ordner zurück. Ich atmete in meinen Gedanken laut aus, weil ich ehrlich nicht wollte, dass er ging und mich allein in diesem öden Zimmer zurückließ. Ich schaffte ein wenig Platz, und Alec setzte sich. Er schlug den Ordner auf und suchte nach etwas.

„Was machst du?", fragte ich interessiert.

„Ich suche nach deinen Entlassungsdaten. Du willst doch wissen, wann du entlassen wirst, oder?", fragte er mich und blickte eilig die Unterlagen durch.

„Ja, stimmt." antwortete ich und blies Trübsal.

Ich wollte irgendwas sagen und ihn wieder zum Reden bringen, doch er wirkte plötzlich abwesend. Ich dachte wir wären Freunde, aber was weiß ich. Irgendwie war es enttäuschend für mich, dass er auf einmal so distanziert war. In meinem Kopf fragte ich mich, ob ich etwas getan hatte oder ob ich vielleicht das mit Alec falsch verstand. War ich vielleicht doch nichts weiter als eine Patientin für ihn? Ich sah zu ihm, während seine Augen suchend in den Akten waren. Vorher hatten wir geredet, und ich wollte mehr über ihn erfahren. Ich starrte auf meine Hände, die ich gefaltet hatte.

„Hier", sagte er zu mir und hielt ein Blatt in die Höhe. Mit dem Finger zeigte er auf ein Datum. Ich stellte fest, dass ich noch eine Weile im Krankenhaus verbringen musste, aber ich fühlte mich stabil, und mein Bein schmerzte auch nicht mehr so sehr, und das Laufen würde ich doch bestimmt schnell wieder lernen. Ich nahm Alec in den Arm und hielt ihn fest. Er blickte mich verwirrt an.

„Kannst du noch hierbleiben? Hier ist es so still und … einsam."

Ich lächelte ihn an, und er setzte sich bequem hin und rückte näher an mich. Wir saßen uns gegenüber.

„Klar, aber das mit dem Essen war eine Ausnahme, es ist nicht erlaubt, also es bleibt unser Geheimnis." Ich lachte und nickte.

Er erzählte mir viel von sich, und ich hörte ihm einfach nur zu. Es fühlte sich gut an, mehr von ihm zu erfahren, und ich hörte ihm gerne zu. Er sagte, er hätte sein Arztstudium gerade erst begonnen und half ein wenig aus. Sein Vater war ein großartiger

Koch in einem Hotel. Alec wohnte noch bei ihm, hatte aber schon Pläne. Ich bewunderte ihn dafür, dass er genau wusste, was er wollte. Ich war dankbar, nicht komplett allein zu sein. Wenn Alec nicht wäre, müsste ich mich allein durch meinen immer gleichen Alltag schlagen. Es fühlte sich an, als seien wir Freunde, doch irgendwie wollte ich mehr als das. Ich wollte ihm nahe sein, auch wenn wir uns erst seit ein paar Tagen kannten. Leider hatte ich nie das Glück, gemocht zu werden. Vielleicht klang das so, als wäre ich dramatisch, aber es war die Wahrheit. Ich spürte noch immer den Schmerz, den man mir damit antat. Alec war einfach so großartig. Niemand hatte mich zuvor jemals so angesehen wie er. Oder bildete ich mir das nur ein? Verflucht, ich wollte ihn berühren und seine wundervollen geschwungenen Lippen schmecken. Was dachte er wohl von mir? Mochte er mich?

„Stopp!", schrie ich in Gedanken. Mein Leben war … kompliziert, eben schwer zu verstehen. Ich wünschte, ich könnte es erklären, konnte es aber selbst nicht verstehen. Ich wollte lächeln können, ohne ein gottverdammtes Pokerface-Gesicht zu machen. Wieso ist es so schwer Lächeln zu können? Meine Gedanken schlugen gerade Purzelbäume. Ich hörte meinen Herzschlag, er war ganz ruhig. Meine Seele aber litt. Ich trug schon mein Leben lang meine Probleme mit mir rum, doch es wurde mir langsam alles zu schwer.

„Alec?", murmelte ich zu ihm. Ich war schon fast eingeschlafen.

„Ja", sagte er und sah mich an.

„Ich denke, ich werde jetzt schlafen gehen. Es war schön, dass du länger geblieben bist. Kommst du morgen wieder?", fragte ich ihn verklemmt und leise.

„Natürlich. Soll ich das Licht ausmachen?", fragte er mich verständnisvoll.

„Ja, das wäre toll, ich bin so erschöpft", gestand ich ihm. Die Lampe befand sich über meinem Kopf. Er kam näher ans Bett und versuchte das Licht auszumachen, dabei lehnte er sich über mich. Ich konnte durch einen kleinen Spalt seines T-Shirts seinen Oberkörper sehen. Mir blieb der Atem stehen. Sein Körper war wirklich sehr wohlgeformt. Man konnte deutlich erkennen, wie sich die Muskeln bei jeder Bewegung bewegten und sich anspannten. Ich konnte meinen Blick nicht abwenden, meine Augen waren einfach auf ihn geheftet, sodass ich kein Widerstand leisten konnte. Meine Atmung wurde schwer, sodass ich meine Adern in meinem Kopf pochen hören konnte. Ich bewunderte sein Oberkörper eine kurze Zeit, als er den Schalter meiner Lampe suchte. Dann war das Licht aus. Mir schoss augenblicklich die Röte ins Gesicht, doch zum Glück bekam es Alec nicht mit, wie ich rot wurde und ihn angaffte. Leise ging er zur Tür, doch bevor er ging, drehte er sich noch einmal um.

„Gute Nacht.", sagte er sanft, und dann war er weg. Ich lag wieder seelenruhig allein und war mit meinen Gedanken bei dem Anblick seines Körpers. In meinem Magen kribbelte es. Ich drückte mein Gesicht in mein Kissen und gab ein genervtes Stöhnen von mir.

„Hör auf Dich wie ein Teenager zu verhalten, der das erste Mal hinter einem Typen nachschaut", schimpfte ich in mein Kissen.

4. Kapitel

Ich verbrachte viel Zeit mit meinem Pfleger, der mir half, das Laufen wieder zu erlernen. Sein Name war Dr. Phil, aber alle nannten ihn einfach Phil, und das tat ich auch. Er war ungefähr 50 Jahre alt und ein äußerst fürsorglicher Mensch. An jedem einzelnen Tag war ich kurz davor aufzugeben, aber Phil brachte mich auf die richtige Spur und unterstützte mich. Mit vielen cleveren Taktiken und Tricks lenkte er mich ab und schaffte es, mich immer wieder zu motivieren, weiterzukämpfen. Er teilte viel über seine Familie und seinen kleinen Sohn Niklas mit. Niklas war zwei Monate alt und das Ein und Alles für Dr. Phil. Es fiel mir schwer, mich auf meinen kleinen Fortschritt zu konzentrieren. Alles verlief viel langsamer als erwartet. Leider konnte ich nicht einfach aufstehen und loslaufen. Es vergingen viele Wochen voller Schmerzen und Leiden. Glücklicherweise gab es aber auch hoffnungsvolle Momente, die mich daran glauben ließen, dass ich es schaffen konnte. Ursprünglich hatte ich nicht erwartet, jemals wieder laufen zu können. Am Anfang war es schwer, mich überhaupt aufzurichten, geschweige denn meine Füße zu bewegen. Alles wurde zu einer Herausforderung, und ich war unfähig, auch nur alleine etwas außerhalb meines Bettes zu erledigen. Wieso musste ich nur in dieses Koma fallen? Ich hätte wach bleiben sollen.

Alec besuchte mich oft und verfolgte meine Fortschritte, das gab mir Mut. Ich wollte ihn glücklich machen und zeigen, dass ich kämpfte. Mein Vater besuchte mich ein paar Mal, aber meist blieb er nicht lange. Trotzdem freute ich mich, ihm zu begegnen. Es war mir egal, wenn er nach zehn Minuten wieder verschwand, denn seine Anwesenheit fühlte sich gut an und ich kam mir wichtig vor.

Inzwischen konnte ich schon mit Krücken gehen. Die Ärzte meinten, es sei unglaublich, so schnell wieder laufen zu lernen, aber ich hatte es mir verdient und hart dafür gearbeitet. Ich hatte es geschafft, auch wenn ich noch immer ohne Krücken nicht laufen konnte. Ich war stolz und gleichzeitig enttäuscht, dass es mir schwerfiel zu laufen.

Die Reha für heute war beendet, und ich machte eine Pause an der frischen Luft. Ich schloss die Augen und stellte mir vor, als wäre alles normal und ich wäre glücklich. Ich genoss die leichten Luftzüge, das Rauschen der Blätter und die Ruhe. Tief einatmen und wieder aus, dies machte ich ein paar Mal. Dann öffnete ich wieder meine Augen. Leider war ich immer noch auf Krücken angewiesen. Trotzdem wusste ich nicht, ob ich mir mein Leben vor dem Koma wünschte. Immerhin musste ich nicht zur Schule gehen. Wenigstens war ich nicht ganz allein, denn Alec erfüllte seine freundschaftliche Rolle großartig.

Doch die Blicke der anderen waren voller Mitleid, als ob ich nie wieder ohne Krücken laufen könnte. Natürlich war das frustrierend, aber noch frustrierender war es, für den Rest meines Lebens so angesehen zu werden.

5. Kapitel

Am nächsten Morgen erwachte ich in ruhiger Gelassenheit, endlich eine Nacht, die mir gut getan hatte. In letzter Zeit schien der normale Schlaf mir fremd geworden zu sein, von meinem vielbeschäftigten Vater kaum beachtet und ohne Besuche. Diese Gleichförmigkeit der Tage nagte an meinen Nerven. Doch ab und zu sorgte Alec für eine erfrischende Abwechslung. Unsere gemeinsame Zeit war kostbar, aber leider konnte er nicht immer in meinem Zimmer verweilen und mit mir plaudern. Bei ihm schien das Leben weiterzugehen, während ich mich fühlte, als stünde meins still. Mit meinen Krücken begab ich mich ins Bad, um mich zu duschen und für den Tag fertigzumachen. Später besuchte mich Alec, wie er es am Vortag versprochen hatte.

Vor dem Spiegel betrachtete ich mein Spiegelbild. Die Augen, in die ich blickte, spiegelten nicht nur meine äußere Erscheinung, sondern auch die inneren Unruhen wider. Die Erkenntnis, dass ich ein einsames, vernachlässigtes Mädchen war, setzte mir zu. Eine Welle der Wut durchzog mich, der Drang, alles um mich herum zu zerstören, machte sich breit. Die Rolle in meinem eigenen Leben schien auf die eines Nebendarstellers reduziert zu sein – eine schmerzliche Realität. Selbst mein Vater war nicht an meiner Seite. Mit gemischten Gefühlen humpelte ich ins Bad, entledigte mich meiner Kleidung und trat unter die Dusche. Das warme Wasser ließ meine Gedanken abschweifen, und während meine Augen meinen Körper betrachteten, fühlte ich mich seltsam unwohl. Ein Blick in den Spiegel offenbarte ein einfaches Mädchen, aber meine Gedanken plagten mich mit dem Gefühl der Hässlichkeit.

Nach dem Duschen trocknete ich mich ab und kümmerte mich um meine langen dunklen Haare, die wie kleine Perlen über meinen Rücken fielen. Doch plötzlich erinnerte ich mich an die Schusswunde an meinem Bein. Ein Verband verdeckte sie, und die Neugier trieb mich dazu, vorsichtig das Klebeband zu berühren. Die Frage, ob ich einen Blick riskieren sollte, beschäftigte meine Gedanken. Ein letztes Zögern überkam mich, und ich entschied mich, die Wunde in Ruhe zu lassen – das Öffnen hätte nur eine längere Heilungszeit bedeutet. Meine Finger strichen ein letztes Mal über den Verband, bevor ich mich auf den Tag vorbereitete.

***

Bis zu diesem Moment hatte ich mich noch nicht wirklich umgeschaut und wahrgenommen, wo ich mich befand. Die Langeweile in meinem Zimmer trieb mich zur Frage, warum ich nie hinausging. Jeder Tag war gleich, und die Gefahr des Wahnsinns schien real. Es fühlte sich an, als ob die Zeit für mich stillstand, während sie für die anderen munter weiterliefen.

Ich setzte mich auf mein Bett und starrte aus dem Fenster. Gedanken an die Zeit nach dem Krankenhausaufenthalt quälten mich. Die täglichen ärztlichen Kontrollen waren monoton, wenn auch notwendig. Die Heilung meines Beins verlief quälend langsam, und meine Kraft schwand dahin. Zu Beginn meiner Zeit im

Krankenhaus konnte ich meine Augen vor Angst nicht schließen. Jeder Schlafversuch brachte das Bild des Mannes hervor, der darauf wartete, mich schutzlos zu finden. Nachts verstärkte sich die Angst, und die Schlaflosigkeit wurde zur Qual. Mein Körper zitterte bei der Erinnerung, und das Gefühl, in einem Albtraum gefangen zu sein, ließ mich kaum zur Ruhe kommen.

Plötzlich fand ich mich in einem langen Flur wieder. Verwirrt blickte ich mich um, aber niemand war in Sicht. Meine Tür war verschwunden, und Panik überkam mich. Die Flucht vor unsichtbarer Bedrohung trieb meine Beine an, und ich rannte durch den endlosen Flur. Die Umgebung wirkte wie ein Krankenhaus, doch die Stille und Leere ließen meinen Puls rasen. Schließlich endete der Flur in einer Sackgasse. Die Unsicherheit wuchs, und Schritte näherten sich rasch. Verzweifelt schrie ich nach Hilfe, doch niemand antwortete. Der Albtraum erreichte seinen Höhepunkt, als der Mörder vor mir stand. Die Panik lähmte mich, und der Schmerz kehrte zurück, als er erneut auf mein Bein zielte.

In einem lauten Aufschrei erwachte ich in meinem Bett. Tränen liefen über mein Gesicht, als ich die Realität von einem Albtraum unterschied. Der Schmerz in meiner Schusswunde war nur eine Erinnerung. Der Versuch, mich der Realität anzupassen, war schwer, und die Furcht vor der Dunkelheit hielt mich gefangen.

6. Kapitel

Meine Verfolgungsträume begleiteten mich und beschäftigten mich sehr, vor allem, weil sie sich so real anfühlten. Alec hatte mich ein paar Mal besucht, aber ich hatte ihn nicht sehen wollen. Ich wollte niemanden sehen. Das Gefühl des Schmerzes, den ich verspürte, schien nie zu verschwinden. Ich atmete tief durch und betrachtete das Frühstück, das seit einer Weile auf meinem Nachttisch stand. Der Krankenhausfraß weckte keinen Appetit in mir. Ich hätte jetzt lieber meine Familie um mich, doch wenn ich mal darüber nachdachte, wollte ich das auch nicht. Ich wusste nicht, was ich eigentlich wollte.

Bis jetzt hatte sich niemand gemeldet. Manchmal erhielt ich Nachrichten, so etwas wie „Wie geht es dir?", und jedes Mal antwortete ich mit „Gut", obwohl ich mir da nicht so sicher war.

Es war langweilig und einsam hier. Den ganzen Tag lang hatte ich nichts zu tun, außer ab und zu Reha-Übungen zu machen und auf Alec zu warten, der mein einziges Highlight war.

Schließlich stand ich auf, zog mir etwas Bequemes und Ordentliches an, schnappte mir meine Sneakers und machte mich auf den Weg nach draußen, um den Snackautomaten zu plündern. Natürlich mit Krücken, denn ohne war das Laufen nicht möglich. Eine süße Versuchung umgab meine Gedanken, und Schokolade schien die Antwort zu sein.

Das Krankenhaus pulsierte weiterhin mit geschäftiger Aktivität. Ärzte eilten hin und her, und zwischen all dem Trubel entdeckte ich einen kleinen weinenden Jungen, der einsam auf einer Bank saß. Seine Tränen berührten mich, und ich konnte es nicht ertragen, wenn jemand weinte. Sofort ging ich zu ihm.

„Hey, was ist denn los?", fragte ich mitfühlend, als ich mich zu ihm setzte. Der kleine Junge blickte mich an, schluchzte noch immer.

„Meine Mutter hat mir 2€ gegeben, und...", holte er tief Luft und atmete durch.

„Ich habe die 2€ verloren. Ich wollte so gerne einen Schokoriegel", erzählte er mir völlig traurig und enttäuscht. Ich nahm 2€ aus meinem Portemonnaie und reichte sie ihm.

„Lass uns zusammen für dich einen Schokoriegel holen. Was hältst du davon?", bot ich ihm an.

Als ich ihm die zwei Euro gab, zauberte ich ihm ein Lächeln ins Gesicht. Er strahlte.

Gerne verzichtete ich darauf, mir einen Snack zu holen, wenn jemanden viel glücklicher machen konnte. Gemeinsam gingen wir zum Automaten, und ich besorgte ihm einen Schokoriegel. Aufgeregt sah er zu, wie der Schokoriegel ins Fach fiel. Ich überreichte ihm den Schokoriegel, woraufhin er glücklich zurück in sein Zimmer eilte. Alles, was ich hörte, waren die freudigen Laute: „Mama, sieh mal".

Ein Lächeln huschte über meine Lippen, als ich ihn das sagen hörte. Zwar hatte ich keinen Schokoriegel, aber ein gutes Gewissen.

***

Es war langweilig und einsam hier. Den ganzen Tag lang hatte ich nichts zu tun, außer ab und zu Rehabilitationsübungen zu machen und auf Alec zu warten, der mein einziges Highlight war. Schon traurig, aber wahr.

Ich setzte mich an meinen Tisch in meinem Zimmer und griff nach meinem Handy. Beim Durchstöbern von Instagram rollte ich genervt mit den Augen. Ich verstand nicht, warum Menschen es toll fanden, sich selbst zu vermarkten.

Ein Klopfen an der Tür unterbrach meine Gedanken. Alec's Kopf quetschte sich durch die Türöffnung. Sofort änderte sich meine Stimmung, als ich ihn sah, und plötzlich schien alles vergessen. „Kann ich reinkommen?", fragte er, und ich nickte. Er kam mit einer kleinen Tüte herein.

Er stellte die blaue Tüte auf meinen Tisch.

„Was ist das? Für mich?", fragte ich, mit einem Lächeln auf den Lippen. Er nickte.

„Du wirst schon sehen." Ich holte ein kleines Buch aus der Tüte. Ein Notizbuch.

„Du sollst in diesem Buch schreiben. Schreibe alle deine geheimen Gedanken hinein. Mach damit, was immer du willst." Alec setzte sich zu mir an den Tisch und wartete auf meine Reaktion.

Ich freute mich so sehr, sprang mit den Krücken auf und fiel ihm in seine Arme. Es war schön zu wissen, dass jemand an mich dachte. Dann brachen die Tränen aus mir heraus. Alec sah mich erschrocken an.

„Was ist los? Gefällt es dir nicht?", fragte er besorgt.

„Nein, das ist es nicht. Es ist toll. Ich..." Die Tränen überwältigten mich, und Alec nahm mich in seine Arme. Ich fühlte mich sicher und gemocht in seinen Armen, genoss seinen leichten Atem in meinem Nacken. Mein Körper zitterte leicht, einerseits, weil mich die Aufmerksamkeit ziemlich überwältigte, und andererseits, weil mir gefiel, wie er mich hielt.

Als er mich losließ, fühlte sich alles plötzlich kälter an. Ich wischte mir die Tränen weg und versuchte, so zu tun, als wäre nichts passiert. Tief holte ich Luft, um mich zu beruhigen.

„Alles okay?", versicherte er sich und sah mich besorgt an. Ich nickte, lächelte etwas.

„Es ist sehr schön.", machte ich ihm klar.

Sein Handy blinkte auf dem Tisch auf – eine Nachricht von seinem Vater. Genervt rollte er die Augen.

„Ich muss dann mal wieder. Tut mir leid, dass ich nicht länger bleiben kann." Er zwinkerte mir zu und verließ das Zimmer. Aber das Kribbeln in meinem Bauch blieb. Ich nickte verständnisvoll und ließ ihn gehen. Alec wirkte so glücklich und selbstsicher, das mochte ich sehr an ihm. Es war fast so, als würde er mir diese Fähigkeiten übertragen.

Nachdem er mein Zimmer verlassen hatte, nahm ich das Buch genauer unter die Lupe. Ich wusste nicht genau, was ich damit anfangen sollte, fand es aber eine großartige Idee von ihm. Ich nahm einen Stift, konnte aber irgendwie nicht schreiben. Worüber sollte ich schon schreiben? Dass ich angeschossen wurde und dann im Koma lag? Oder dass ich wie ein Krüppel lief? Ich hatte schon genug Probleme, und dann das auch noch. Ich sah zu meinem Bein hinunter, wie es da lag und seinen Zweck nicht mehr richtig erfüllte.

„Blödes Ding.", meckerte ich und wurde dann wieder traurig. Meine Gefühle waren gemischt: Ich hatte Angst, war dann wieder wütend und im nächsten Moment traurig.

Ich nahm den Stift in die Hand und öffnete die erste Seite des Buches. Ich dachte nach. Ach, was machte ich hier eigentlich! Ich legte den Stift wieder weg und entschied mich, nichts zu schreiben. Ich zog meine Schlafsachen an und ging zu Bett. Ich versuchte, an etwas Gutes zu denken, denn ich konnte nicht einschlafen. Aber beim Versuch, an etwas Gutes zu denken, drifteten meine Gedanken jedes Mal in die andere Richtung. Es war mir auch einfach nicht möglich, nicht daran zu denken.

Meine Augen suchten nervös das Buch auf dem Tisch. Ich humpelte mit den Krücken hin und setzte mich an meinen Tisch. Ich nahm den Stift und ließ meine Hand über die Buchseiten gleiten. Ich dachte an all die Einsamkeit, die mich nicht losließ, als wäre sie mein Schicksal. Ich hasste es, an meine Gefühle zu denken, weil ich nicht damit zurechtkam und es auch nicht akzeptieren wollte.

Tagebucheintrag 1#

Tausend Tränen vergossen
Wo bist du?
Ich fand mein Spaß und mein Glück
Ich fand dich
Wieso bist du so still?

Hast mich verlassen
Du nahmst mein Herz mit
Du bist noch immer in meinem Herzen
Ich kann nicht
Und will auch nicht dich gehen lassen

Du verursachtest mir Schmerz und Leid
Ich will weg

Ich renne von dir weg
Mit Kräften am Ende halte ich mich
Was war das zwischen uns?

War das alles gespielt
Ich sehe dich
Aber höre dich nicht
Dein Lachen ist verlogen
Aber wunderschön

Dieses Lachen, das du hast, tut weh
Du bist glücklich
Ich nicht
Mein Herz bleibt gebrochen

Manchmal sagen einzelne Wörter mehr als tausend Zeilen.
Ende Tagebucheintrag

Ich beschloss, mit jemandem abzuschließen, indem ich alte Gefühle in ein Gedicht verarbeitete, und tatsächlich fühlte ich mich
besser. Befreit von den Gedanken humpelte ich zurück ins Bett
und fiel dann doch so einfach in den Schlaf.

7. Kapitel

An diesem Tag wachte ich auf, ohne mal schlecht geschlafen zu haben. Das verbesserte sofort meine Stimmung. Es war eine einfache, ruhige Nacht, die ich schon die ganze Zeit wollte. Heute sollte die Kontrolle stattfinden, und ich würde endlich erfahren, wie lange ich noch hier verweilen musste. Die Nervosität durchzog mich, und meine Gedanken kreisten unablässig um die bevorstehende Untersuchung.

„Was, wenn herauskommt, dass ich nie wieder allein ohne tägliche Besichtigungen leben konnte?", gestresst fuhr ich mir durch die Haare, nahm eine Strähne und fummelte herum.

Selbst mein Vater würde heute kommen, und ich freute mich darauf, ihn zu sehen, aber es machte mir auch angst. Die heutige Kontrolle, schien ernst zu sein. Denn eigentlich dreht sich alles um seine Arbeit. Mit ernster Miene sagte er stets: „Irgendjemand muss doch das Geld verdienen. Es fällt nicht einfach vom Himmel."

Meine Mutter Liora, mit ihrem dunklen Haar, ganz wie das meine, und blauen Augen, war nicht mehr da. Nicht tot, doch manchmal wäre es für mich leichter. Zumindest hatte ich das Gefühl, wenn sie tot wäre, könnte ich besser damit umgehen als der Gedanke daran, dass sie sich bewusst gegen mich entschieden hatte und für sich selbst. Für ein Leben ohne mich.

Ihre Augen mögen zwar nicht die gleiche Farbe wie meine sein, doch jedes Mal, wenn ich in den Spiegel schaute, erinnerte mich mein dunkles Haar an sie. Ein ständiges, stilles Vermächtnis ihrer Abwesenheit. Ihre Abwesenheit, die ich immer wieder mit einem Stich der Wut spürte. Der Gedanke an sie hinterließ eine Wunde in meiner Handfläche, von meinen Fingernägeln, die sich in meine Haut pressten. Und als ich merkte, was ich getan hatte, machte es mich nur noch wütender, dass meine Mutter, auch wenn sie nicht da war, noch immer so viel Einfluss auf mich hatte.

Sie reiste durch ferne Länder, und ich vermisste sie mehr, als ich zugeben wollte. Doch die Wut überwog stets das Verlangen nach ihrer Nähe. Denn sie hatte sich für dieses Leben entschieden. Nicht mich…

Ich wohnte deshalb ganz allein bei meinem Vater. Manchmal meldete sie sich an meinem Geburtstag, aber letztendlich wusste ich, dass sie einfach nur einen Fehler in mir sah, den sie vor vielen Jahren gemacht hatte. Inzwischen konnte ich laut meiner Erfahrung mitteilen, dass es nicht schön war, so allein gelassen zu werden. Ich verbrachte den ganzen Tag nach der Schule im Haus. Entweder lernte ich oder sah meine Serie weiter. Diese bescheuert gute Serie zeigte mir, wie eine normale Familie aussah und gleichzeitig verdeutlichte sie mir, dass ich so etwas nicht haben konnte.

Gemeinsam mit meinen Krücken humpelte ich ins Bad und machte mich für die Untersuchung bereit. Als ich mich unter die Dusche stellen wollte, sah ich zum ersten Mal meine verheilte Schusswunde. Vorsichtig strich ich mit meinem Finger über die Narbe. Schlagartig blitzten meine Augen auf, als ich einen Schuss hörte. Ich zuckte bei der Erinnerung.

***

Die Untersuchung verlief gut. Nach der gründlichen ärztlichen Untersuchung fühlte sich mein befreit, als ob eine Last von mir genommen worden wäre. Ich war sehr nervös, doch ich konnte es gut verbergen, auch wenn es gar nicht so leicht war. An diesem Tag war sogar mein Vater gekommen, um die Neuigkeiten zu hören, aber direkt nach der Untersuchung verabschiedete er sich wieder. Ich freute mich, ihn zu sehen, auch wenn sein Besuch kurz war und er nach einer Stunde wieder ging. Es fühlte sich toll an, mal nicht allein meine Untersuchung durchstehen zu müssen, sondern jemanden an meiner Seite gehabt zu haben. Auch wenn nur für kurze Zeit. Ich sollte schon in zwei Wochen entlassen werden, und die Vorfreude mischte sich mit Ungeduld, während ich die Tage zählte.

Nach Hause in mein Bett, mein Bad und Bruna's leckeres Essen genießen. Bei dem Gedanken, Bruna wiederzusehen, wurde mir warm ums Herz. Das würde ich am meisten genießen. Auch wenn Bruna es nicht musste, liebte ich es sehr, wenn sie uns bekochte.

Als mir das mitgeteilt wurde, dass ich nur noch zwei Wochen hatte, war ich überaus glücklich. Am liebsten wäre ich heute schon nach Hause gegangen, aber ich musste auf den Arzt hören und die letzten Wochen durchstehen.

Ich beschloss, nicht daran zu denken, wieder in die Schule zu gehen; der ganze Druck machte mir zu schaffen. Ich presste meine Augen zusammen, öffnete sie dann und blickte hinaus zum Fenster.

Meine Klassenkameraden hatten mich wahrscheinlich schon vergessen und vermutlich war das auch besser so. Demnächst Alec kommen, um mit mir zu essen. Und dann klopfte es auch schon. Er betrat das Zimmer mit einer Tüte vom Fast-Food-Restaurant und grinste.

„Ich dachte, du könntest etwas Aufmunterung gebrauchen. Was hältst du von Burger und Pommes?", fragte er mich und brachte das Essen zum Tisch. Und dann war da dieses warme Gefühl in meinem Herzen. Nicht, weil ich so hungrig war, sondern weil mich diese Geste glücklich machte. Ein breites Lächeln breitete sich auf meinen Lippen aus. Alec gab mir ein Gefühl von Verständnis und Akzeptanz, das ich bisher nie erlebt hatte. Ich vergaß, dass mich eigentlich niemand leiden konnte, und fühlte mich besonders. Vielleicht lag es daran, dass er mich mochte, weil er nicht wusste, wer ich war. Weil er nicht wusste, wie kaputt ich eigentlich war. Weil er nicht wusste, wie einsam ich ohne ihn wäre. Es konnte einfach keinen anderen Grund geben. Ich konnte es mir nicht beantworten. Die aus meiner Klasse würden keinen Gedanken an mich verschwenden, sondern sich bloß ein neues Opfer suchen, was mir bereits leidtat. Ich ging auf so eine dämliche Privatschule in London, die sehr beliebt war. Von außen hätte man meinen können, dass die Schule sehr diszipliniert war und alle Schüler äußerst ordentlich waren. Das entsprach jedoch nicht der Realität. Wie man so schön sagt, alles Fassade – das Innere ist es, was wirklich zählt. Man hätte annehmen können, dass Privatschulen besonderen Wert auf respektvolles Verhalten legen sollten, doch es schien, als ob ihnen nicht wirklich interessierte, was hinter den Kulissen geschah. Sobald jedoch etwas öffentlich wurde, wirkten plötzlich alle wie frisch gebügelt.

***

Ich sehnte mich schon immer nach bedingungsloser Liebe, ohne Hintergedanken oder die Angst, am Ende verletzt zu werden. „Bedingungslose Liebe", wiederholte ich leise und ließ die Bedeutung auf mich wirken. Der Begriff schien mir so fremd, beinahe wie ausgedacht. Es kam mir vor wie ein Ausdruck, den man nur im Fernsehen gehört oder in Romanen gelesen hatte. Ich wünschte, ich könnte ansatzweise wissen, was in den Köpfen anderer vorging. Man wusste nie, ob die Person gegenüber einem ins Gesicht log oder nicht. Auch Alec könnte am Ende nur ein Typ sein, der mich belügt und vorgibt, jemand zu sein. Wie gerne würde ich Gedanken lesen können.

Das Klopfen an der Tür riss mich aus meinen Gedanken, und Alec trat mit einer großen Tüte ein. Der verlockende Duft der Pizza breitete sich aus, und ein Lächeln erschien auf unseren Lippen. Die Vorfreude auf die Pizza, die er mitbrachte, war groß – wie immer eine Pizza Margherita mit extra viel Käse. Mit weniger Käse schmeckte sie einfach nicht. Freudig präsentierte er die Pizzen, legte sie auf den Tisch am Fenster und brachte Licht in mein Zimmer. Er hatte dieses wundervolle Lächeln im Gesicht, von dem ich am liebsten ein Foto gemacht hätte, um es immer betrachten zu können. Er hatte so ein Gesicht, das man sich stundenlang ansehen wollte. Plötzlich konnte ich nicht anders, als mit ihm um die Wette zu grinsen, auch wenn meine Stimmung gerade nicht die beste war. Aber es machte mich glücklich, einfach in seiner Nähe zu sein. Alec und ich waren inzwischen Freunde. „So sollte es sein", sagte ich mir und wiederholte es gedanklich:

„So sollte es sein."

Er besuchte mich oft, beinahe jeden zweiten Tag. Sein Praktikum war längst vorbei, doch er kam trotzdem, anscheinend nur, um mich zu sehen. Zumindest bildete ich mir ein, dass er nur wegen mir ins Krankenhaus kam. 100% sicher war ich nicht; es war eher ein Hoffen.

Gemeinsam genossen wir die Pizzen und tauschten Geschichten aus. Ich wünschte mir so sehr, mich endlich selbst lieben zu können, doch das schien unmöglich. Im Spiegel zu blicken, vermochte ich nicht einmal, denn darin spiegelten sich traurige, einsame Augen wider. Augen, die Hilflosigkeit und Mitleid erregten. Ein Paar Augen, das sich ständig mit Tränen füllte. Ich wusste nicht, warum ich mich so sah, aber es war einfach so.

Ob Alec sich selbst liebte? Seine fröhliche Art beim Essen ließ mich darüber nachdenken. Ich kam mir dämlich vor, als ich tatsächlich an ihm roch, als er sich zu mir beugte, um seine Cola zu nehmen. Sein Duft erinnerte mich an frischen Wind und Natur.

Ich wollte nicht, dass er mich verließ, doch gleichzeitig konnte ich nicht erwarten, dass er bleiben würde. Das wäre egoistisch gewesen. Wenn er ging, blieb mir nichts als ein leeres Zimmer zurück. Dieses Gedankenwirrwarr zehrte an meinen Kräften.

„Was ist mit dir? Du siehst aus, als würdest du dir Sorgen machen", sagte er mit ernstem Blick. Seine Hand umschloss leicht meine, und augenblicklich kitzelte es auf meiner Haut.

„Schon gut, es ist nichts. Ich freue mich einfach, dass du hier bist", antwortete ich, lächelte leicht und versuchte mich auf uns zu konzentrieren. Seine Blicke prüften mich genau. Er legte seine Stirn in Falten und rückte näher.

„Du kannst nicht immer behaupten, es geht dir gut, wenn es nicht stimmt. Lass mich an dich heran. Öffne dich…mir. Ich will dich, nicht die Person, die du zu spielen versuchst", erklärte er, ohne den Blick abzuwenden. Seine Augen durchdrangen die Mauer, und seine Worte ließen mein Herz zu schlagen beginnen.

„Er wollte mich.", kam mir der Gedanke, was mich leicht schmunzeln ließ. Vorsichtig nahm er mein Gesicht in seine Hände und zwang mich, ihn endlich anzusehen. Meine Augen fielen auf seine schönen Lippen, die zu mir sprachen. Ich wollte ihn küssen, so sehr.

„Wir sind doch Freunde, das bedeutet, ich bin für dich da, so wie du für mich da wärst", begann er zu erklären und lächelte. Ja... Freunde.

„Freunde", wiederholte mein Kopf, als müsste ich begreifen, dass es nicht mehr gab. Seine Worte zwangen mich, meine aufkeimenden Gefühle zu unterdrücken und tief zu verschließen. Mit einem schweren Schloss verschloss ich meine Gefühle und warf den Schlüssel fort. Ich durfte die Freundschaft nicht gefährden. Alec war nun in meinem Leben, und ich konnte ihn nicht verlieren.

Es war aber auch schwer, jemandem zu zeigen, wer man war, wenn man es selbst nicht wusste oder die Mauer nicht fallen lassen konnte. Noch nie hatte ich jemandem so sehr vertraut wie ihm, was mich immer wieder verunsicherte. Ich mochte es nicht, mich zu zeigen, denn wenn ich es tat, wurde ich nicht akzeptiert. Es schmerzte, ich selbst zu sein, da niemand mich wollte. Ich versuchte, den Erwartungen anderer zu entsprechen. Sie wollten die perfekte Louisa, also war ich das. Mein Herz war ein Chaos, als warum sollte ich es zeigen? Ich konnte nur mir selbst vertrauen.

„Traue niemandem", dachte ich, doch dann sah ich wieder in Alec´s dunkle Augen, die mich ansahen.

Aber wenn ich ihm zeigte, wer ich war, würde er mich sicherlich fallen lassen. Meine Gedanken überschlugen sich. Irgendwann wurde mir alles zu viel, und ich versuchte, meine Gedanken zu unterdrücken.

„Ich muss jetzt gehen, in 9 Minuten kommt mein Bus, und meine Mutter wollte, dass ich mit ihr zusammen esse", sagte er seufzend und begann, sich anzuziehen.

„Okay", rief ich hinterher, aus meinen Gedanken gerissen. Ich hatte vergessen, dass er auch eine Familie hatte. Es gab nicht nur mich. Er nahm seine Jacke und die leeren Pizzaschachteln. Ein letztes Mal umarmte er mich fest, bevor er mein Zimmer verließ. Zurück blieb nur noch ich, und mein Licht, verschwand. Der Raum wurde dunkler und verwandelte sich erneut in dieses Krankenhauszimmer, das ich so sehr hasste.

* * *

Die Zeit schleppte sich träge nur so dahin, während ich gelangweilt auf meinen Arzttermin wartete. Das Krankenhauszimmer wirkte kalt, mit den Fliesen, die dieselbe Farbe hatten wie meine vier Wände. Meine Finger glitten über das Handydisplay, als ich mich heimlich in die Welt von Instagram vertiefte. In der künstlichen Realität meiner Privatschule drehte sich alles um Geld, Status und Oberflächlichkeiten. Die Freundschaften waren nur Fassade, ein Netz aus „Fake Friends".

Ich spürte, einen brodelnden Hass, während ich durch die Bilder und Stories meiner Klassenkameraden scrollte. Auf einmal übermannten mich die Erinnerung an eine Zeit, als ich eine beste Freundin hatte - Navilia. Ich hatte keine Ahnung, wie ich plötzlich auf ihrem Profil gelandet war. Und ehe ich es realisierte, erwischte ich mich dabei, ihre Beiträge zu begutachten. Mit ihrer Abreise in ihr Heimatland hatten sich unsere Wege getrennt, und wir waren wie Fremde geworden. Als wäre nie etwas geschehen. Die schmerzhafte Leere, die sie hinterlassen hatte, fühlte sich an, als wäre ein Teil meiner Welt verschwunden. Ich war so schrecklich naiv, zu glauben, dass unsere Freundschaft auch über die Entfernung hinweg Bestand haben könnte.

Ihr Instagram-Profil zeigte mir ein glückliches Leben, ohne mich. Der Anblick ihres strahlenden Lächelns kontrastierte mit meiner eigenen inneren Dunkelheit. Navilia hatte sich nie wieder gemeldet, und unsere Verbindung war zu einem schmerzhaften Echo der Vergangenheit verblasst. Das Schlimmste war, dass ich nie eine Erklärung bekam. Stattdessen herrschte Stille. Keine Worte, keine Reaktion, als wäre sie nur eine Vorstellung in meinem Kopf gewesen. Und am Ende kam ich mir vor, als wäre ich diejenige, die an allem schuld war. Denn mein Kopf beschuldigte mich.

Eine Welle der Einsamkeit und Verzweiflung überkam mich, und ich konnte nicht länger meine unterdrückten Gefühle verbergen. Eigentlich hatte ich mir geschworen, nie wieder daran zu denken, doch nun stand ich hier, allein, mit meinem Handy und sah all die Bilder. Bilder von denen, die ich verloren hatte. Von all denen, die mich verlassen hatten. Von all denen, die mich belogen hatten. Die Tränen rollten über mein Gesicht, und ich konnte die Frage nicht loswerden: Wie konnte ich so dumm sein? Das Krankenhauszimmer, die Erinnerungen und die Einsicht meiner Fehler ließen mich zusammenbrechen.

Ich griff nach meinem Ärmel, um meine Tränen zu trocknen, und ließ mein Handy sinken. Die Erkenntnis, dass ich mich nie wieder jemandem anvertrauen sollte, durchzog mich.

„Scheiße", entfuhr es mir, und ich warf mein Handy aufs Bett. Ich konnte es nicht ertragen, es bei mir zu haben. Vielleicht war es besser, allein zu bleiben. Der Wunsch nach einer neuen Chance und echten Freunden verblasste angesichts der Angst vor erneuter Verletzung und Enttäuschung. Und dann blinkte mein Handy, auf dem Bett, auf. Eigentlich hatte ich nicht vor wieder an mein Handy zu gehen, doch nun war ich trotzdem neugierig. Ich lief rüber und beim Erkennen der Person, die mir geschrieben hatte, erschien ein leichtes Lächeln auf meinen Lippen. Alec.

8. Kapitel

Am folgenden Tag war mein Geburtstag. Ich hatte immer gedacht, wenn ich älter werden würde, würden meine Ängste nach und nach verschwinden, aber sie blieben. Am Ende würde mein Geburtstag nur ein einfacher Tag sein, an dem sich nur eine Zahl änderte. Freudig packte ich endlich meine Sachen, um ins Auto zu springen und wieder nach Hause zu kommen. Natürlich war ich dankbar, denn mit der Unterstützung der Ärzte hatte ich wieder laufen gelernt, wenn auch noch immer mit Krücken. Mir war das Krankenhaus einfach zu weiß, ohne Farben. Dazu kam noch, dass es hier ziemlich öde war; kurz gesagt, ich war einfach nur einsam. Ich nahm meinen Koffer, den ich gepackt hatte, mit all meinen Sachen und meinem Buch von Alec, was ich umklammerte. Mein Handy begann zu vibrieren; mein Vater hatte mir eine Nachricht geschickt, also musste ich wieder alles abstellen, um eine freie Hand zu haben. Vorsichtig zog ich mein Handy aus der Hosentasche und versuchte mich auf eine Krücke zu stützen.

Papa: Hallo Schatz, du wirst abgeholt. Ich habe es leider nicht geschafft, sitze noch im Büro. Peter wartet draußen auf dich, bis heute Abend.

Ich tippte auf meinem Handy und antwortete meinem Vater.

Ich: Alles klar, bis heute Abend.

Ich rollte mit den Augen und steckte mein Handy wieder in meine Hosentasche. Langsam vorankommend lief ich aus dem Krankenhaus und hielt Ausschau nach dem Fahrer. Es war ein sonniger Tag. Die Sonne brannte auf meinen Hinterkopf, wegen meinem dunklen Haar, sodass er mir wehtat. Wie ein Vampir trat ich sofort in den Schatten, um dort zu warten.

Ich entdeckte den schwarzen Mercedes. Peter, der Fahrer, kam auf mich zu und nahm mir meinen Koffer ab.

„Guten Tag, Miss. Schönes Wetter heute, nicht wahr?". Ich verfolgte ihn mit den Augen, wie er mir meinen Koffer aus der Hand nahm, blickte ihn wieder an und lächelte.

„Ja, sehr schön", antwortete ich ganz einfach und trocken. Peter öffnete mir die Hintertür des Autos, und ich stieg mit meinen Krücken ein. Während der Fahrt dachte ich über meinen Geburtstag am nächsten Tag nach. Ich würde 18 werden, volljährig! Ich glaubte trotzdem nicht, dass mich diese Zahl verändern würde. Doch es hörte sich nach etwas Bedeutendem an. Ich wollte nicht mehr die Person sein, die nicht mal richtig laufen konnte, aber ich war nun mal auf diese dämlichen Krücken angewiesen. Ein Krüppel, für den sich niemand interessierte, und so bald würde sich das auch nicht ändern, da war ich mir sicher, ganz sicher.

***

Ich lag in meinem eigenen Bett und realisierte, dass morgen ein normaler Tag werden würde. Mein Leben würde langweilig und einsam weitergehen. Ich schloss meine Augen, für einen kurzen Augenblick und drehte mich auf die Seite. Ich war deprimiert, konnte aber nichts ändern. Mein Leben würde weitergehen, aber nicht so, wie ich es haben wollte, und das machte mich traurig. Diese Gedanken schmerzten. Ich stand auf und ging zu meinem Fenster. Ich setzte mich auf die Fensterbank, eingewickelt in meiner Wolldecke. Es regnete und ich lauschte dem Regen, der durch den peitschenden Wind an die Scheiben klatschte und sie komplett nass machte. Immer wenn es regnete, musste ich an die Pflanzen denken, die eine schöne Dusche erhielten. Regen ist so schön und beruhigend. Ich schloss meine Augen und lehnte mich an die Fensterscheibe. Das Rauschen des Regens war wie Musik in meinen Ohren. Die Haushälterin, die mein Vater angestellt hatte, räumte meinen Koffer aus, auch wenn ich ihr tausendmal gesagt hatte, dass ich das selbst machen würde. Sie hieß Bruna. Bruna war eine nette ältere Dame. Sie sorgte für Ordnung, denn mein Vater ließ alles rumliegen. Ich sagte nicht, dass ich ein ordentlicher Mensch war, aber ich räumte zumindest meine Sachen weg und ließ nichts rumstehen.

„Es freut mich, Sie endlich wieder hier zu haben, Miss", riss mich Bruna aus meinen Gedanken. Ich sah zu ihr rüber, lächelte und betrachtete wieder den Regen, der alles ertränkte. Ich war nicht in der Stimmung, um mit anderen zu reden, was Bruna sofort verstand.

Bald fing die Schule an, auch wenn ich es nicht wahrhaben wollte, aber irgendwann musste ich mich wieder dorthin bewegen. Meine Laune ging noch weiter runter, auch wenn ich dachte, dass sie nicht noch mehr sinken konnte. Ich nahm mein Handy zur

Hand und begann eine Nachricht an Alec zu schreiben. Ich lächelte, als ich an ihn dachte.

„Dieser Typ", dachte ich und schüttelte den Kopf. Es schien, als ob er meine einzige Verbindung zur Realität war. Ohne ihn wäre ich vermutlich schon verrückt geworden oder hätte mich vollständig von der Gesellschaft abgekapselt.

Im nächsten Moment bemerkte ich, wie ich mich gerade verhielt, nämlich wie so ein kleines verknalltes Mädchen, das vielleicht 10 war. Ich ging auf WhatsApp und als ich eine Nachricht von ihm las, huschte ein Lächeln über meine Lippen.

Alec: Hey, gut angekommen?

Meine Hände zitterten, als ich versuchte, ihm zurückzuschreiben. Die Tatsache, dass er an mich dachte, ließ meine Sorgen plötzlich verblassen. In meinem Kopf schien nur noch „Alec" zu stehen. Nervös tippte ich meine Antwort, biss mir auf die Unterlippe und überlegte. Ich wollte cool wirken, damit er nicht merkte, wie nervös er mich machte, aber gleichzeitig wollte ich nicht nur wie sein Kumpel wirken.

Ich: Hey.

Ich schüttelte meinen Kopf.
„Dafür hatte ich so lange gebraucht?", dachte ich und starrte auf dieses einzige Wort. Aber wenn ich zu viel schrieb, würde ich ihn vielleicht überwältigen. Auf der anderen Seite, wenn ich zu kurze Sätze wählte, könnte es gelangweilt oder desinteressiert wirken.

Oh Gott. Ich entschied mich für den einfachen und entspannten Weg, einfach und locker zu schreiben. Warum machte ich gerade alles so kompliziert? Ohne den Blick von meinem Handy abzuwenden, humpelte ich zum Bett und ließ mich fallen.

Ich: Ich bin gut angekommen, aber leider hat mich mein Vater nicht abgeholt. Es regnet gerade, und ich sitze auf der Fensterbank, um den Regen zu bewundern. Der Regen ist schön, oder?

Gespannt hoffte ich auf eine schnelle Antwort. Ich legte mein Handy zur Seite, tat so, als würde ich nicht warten – auch wenn ich es tat – und tippte ungeduldig mit dem Finger auf meinem Display herum. Der Regen wurde weniger, bis er schließlich aufhörte. Die Vögel begannen wieder in den Lüften zu kreisen und zu singen.

Mein Handybildschirm blinkte auf. Ich griff schlagartig direkt zu meinem Handy und blickte auf mein Display. Alec hatte geschrieben. Ich öffnete hastig und nervös WhatsApp.

Alec: Das ist wirklich schade, dass dein Vater nicht gekommen ist. Ja, der Regen hat etwas Beruhigendes, nicht wahr? Man kann sich einfach zurücklehnen und die Augen schließen.

Ich lächelte über seine Nachricht und schaltete mein Handy aus. Mit meinen Krücken in der Hand machte ich mich auf den Weg nach unten in die Küche, da sich mein Bauch bereits seit einer Weile gemeldet hatte. Das, was ich jetzt im Kühlschrank finden würde, würde meine erste Mahlzeit nach dem Krankenhaus sein, was mich allein schon glücklich machte. Vorsichtig wanderte ich mühselig die Treppen hinunter zur Küche und öffnete den Kühlschrank. Es war fast Abend und ich hatte noch nichts gegessen, ich konnte nicht. Jedes Mal, wenn solch ein Gedankenchaos in meinem Kopf tobte, vergaß ich alles, selbst das Essen. In letzter Zeit hatte ich kein großes Bedürfnis zu essen. Nachdem ich aus dem Koma aufgewacht war, fühlte sich mein Körper komisch an, und dann kamen noch die nächtlichen Albträume, die mir meine Lust auf alles versauten.

Ich entdeckte Pasta von gestern im Kühlschrank. Schnell nahm ich den Teller mit der Pasta, um meinen Hunger endlich stillen zu können. Ich wärmte mein Essen auf und setzte mich auf die Couch im Wohnzimmer. Suchend sah ich mich nach der Fernbedienung um, die manchmal einfach verschwand. Nach kurzem Umsehen, musste ich feststellen, dass sie direkt neben mir lag. Ich machte also endlich den Fernseher an und schaute meine Lieblingsserie „Die Hatsons". Doch dann kamen die Erinnerungen hoch. Es war der Tag, an dem ich fast gestorben war, als ich die Serie gesehen hatte. Augenblicklich wurde mir schlecht, und das Essen drohte hochzukommen. Ich entschied mich, den Fernseher auszuschalten und in Stille zu essen, so wie ich es aus dem Krankenhaus kannte.

In diesem Haus war man oft einsam, und auch jetzt fühlte ich mich alleingelassen. Ich hinkte, nach dem Essen, die Treppe hoch, bis ich völlig außer Atem oben ankam. Es war ziemlich anstrengend, und ich hatte Schmerzen beim Bewegen, doch trotzdem lief ich ohne Pause durch. Ich lehnte meine Krücken an mein Bett und legte mich erschöpft darauf. Eine Stille umfasste das Haus, und ich entschied mich, mein Buch, das ich von Alec bekommen hatte, zu nehmen und aufzuschlagen. Ich betrachtete das Buch genauer und stellte die Sehnsucht fest, die ich empfand. Ich vermisste ihn, wie ich sonst nie jemanden vermisst hatte. Er brachte mich in der Krankenhauszeit zum Strahlen, und das brauchte ich. Ich nahm meinen Stift zur Hand und schrieb drauf los.

Tagebucheintrag 2#

Ich habe nur Angst
Verlass mich nicht, Ich brauche dich,
Du, machst mich glücklich,
Ich möchte diese Freude in meinem Leben;
Ein wunderschönes Lächeln, in deinem Gesicht,
Du steckst mich an;
Merkst du das nicht?

Ein Mensch mit Herzen, bin ich,
Es ist wie aus Glas,
Durchschaubar und doch zerbrechlich;
Angst und Einsamkeit verfolgten mich,
Ich habe Angst;

Du veränderst mich,
Die Mauern, die ich aufstellte, schlug ich ein;
Ein Lächeln schenken möchte ich,
Ich schenkte dir mein Lächeln;

Alle logen mich Tag für Tag an, ich hoffe du tust es nicht
Zu weinen sieht mir nicht ähnlich, doch tue ich es,
Niemand hörte mich, auch wenn ich versuchte zu Schrein;
Mein Herz ist gebrochen, doch man kann es reparieren,

Du warst da und ich vertraute dir,
Ein Loch in meinem Herzen schloss sich,
Du stärkst mich, wenn ich Kraft brauchte
Ich denke an dich;
Ich möchte nicht mehr verletzt werden
Ich wurde oft verlassen;
Wirst du gehen, wenn ich dich brauche?

Tagebucheintrag ende.

Ich setzte mich auf und las über das Gedicht. Und dann rollten mir auch schon die Tränen über die Wangen. Meine Hand begann zu zittern, sodass ich den Stift zur Seite legen musste. Ich vermisste ihn, aber das konnte ich ihm nicht sagen. Meine Gedanken kreisten wie eine Dauerschleife um ihn. Ich hatte einfach Angst, dass er mich plötzlich fallen lassen würde, auch wenn ihm das so gar nicht ähnlich war. Ich hatte niemanden, der sich für mich interessierte und für mich da war. Mein Handy begann zu klingen und sobald ich auf mein Handy sah, ging es mir besser. Alec rief mich an. Hektisch griff ich zu meinem Handy. Mein Puls stieg an. „Hallo Alec", sagte ich schnell und aufgeregt. Ich versuchte ruhig auszuatmen.

„Hey, alles okay?", meldete er sich in so einer ruhigen und tiefen Tonlage, wodurch meine Nervosität langsam wieder verschwand, obwohl mein Herz weiterhin stark pochte. Mein Körper schauderte, als ich seine Stimme hörte. Sie löste ein Kribbeln aus, das ich nicht zuordnen konnte.

„Naja, wie soll ich anfangen...", fing ich an.

„Am besten am Anfang. Machst du schon Fortschritte?", fragte er mich interessiert. Ein Lächeln kam über mich, weil ich wusste, dass Alec tatsächlich an mich dachte. Das Kribbeln hörte gar nicht mehr auf. Ich wusste nicht einmal, ob er eine feste Freundin hatte. Es machte mich verrückt, wenn ich daran dachte, dass diese Lippen jemanden anderen küssten. Ob er eine Freundin hatte?

„Die Reha-Übungen sind ziemlich schmerzhaft, aber ich habe das Gefühl, beweglicher zu werden. Ich glaube, sie helfen mir schon gut. Ich frage mich zu oft: Was wäre, wenn mir das nie passiert wäre? Was wäre, wenn ich eine andere Person sein könnte? Was wäre, wenn ich den Schuss nicht überlebt hätte? Was wäre, wenn?", fragte ich, als würde ich nach der Antwort suchen. Tränen drohten mich zu überkommen, doch ich unterdrückte sie. Meine Hände zitterten und meine Atmung beschleunigte sich. Ich wollte nicht mehr die Person sein, die ich war. Zu gerne wäre ich jemand anderes, und mir wäre das alles hier nie passiert.

„Nein!", rief er aufgebracht in seinen Hörer und unterbrach meine Gedankengänge. Ich erschrak.

„Louisa, diese irrationalen Fragen solltest du dir nicht stellen. Schätze, was du besitzt, und liebe all die, die immer für dich da sind. Denk nicht darüber nach, wie es hätte anders ausgehen können, sondern denk daran, wie es ausgegangen ist, und akzeptiere es. Ich weiß, es schmerzt, und ich werde dir zur Seite stehen, denn wir sind doch Freunde", erwiderte Alec. Ich war sprachlos. Ich hatte keine Worte dafür. Alec hatte mal wieder recht. Wie schaffte er es, eine meiner größten Ängste mit ein paar einzigen Sätzen aus der Welt zu räumen und so zu tun, als wäre es das Selbstverständlichste der Welt?

„Du hast recht." Ich nahm mir ein Taschentuch und wischte die Träne, die über mein Gesicht lief, weg. Ich probierte noch immer, die Tränen zu unterdrücken, doch sie liefen einfach weiter, auch wenn ich es nicht wollte. Ich hielt das Mikrofon des Handys zu und atmete tief durch, dabei begann ich leise zu schluchzen. Alec sollte nicht mitbekommen, dass ich durch seine Worte anfing zu heulen. Ich kriegte mich wieder ein und hielt mein Handy ans Ohr.

„Alles gut?", fragte mich er erneut in einem beunruhigendem Ton, als wüsste er, dass ich mit Tränen zu kämpfen hatte.

„Alles gut", log ich ihn an.

„Hast du Lust mal zusammen einen Kaffee trinken zu gehen?" Ich war komplett erstarrt und dachte, ich hätte mich verhört. Alec wollte mich treffen. Ich lächelte und probierte, mir meine Aufregung nicht anmerken zu lassen. Es war schon irgendwie erbärmlich, wie sehr mich ein Treffen mit ihm glücklich machen konnte.

„Ja", sagte ich zu ihm, dabei hörte man eindeutig meine zitternde Stimme heraus. Alec und ich redeten noch eine lange Zeit. Es fühlte sich so gut an, und ich wollte ihn ewig einfach nur zuhören. Die Zeit flog nur so dahin. Er hatte die Schule bereits beendet und wollte sich an einer Universität für Medizin bewerben. Er wusste, was er machen wollte. Und ich wusste nicht mal, in welche Richtung ich gehen wollte. Erst einmal musste ich mein Abitur machen, ob ich wollte oder nicht, es stand nun mal als nächstes auf meiner Liste. Ich wollte jedoch nicht zurück an meine Schule. Die Vorstellung, wieder in die Schule zu gehen, löst einen gewaltigen Sturm in mir aus.

9. Kapitel

Ich hatte am Morgen geduscht und als ich aus meinem Bad kam, gestützt auf Krücken links und rechts, entdeckte ich eine Karte und ein kleines Geschenk auf meinem Bett. Ein Lächeln huschte über meine Lippen. Natürlich war ich neugierig und griff nach der Karte, die auf dem Geschenk lag. Sie stammte von meinem Vater. Ein weiteres Lächeln breitete sich auf meinem Gesicht aus, als ich die Zeilen las. Nun war ich achtzehn Jahre alt, und es fühlte sich unwirklich an. Meine Augen wanderten zu dem kleinen Geschenk. Ich entfernte die wunderschöne rote Schleife und das Geschenkpapier. Eine kleine Schatulle kam zum Vorschein. Zuerst traute ich mich nicht, sie zu öffnen, und ließ meine Finger sie erkunden. Ein tiefer, langer Atemzug und dann öffnete ich sie. Meine Augen erblickten eine prachtvolle Kette. Mir fielen beinahe wortwörtlich die Augen aus dem Kopf. Ich nahm sie heraus und betrachtete sie in meinen Händen. Die Kette war aus Gold und trug einen Anhänger, der so funkelte, dass mir klar wurde, dass es sich um einen Diamanten handelte. Ungläubig glitt meine Hand über den kostbaren Stein. Ich konnte es nicht fassen. Die Neugier überwältigte mich, und ich legte mir gespannt die Kette um den Hals, betrachtete mich im Spiegel.

Wow, sie war unfassbar schön, und ich fand, sie stand mir. Der Diamant glitzerte im Sonnenlicht. Eine goldene Kette mit einem herzförmigen Anhänger, der von kleinen Diamanten umrahmt war. Dann erinnerte ich mich wieder daran, was ich in der Karte gelesen hatte. Die Kette war nicht einmal das Hauptgeschenk. Was würde wohl noch kommen? Zufrieden mit meiner Kette lächelte ich schief in den Spiegel. Mein Magen meldete sich deutlich, und mir fiel wieder ein, dass ich frühstücken wollte. In einer normalen blauen Jeans und einem dunkelblauen T-Shirt zog ich los, meine Krücken in beiden Händen. Doch bevor ich in die Küche ging, überprüfte ich mein Spiegelbild erneut. „Wie die Kette glitzerte", bewunderte ich noch immer mein Geschenk. Humpelnd machte ich mich auf den Weg, Bruna kam auf dem Weg zur Waschkammer an mir vorbei. „Bruna!", rief ich.

„Liebes, alles Gute zum Geburtstag", rief sie freudig und lief zu mir. Sie stellte den Wäschekorb ab und schloss mich fest in die Arme, drückte mich liebevoll und ziemlich lange. Sie drückte mich wirklich sehr lange, aber genau so war sie eben.

„Danke", lächelte ich und nahm meine frisch gewaschenen Wollsocken aus dem Korb.

„Soll ich dir dein Frühstück zubereiten?", fragte Bruna lächelnd, wie immer fürsorglich.

„Nein danke, ich komme schon zurecht", lehnte ich freundlich ab. Ich zog meine Socken an und ging mühsam die Treppe hinunter, bis ich auf dem kalten Marmorboden landete. Ich suchte nach meinem Vater, in der Hoffnung, ihn an meinem Geburtstag zu sehen, aber er schien bereits aus dem Haus zu sein. Ich schlenderte zur Küche und suchte nach etwas Essbarem. Bruna kam wieder die Treppe hinunter geeilt.

„Ich muss mal eben einen Lappen holen. Lass dich nicht stören bei deiner Suche. Du weißt, dass wir einen vollen Kühlschrank haben?", sagte sie hinweisend und lächelte amüsiert.

„Ja, ich weiß, aber was soll ich bloß essen?", jammerte ich. Bruna lachte und schüttelte den Kopf. Mit Lappen in der Hand ging Bruna zum Esstisch, drehte sich aber noch einmal zu mir um, bevor sie mit dem Putzen begann.

„Du hast mir gar nicht gesagt, ob du eine Geburtstagsparty veranstaltest. Schließlich ist heute dein Geburtstag, und man wird nur einmal 18 Jahre", rief sie vom Esszimmer in die Küche. Wen sollte ich schon einladen? Diese Gedanken schmerzten ziemlich, aber so war es nun mal.

„Es wird keine geben. Du brauchst dir also keine Sorgen machen." Ich blickte enttäuscht zu Boden, nahm mir einen Joghurt aus dem Kühlschrank und griff nach einem Löffel in der Schublade. Ohne auf Brunas Reaktion zu warten, eilte ich die Treppe hinauf in mein Zimmer und schloss die Tür. Ich setzte mich an meine Fensterbank und sah von meinem Fenster in die Weite. Mit dem Löffel in der einen Hand und meinem Joghurt in der anderen, verfolgte ich die Vögel, die Kreise zogen. Von meinem Fenster aus konnte ich über die Bäume hinweg auf die Straße sehen. Dann sah ich einen jungen Mann aus einem schwarzen Auto steigen. Er ging direkt zu unserer Haustür und dann hörte ich schon unsere Klingel läuten.

„Wer das bloß war?", wunderte ich mich, da ich nicht zuordnen konnte, wer das sein könnte. Mein Joghurt war aufgegessen, ich legte ihn zur Seite und nahm meine Krücken. Unsere Haustür öffnete sich, und ich hörte Bruna den Besucher freundlich grüßen.

„Die Stimme des Jungen kenne ich doch.", dachte ich und zog die

Stirn in Falten. Ich ging zum Treppenhaus und blickte hinunter. Mein Herz hüpfte, als ich ihn sah.

„Alec!", rief ich überrascht und freute mich über seinen Besuch. Er stand in meinem Haus. Mein Puls stieg erneut, und ich wurde hektisch. Ich blickte an mir herunter und atmete durch. Zum Glück war ich bereits fertig angezogen und nicht noch im Schlafanzug, wie an den meisten Sonntagen.

Mühselig kletterte ich die Treppe mit meinen Krücken hinunter, bis ich schließlich unten ankam. Bruna tauschte kurz Blicke zwischen Alec und mir aus, ehe sie einfach weiterging und mit dem Putzen begann. Die Schmerzen in meinen Beinen vom Laufen waren spürbar, aber es war eine gute Übung. Mein Arzt hatte betont, wie wichtig es sei, sich viel zu bewegen und die Workouts jeden zweiten Tag zu machen. Diese waren entscheidend, da ich nichts mehr wollte, als wieder normal zu laufen, ohne mich so verletzt zu fühlen.

Alec kam zügig zu mir gelaufen und schloss mich in seine Arme. „Alles Gute zum Geburtstag", flüsterte er leise in mein Ohr. Völlig überrumpelt und überfordert, ließ er mich wieder los und zeigte sein wunderschönes Lächeln. Eine gewisse Nervosität überkam mich, und ich lächelte ihn einfach nur an.

„Was machst du hier?", fragte ich und spürte, wie er mich intensiv ansah.

„Bereit, an deinem Geburtstag etwas zu unternehmen?", fragte er mich fordernd amüsiert und strich sich durch die dunklen Haare, die ihm immer ins Gesicht fielen, wenn er sie nicht hochstrich. Diese spontane Einladung überraschte mich, da ich nicht erwartet hatte, dass er heute etwas vorhatte.

„Woher weißt du, wann ich Geburtstag habe?"

Meine Haare fielen in mein Gesicht, und Alec kam mir zuvor, strich sie zurück, als hätte er darauf gewartet. Ich lächelte ihn dankend an. Seine Augen glitzerten mich förmlich an.

„Du hast es mir doch selbst gesagt. Du musst wissen, dass ich ein sehr aufmerksamer Mensch bin. Ich höre dir zu", zwinkerte er und grinste mich an. Langsam nahm er seine Hand von mir. Augenblicklich wurde der Ort kälter, wo er mich berührt hatte. Ich blickte zu ihm hinauf Für einen Moment verlor ich mich in diese Augen.

„Weiß ich doch", erwiderte ich, und meine Wangen wurden heiß. Ich wandte den Blick ab, damit er nicht bemerkte, wie sehr er mich aus der Fassung brachte.

„Ich kann nicht so lange stehen, komm mit, wir gehen in mein Zimmer." Alec´s Blick wanderte zu meinen Krücken und dann zu meinen Beinen hinauf.

„Okay, ich folge dir", rief er und begleitete mich die Treppe hinauf. Mir war es ein wenig peinlich, so langsam zu laufen, aber ihm schien es nicht im Geringsten zu stören, was mich beruhigte. Wir gingen den Flur entlang bis zu meinem Zimmer. Auf dem Weg schaute er sich die Gemälde an den Wänden an und schien begeistert zu sein, jedes Mal mit einem bestimmten Ausdruck.

„Also, dein Vater hat echt Geschmack. Diese Gemälde sehen atemberaubend aus", sagte er und ließ den Blick nicht von ihnen. Ich lachte leise vor mich hin. Diese Bilder waren jedenfalls nicht nach meinem Geschmack. Sie schienen mir zu langweilig, als hätten sie keine Botschaft.

„Findest du?", sagte ich lachend und beobachtete ihn, wie er versuchte, das Bild zu deuten.

„Ja klar, siehst du denn nicht die Geschichte, die sie erzählen?", fragte er und sah zum ersten Mal wieder mich an.

„Ich seh da nur Farbflecken", erwiderte ich, nicht gerade begeistert.

„Das Tolle an solcher Kunst ist doch, dass sie die Möglichkeit bietet, dass du dir selbst eine Geschichte ausdenken kannst, die sie erzählen", erklärte er. Es war interessant zu sehen, wie er solche Gemälde betrachtete. Ich hingegen stellte fest, wie oberflächlich ich sie immer angesehen hatte.

„Wie auch immer", sagte er dann und stapfte die Treppe hoch.

Vor meiner Tür überlegte ich, wie ich geschickt die Tür öffnen konnte. Gerade als ich sie öffnen wollte, öffnete er sie für mich. Er schien zu bemerken, dass es mir schwerfiel, meine Hand freizumachen, schließlich hatte ich in beiden Händen eine Krücke. Ich lächelte ihn an und humpelte zu meinem Bett, um mich endlich hinzusetzen. Alec schlenderte durch mein Zimmer und sah sich um. Ich hingegen saß auf meinem Bett und sah ihm dabei zu. Er kam zu mir und setzte sich neben mich. Mein Herz schlug wie verrückt, und ich konnte es nicht kontrollieren. Zu gern würde ich meinem Kopf verbieten, so auf Alec zu reagieren, da es mich wirklich fertig machte. Wir waren Freunde, und das war mir am liebsten. Ich und Beziehung, unvorstellbar.

„Hey, ist die neu? Von wem?", fragte er neugierig und deutete auf meine neue Kette, die um meinen Hals hing.

„Mein Vater hat sie mir geschenkt." Ich nahm die Kette in die Hand und strich mit meinem Zeigefinger über den großen Stein.

„Sie ist wirklich schön, und steht dir", sagte er und war ganz

dicht an mir, um sie zu betrachten. Er streckte seine Hand aus und
berührte den kleinen Anhänger. Meine Haut spürte seine Berührung, und meine Augen beobachteten seine, die an meiner Kette
hingen. Plötzlich war er mir so nah. Zu nah!

„Wie sieht es aus mit deinem Sport?", deutete er auf meine Beine und rückte ein Stück von mir weg. Ich sah meine Beine enttäuscht an.

„Ich bin dabei, aber irgendwie verändert sich einfach nichts." Ich
sah, wie seine Mundwinkel sich traurig verzogen.

„Das wird schon", erwiderte ich und versuchte ihn damit zu beruhigen, dass ich fest daran glaubte, dass ich schon irgendwann
wieder richtig laufen können würde. Ich legte meine Hand auf
seine Schulter. Schnell zog ich sie jedoch wieder zurück, als er
darauf aufmerksam wurde. Die Nervosität stieg in mir hoch, doch
Alec lächelte nur aufmunternd.

***

Ich schrieb meinem Vater eine Nachricht, dass ich mit Alec in
die Stadt gehen würde. Bevor wir losgingen, überprüfte ich mein
Spiegelbild. Draußen angekommen, wo Alec sein Auto stehen
hatte, rief ich erstaunt: „Wow, du hast ein Auto?" und machte
große Augen. Es war nicht das Auto, das ich erwartet hatte, sondern ein schöner schwarzer Porsche.

Alec schüttelte den Kopf.

„Der gehört meinem Vater, aber er sagt, ich kann ihn haben, wenn
er ihn nicht benutzt", erklärte er und öffnete mir einladend die
Autotür. Ich stieg ein und stellte meine Krücken ab. Wir fuhren in
die Innenstadt, von Mayfair nach London City. Ich war schon ein

paar Mal dort gewesen und kannte mich recht gut aus.

„Ich möchte unbedingt mit dir in mein Lieblingscafé gehen. Das Café ‚La Tarta‘", sagte er. Alec verzog genussvoll sein Gesicht, als könne er das Café schon riechen. Ich lachte, als er von seinem geliebten Schokoladenkuchen sprach, auf den ich schon gespannt war. Wir parkten auf einem Parkplatz, und Alec lief begeistert herum. Ich lachte in mich hinein, weil er diesen freudigen Ausdruck hatte.

Wir betraten eine kleine Kaffeestube, und sofort umfing uns der Duft von Kaffee und Schokolade. Er begleitete mich zu einem Tisch im Café und deutete auf den Stuhl, um mir zu verstehen zu geben, dass ich mich setzen sollte. Ich lächelte ihn an und setzte mich. Wir sahen uns an und lächelten, als würden wir nichts anderes machen. Die Bedienung kam, aber ich konnte gar nicht bestellen, weil Alec es nicht zuließ.

„Lass mich etwas bestellen, du wirst es lieben. Versprochen.", sagte er und zeigte der Bedienung etwas auf der Karte. Sie nickte und ging wieder. Ich sah ihn mit hochgezogenen Augenbrauen an, schwieg jedoch und war gespannt.

Ich ließ meinen Blick durch das kleine Café schweifen. Obwohl es klein war, gefiel mir die niedliche Einrichtung. „La Tarta" hatte kleine Tische und dazu kleine Stühle, alles passte perfekt zusammen. Ein Kellner kam mit zwei Schokoladentorten auf uns zu, und ich verfolgte gespannt, wie er sie platzierte. Mir lief das Wasser im Mund zusammen, denn ich liebte Schokoladentorten.

„Das ist die beste Torte auf der ganzen Welt. Ich wollte, dass du sie probierst und keine andere", erklärte er mir und sah mich an, als könne er es kaum erwarten, dass ich die Torte kostete. Ich blickte in seine dunklen, funkelnden Augen, in denen sich kleine Herzchen zu bilden schienen, als er von der Torte sprach. Ich nahm meine Gabel und führte sie zu meinem Mund.

Wow! Genüsslich kaute ich und war sofort in diese Torte verliebt. Sie war schokoladig und wahnsinnig lecker. Ein leises Stöhnen entfuhr mir, und ich schloss die Augen. Alec sah mich amüsiert an und kostete ebenfalls. Wir sagten eine Weile nichts, sondern genossen die Torte.

„Ich verstehe dich, die ist der Wahnsinn. Die beste, die ich je gegessen habe", rief ich ihn zu. Sofort nahm ich noch ein Stück in den Mund, und Alec tat es mir gleich.

10. Kapitel

„**D**as kann doch nicht wahr sein!", meckerte ich laut durchs Wohnzimmer. Ich durchstöberte alle Sender, aber es lief nur Mist, wie immer freitags. Genervt verdrehte ich die Augen und schaltete den Fernseher wieder aus. Ich hatte allen Ernstes gedacht, dass endlich mal interessante Programme laufen würden, die ein bisschen Bildung vermitteln. Nun saß ich gelangweilt auf dem Sofa, legte mich auf den Rücken und durchlöcherte die Decke mit meinem Blick. Kurz schloss ich die Augen und lauschte der Stille; nicht mal Bruna war da. Bruna summte normalerweise fröhlich durchs Haus, und manchmal schaffte sie es, mich damit anzustecken. Dann stellten wir oft das Radio an und sangen durchs Haus. Ein leichtes Lächeln huschte über meine Lippen bei der Erinnerung daran, wie wir durchs Haus tanzten.

Ich setzte mich auf, und plötzlich begann alles sich zu drehen.

„Oh Gott, das war zu schnell", dachte ich und hielt meine Hand an meine Stirn, als mir kurz schwarz vor den Augen wurde. Ich schüttelte meinen Kopf, schloss meine Augen, und der Schwindel verschwand. Ich nahm meine Krücken in die Hand und lief zur Küche, um mir etwas zu bestellen. Meine Krücken lehnte ich an den Kühlschrank, setzte mich auf die Küchenplattform und griff nach meinem Telefon. Bevor ich die Pizzanummer wählte, sah ich einen Zettel. Ich legte mein Handy zur Seite und nahm den Zettel, den mein Vater hiergelassen hatte.

An Louisa: Heute kommt Ivana, die Fitnesstrainerin. Sie wird mit dir ein paar, vom Doktor Phil empfohlene, Übungen machen. Sie ist um circa 16:00 Uhr da. Mach dir einen schönen Tag. – Dein Papa

Ich legte den Zettel weg und bemerkte, dass es schon recht spät war, es war bereits 15:00 Uhr.

„Dann also keine Pizza", dachte ich laut. Ich beschloss, nichts zu bestellen, obwohl ich mich bereits auf eine heiße Pizza gefreut hatte. Bei dem Gedanken lief mir das Wasser im Mund zusammen. Ich steckte mein Handy in meine Hosentasche und entschied mich, mich ein wenig frisch zu machen. Immerhin konnte ich nicht in Schlafklamotten vor der Fitnesstrainerin stehen.

Ich flechtete meine Haare nach hinten und formte einen straffen Zopf. Mein Schlafanzug befand sich bereits im Wäschekorb, und ich hatte bereits meine Sportsachen bereitgelegt. In eine lange schwarze Sporthose und ein Sportoberteil, das bis zum Bauchnabel reichte, verließ ich mein Zimmer. Sportkleidung mochte ich besonders gern, da sie mir das Gefühl von Beweglichkeit und Sportlichkeit verlieh. Ein impulsiver Moment, als könnte ich jeden Moment losrennen, überfiel mich, nur um dann rasch wieder zu verschwinden. Mit enttäuschtem Blick starrte ich auf meine Krücken.

„Ich will sie nicht. Ich will keine dämlichen Krücken! Ich will rennen!"

Im Begriff, die Treppe zur Tür hinunterzugehen, weil die Fitnesstrainerin jeden Moment eintreffen würde, zögerte ich und ging noch einmal ins Bad. Der Spiegel reflektierte die Kette um meinen Hals, ein Geschenk von meinem Vater. Tief atmete ich ein, fixierte meinen Blick auf das Spiegelbild und nahm die Kette widerwillig ab. Mit den Krücken humpelte ich ins Wohnzimmer. Das Umziehen dauerte immer eine Weile, da meine Beweglichkeit durch das Koma beeinträchtigt war. Laufen konnte ich zwar, aber es sah nicht schön aus, begleitet von ständigen Schmerzen. In der Küche angelangt, holte ich aus dem obersten Fach des Küchenschrankes eine Trinkflasche. Trotz meiner Größe war es eine Herausforderung, die Flasche zu erreichen. Ich lehnte mich an den Küchentresen, auf den Zehenspitzen stehend. Nach endlosem Suchen mit der Hand konnte ich die Flasche endlich herunterholen, schraubte den Deckel ab, drehte mich um und füllte Wasser ein.

„Wasser ist schon komisch, wieso schmeckt es wohl nach nichts?", dachte ich laut und beobachtete das Wasser aufmerksam, als es die Flasche füllte. Den Wasserhahn abgedreht, den Deckel aufgeschraubt.

Ein lautes Klingeln an der Haustür unterbrach meine Gedanken. Hektisch stellte ich die Flasche auf den Küchentresen und nahm meine Krücken zur Hand. Die Tür eilte ich entgegen, warf noch einen Blick durch den Spion, um sicherzugehen. Das musste sie sein.

Ivana war groß und dünn. In einer kurzen schwarzen Sporthose und einem anliegenden schwarzen Sporttop betrat sie mein Blickfeld. An ihrer Schulter baumelte eine große Tasche, als hätte sie ihre gesamte Sportausrüstung mitgebracht. Ihr Alter schätzte ich auf etwa 19 Jahre. Auf jeden Fall strahlte sie Sportlichkeit aus, insbesondere ihre Armmuskeln waren auffällig. Wahrscheinlich lebte sie von Protein und verbrachte ihre Zeit an Sportgeräten. Ein Blick auf die Uhr verriet, dass sie pünktlich um 16:00 Uhr eingetroffen war.

„So pünktlich auf die Minute genau", dachte ich. Ich öffnete die Tür, und Ivana betrat die Wohnung mit einem freundlichen Lächeln. Sie begann sofort, Sportgeräte aus ihrer Tasche zu holen und auf dem Boden zu platzieren.

„Hey, ich bin Ivana", sagte sie, sprang auf und drückte fest meine Hand. Ihr Händedruck war stark, aber vorsichtig. Ich stand noch immer wie erstarrt und bewegte mich kaum.

„Hallo", brachte ich leise hervor.

„Ich bin Louisa." Ivana lächelte erfreut, holte eine Matte aus ihrer Tasche, rollte sie aus, und ich setzte mich neben sie auf den Boden. Die Krücken legte ich beiseite, damit sie nicht im Weg waren.

„Warum musst du eigentlich mit Krücken laufen?", fragte sie direkt. Ein wenig überrumpelt musste ich die Frage in meinem Kopf noch einmal durchgehen.

„Ich lag im Koma, und meine Beine brauchen Übung, damit ich wieder normal laufen kann. Sie sind unnormal schwach. Ich hatte im Koma viel Gewicht verloren, und daher sind sie ziemlich schwach. Kurz gesagt, ich habe kaum Muskeln in den Beinen", gestand ich ihr und lächelte freundlich. Sie schaute mich ernst an, dann meine Krücken und wieder zurück zu mir. Ein einfaches „Krass!" entkam ihren Lippen.

***

Ivana und ich verstanden uns gut. Sie erzählte mir von ihrer Liebe zum Sport und davon, dass sie täglich laufen ging. Wie erwartet, war sie äußerst aktiv. Überraschend nett war sie wirklich, etwas, das ich nicht erwartet hätte. Anstatt Mitleid zu zeigen, steckte sie mich mit ihrer guten Laune an.

„So ist es richtig", korrigierte sie meine Bewegungen. Ich lächelte und war stolz darauf, ihren Anforderungen etwas nachzukommen. Nicht zu vergessen, sie hatte keinerlei Erwartungen an mich. Das gab mir das Gefühl, alles schaffen zu können, und nahm den Druck heraus. Schließlich hatte ich lange Zeit keinen Sport mehr gemacht und musste mich erst wieder eingewöhnen. Wir führten ein paar Übungen durch, dabei spürte ich bereits den Schmerz, der sich durch meine Beine zog. Obwohl die Schmerzen stark waren, fühlte ich mich gleichzeitig gut, und so entschied ich mich, weiterzumachen. Ivana rollte ihre Matte zusammen und half mir dann, auf die Beine zu kommen.

„Das war ein guter Anfang. Nächstes Mal können wir vielleicht schon zusammen joggen. Ich würde dir dann auch meine liebsten Routen zeigen", erzählte sie freudig, während ich darüber nachdachte, wie es sein konnte, so für etwas zu brennen. Ich hatte keine Ahnung, wie und was sie machte, aber ihre Energie steckte mich an.

„Gern", sagte ich nur und begleitete sie zur Tür.

***

Ich nahm sofort eine Dusche nach der Sporteinheit. Vorsichtig humpelte ich ohne meine Krücken ins Bad, mit einem Handtuch in der Hand. Ein kalter Regenschauer überkam mich, und mein Körper reagierte mit einer Gänsehaut. Ich stellte die Temperatur auf lauwarm und genoss die Regendusche, die auf mich herab-prasselte. Ich schloss meine Augen und begann, etwas zu ent-spannen. Mit meinen Händen fuhr ich mir durch die Haare, die komplett nass waren und auf meinem Rücken lagen. Plötzlich schoss mir Alec durch den Kopf. Ich dachte an ihn und seine dunklen Augen, sein Lachen und an seinen Bizeps, der sich bei kleinen Bewegungen anspannte. Es war fast schon peinlich, was sich in meinem Kopf abspielte, aber ich konnte es nicht verhin-dern. Sobald ich mir verbot, über ihn nachzudenken, dachte ich nur noch mehr an ihn.

„Ist es komisch, von einem Menschen so abhängig zu sein?", fragte ich mich. Er machte mich regelrecht paranoid, denn jedes Mal, wenn ich jemanden mit kurzen dunklen Haaren sah, dachte ich an ihn. Noch nie hatte ich jemandem gegenüber solche Ge-danken gehabt, was mich nur noch verrückter machte.

Vorsichtig stieg ich aus der Dusche und wickelte mir ein Hand-tuch um. Erneut überkam mich eine Gänsehaut vor Kälte. Gerne hätte ich mich wieder unter das warme Wasser gestellt. Mein Va-ter war noch immer nicht da, stellte ich fest, als ich aus dem Bad-fenster sah. Hieraus konnte ich auf den leeren Parkplatz auf unse-rem Grundstück sehen. Gerne hätte ich ihm von Ivana erzählt und dass ich nicht aufgegeben habe und nicht aufgeben werde. Meine Arme und Beine schmerzten bei jeder Bewegung, doch das be-deutete nur, dass ich sportlich gewesen war, was auch stimmte. Das Sportprogramm war schon hart. Nach der Dusche ging ich zum Schrank und holte mir ein frisches Top, das dicht anlag, und eine kurze Hose, die recht kurz war. Egal welche Jahreszeit, ich trug einfach am liebsten kurze Hosen und ein langes T-Shirt oder ein Top.

Als ich dann im Bett lag, begann mein Körper zu zittern, und ein Schauer aus Zweifeln und Ängsten brach über mich herein. Alles zitterte. Langsam zog ich mich zusammen, mit den Beinen vor meiner Brust und die Arme um sie gelegt. Und dann begann ich auf einmal zu schluchzen. Tränen erfüllten meine Augen, und ich bekam kaum Luft. Schnell stand ich auf und rannte zum Bad. Mit meinen Händen griff ich zum Wasserhahn und versuchte mich zu beruhigen, indem ich etwas trank. Ich schnappte nach Luft. Plötzlich wurde mir ganz kalt auf den Marmorfliesen.

„Verdammt", fluchte ich, als mich wie jeden Abend plötzlich die Angst übermannte. Ich wollte es nicht, aber es genügte, meine Augen zu schließen, wenn ich im Bett lag, und meine Gedanken drifteten ab in die Schattenwelt – eine Welt voller Furcht, die ich so sehr hasste. Ich wusste nicht, wann ich endlich in der Lage sein würde, die Vergangenheit loszulassen und normal schlafen zu können.

Ich nahm mein Handy zur Hand, das ich neben mich gelegt hatte. Es war schon spät abends, und eigentlich wollte ich mit meinem Vater essen, der nur leider nicht da war. Wie immer. Ich konnte auch nichts essen, auch wenn ich Hunger hatte. Wenn ich an Essen dachte, wurde mir unwohl, deswegen aß ich nichts. Ich entsperrte mein Handy. Ich wusste, dass ich mir das nicht antun sollte und trotzdem ging ich auf WhatsApp. Niemand schrieb mir. Es schmerzte. Doch aber in diesem Moment wünschte ich mir so sehr jemanden bei mir zu haben, der mir sagt, dass alles gut wird. Keine Sätze, keine Worte, kein Satz, nicht mal ein einziges Wort von jemandem. Ich hoffte so sehr, dass mein Leben erst noch beginnen würde, aber was ich nicht wahrhaben wollte, war, dass dies bereits mein Leben war. Ich wollte dieses erbärmliche Leben nicht. Lieber versuchte ich weiter zu träumen. Obwohl das Träumen mittlerweile auch schon unmöglich war, da ich in diesem Augenblick wieder kämpfte, mich vom Schlafen abzuhalten. Ich nahm mein Handy, lief zurück in mein Zimmer, legte es auf den Nachttisch und öffnete ein Fenster. Die Sonne war schon lange verschwunden, was mir wieder einmal bewusst machte, wie lange ich hier zuhause saß. Der Wind wehte in mein Zimmer und blies durch meine Haare. Die frische kalte Luft tat gut.

Mein Zimmer erhellte kurz, als eine Benachrichtigung auf meinem Handy aufleuchtete. Eilig lief ich rüber zu meinem Handy und entsperrte es. Ohne mein Handy aus den Augen zu lassen, legte ich mich in mein Bett und setzte mich auf, um mich anzulehnen.

Ivana: Hey Louisa, wie wär's am Samstag zusammen einen gemütlichen Kaffee zu trinken?
Ich lächelte, als ich ihre Nachricht sah. Sicher hatte ihr mein Vater meine Nummer gegeben.

Ich:Kaffee hört sich perfekt an.Ich bin dabei! :)

Mein Herz pochte vor Freude und stellte fest wie meine Panik verschwand und auf einmal unwichtig wurde.
Ivana ließ mich wieder lebendig fühlen. Ich wollte mehr davon.

Manchmal hatte ich das Gefühl, als würde das Leben an mir vorüberziehen. Die Uhr des Lebens tickte, aber irgendwie schien ich stillzustehen – zumindest fühlte es sich so an, wenn ich aus meinem Fenster sah und heimlich die Menschen draußen beobachtete. Die Welt war riesig, und es passierten unendlich viele Dinge, was eigentlich cool war. Weniger cool wurde es, wenn mir bewusst wurde, dass ich nur in meinem Zimmer saß und nichts tat. Ich wollte leben und nicht nur darauf warten.

Während andere in meinem Alter bereits auf Partys gingen, hatte ich noch nie an einer teilgenommen. Ich wusste, dass das Leben mit dem ersten Herzschlag und Atemzug beginnt, aber es schien nicht auf mich zuzutreffen. Jedenfalls wollte ich das, was ich hier tat, nicht als Leben bezeichnen. Vielleicht würde ich es irgendwann so sehen, wenn ich wirklich lebte. Ich wollte nicht akzeptieren, dass dies genau mein Leben war, also redete ich mir ein, dass das wahre Leben noch auf mich wartete.

***

Langsam öffnete ich meine Augen und bemerkte, dass die Sonne bereits am Himmel strahlte. Ich begann mich zu strecken und mich an das Licht zu gewöhnen. Meine letzte Nacht war ein Chaos. Verschlafen suchte ich nach meinem Handy auf dem Nachttisch und entsperrte es.

Alec: Hey, wie geht´s dir?

Mein Herz machte einen Sprung. Ich konnte förmlich spüren, wie es vor Freude hüpfte und tanzte. Am liebsten würde ich immer so erwachen, mit einer Nachricht von Alec, sobald ich meine Augen öffne. Ich hielt die Luft an und antwortete schnell zurück.

Ich: Gut, ich hatte gestern ein ausgiebiges Sportprogramm.Jetzt spüre ich immer noch Muskelkater.

Ich kaute nervös auf meiner Unterlippe und wartete auf seine Antwort. Oben in der Leiste konnte ich sehen, dass er schrieb, was meine Nervosität nur noch verstärkte.

Alec: Hast du Lust zu telefonieren?

Fünf Wörter, und mein Herz begann wieder wild zu klopfen. Meine Beine wurden wackelig, sodass ich mich aufs Bett setzen musste.

Ich: Gib mir 10min, muss mich noch fertig machen.

Alec: Das brauchst du nicht. Du siehst sicherlich auch im ver-schlafenen Zustand wunderschön aus.

Ich starrte auf meinen Bildschirm und las es zum dritten Mal durch. Meine Wangen färbten sich rot, und ich begann zu grin-sen. Ich fühlte mich schon fast dämlich, während ich in meinem Zimmer saß und mein Handy grinsend betrachtete. Ich wusste nicht mehr, was ich antworten sollte, also legte ich mein Handy zur Seite und machte mich schnell frisch. Alec fand mich schön. Ich kicherte. Es waren noch nicht einmal 10 Minuten vergangen, als mein Handy klingelte. Ich eilte zu meinem Handy und warf mich aufs Bett. Meine Hand glitt auf den grün blinkenden Knopf, und ich sah Alec vor mir.

„Hey du...", Alec lächelte und winkte.

„Hey, wie geht es dir?", kam es über meine Lippen. Ich lächelte und sah Alec an, der mir sein wunderschönes Lächeln präsentierte. Er erzählte mir, dass sein Praktikum vorbei sei und er sich für ein Medizinstudium entschieden habe, aber trotzdem noch immer nicht wusste, ob es der richtige Weg war. Er ginge nächstes Wochenende auf den Geburtstag seiner kleinen Cousine Gracy. Gracy war 5 Jahre alt und schien die Personifikation von „Glück" zu sein, denn Alec erzählte mir, dass sie stets fröhlich war und lachte. Sie lachte laut, so viel, dass es ansteckend war. Ich konnte in seinen Augen sehen, wie sehr er seine Cousine liebte, die so glücklich schien und ihn damit ansteckte.

Alec erzählte mir, er hätte keine Geschwister. Das konnte ich mir denken, weil er nur von Gracy erzählte. Wenn er von ihr sprach, hörte ich aufmerksam zu, wie er seine Cousine beschrieb. Sie schien ihm sehr wichtig zu sein.

„Was ist los?", Alec sah mich an und versuchte, meinen Blick zu deuten.

„Nichts", log ich. Ich dachte an die Zeit, als ich noch so unbeschwert wie Gracy war und immer lachte. Alec schien noch immer auf meine Antwort zu warten, obwohl ich ihm beteuerte, dass nichts wäre. „Sag es mir bitte. Ich sehe dein Lächeln so gerne, und jetzt ist es weg", sagte Alec leise und wartete auf eine Antwort. Ich wusste nicht recht, sollte ich mich Alec öffnen? Mein Mund öffnete sich, schloss sich wieder. Kein Ton kam heraus, und ich hatte keine Ahnung, ob oder wie ich es sagen sollte. Ich löste meinen Blick von meinem Handybildschirm und blickte aus dem Fenster. Der Wind war stark und brachte die Bäume zum Tanzen und die Blätter zum Fliegen.

„Ich war auch mal eine Gracy", gestand ich seufzend, meinen Blick immer noch aus dem Fenster gerichtet.

„Du bist keine Gracy. Du… bist Louisa, und diese Person ist toll. Ich kann mit Louisa lachen. Ich meine… ich... kann mit dir lachen…", sagte Alec nun stotternd. Ich sah wieder zum Bildschirm und erkannte, dass Alec schon gar nicht mehr in seinem Zimmer saß. Alec saß in seinem Auto.

„Wollen wir einen Film gucken? Ich habe Popcorn, süßes Popcorn, das Beste vom Besten", Alec lächelte und hielt eine Popcorntüte in die Kamera. Ich lachte.

„Unbedingt, ich will dich wieder bei mir haben. Ich vermisse dich schon", sagte ich leise und überspielte meine bis eben schlechte Laune.

„Wir haben uns doch erst vor drei Tagen getroffen", lachte er.

„Na und?", sagte ich bockig und wollte ihn einfach wieder bei mir haben, um mit ihm zu kuscheln oder was auch immer.

„Gut, dann fahre ich jetzt los", sagte er und grinste, dass seine winzigen Grübchen hervorkamen. Ich legte auf und hielt mein Handy gegen mein Herz, das wie wild klopfte. Ich konnte es mir nicht erklären, was mich so nervös machte. Alec und ich sind Freunde, mehr sollte es zwischen uns einfach nicht sein. Mein Handy blinkte auf und zeigte eine Nachricht von Alec.

Alec: Ich darf den Film aussuchen.

Ich lachte und legte mein Handy sanft auf die Kommode. Ein Blick durch den Raum offenbarte ein Chaos aus Blättern meiner Schularbeiten, verstreut wie Blätter im Wind. Mein Vater hatte mich für das anstehende Onlineabitur angemeldet, und in zwei Monaten war der große Tag gekommen. Ein wenig Vorsprung im Lernen schien mir unumgänglich, da ich einige Lücken schließen musste. Zwar hatte ich nie Schwierigkeiten, dennoch bevorzugte ich es, stets gewappnet zu sein – ganz gleich in welchem Fach.

***

Ich hatte mir noch schnell einen Wollpullover übergezogen, der mir fast bis zu den Knien reichte und extrem warm und kuschelig war. Das Zimmer, das immer nach Vanille roch, weil ich Duftkerzen liebte, die stets auf meinem Nachttisch standen, war in ein sanftes, beruhigendes Licht getaucht. Ich liebte es, wie das kleine Feuer einer Kerze das ganze Zimmer erhellte und der Duft von Vanille überall präsent war.

Es klopfte. Freudig hüpfte ich auf und eilte zur Tür. Vorher warf ich noch einen Blick in den Spiegel an meiner Wand, um mein Aussehen zu überprüfen. Die Reflexion zeigte eine Mischung aus Vorfreude und innerer Unruhe. Wieder einmal überkam mich der Gedanke an meinen inneren Konflikt: die Angst vor dem Verlassenwerden. Ich musste verhindern, dass er bemerkte, dass ich mehr von ihm wollte. Niemals würde ich für meine dummen kleinen Gefühle das ruinieren, was wir bereits hatten - eine Freundschaft, die ich so noch nie hatte, eine, die alles für mich war und mich jeden Tag erfüllte, mit Freude, aber auch mit Angst. Angst davor, ihn zu verlieren, dass er plötzlich einfach weg sein könnte. Die Tür öffnete sich, und vor mir stand Bruna mit einem Wäschekorb in den Händen. Augenblicklich war ich enttäuscht.

„Hey Liebes, warum ziehst du so ein Gesicht?", fragte sie verwundert, als sie sich herein schob.

„Tut mir leid. Ich habe nur… gedacht, dass Alec schon da ist. Es ist nicht so, dass… ich mich nicht freue, dich zu sehen", stammelte ich herum und holte meine Wäsche, damit Bruna sie mitnehmen konnte.

„Schon okay", sagte sie liebevoll.

„Dein Freund kommt sicherlich bald", rief sie mit dem Rücken zu mir, als sie wieder aus dem Zimmer ging.

„Er ist nicht mein Freund", stellte ich sicher. Bruna lächelte nur und sagte: „Wie du meinst." Und bevor ich etwas erwidern konnte, ging sie.

Bevor ich meine Zimmertür schließen wollte, hörte ich ein lautes Klingeln, das durch das ganze Haus schallte.

„Oh Gott", dachte ich laut und lief mit meinen Krücken hin und her. „Willst du nicht aufmachen, Louisa?", fragte mich Bruna, auf der anderen Seite des Flurs. Für eine Weile war ich wie angewurzelt, bis ich mich löste.

„…ja. Ich mach schon auf", sagte ich und kam aus meiner Schockstarre heraus.

Ich atmete tief ein und aus. Meine Hand drückte die Klinke herunter. Die Tür öffnete sich, und ich sah in Alecs schönes Gesicht, das mich anstrahlte.

„Hey, eine Riesenportion Popcorn gefällig?", lachte er ausgelassen und trat herein. Er ließ seinen Blick über das Hausinnere schweifen, so wie beim letzten Mal.

„Ich hoffe, du hast genug Popcorn. Ich habe hunger!", scherzte ich und grinste ihn an. Alec hängte seine Jacke in die Garderobe und sah mich an. Dieser Blick, den er mir schenkte, machte mich ganz weich und verrückt.

Bevor er antwortete, sah ich, wie er mein Bein begutachtete.

„Machst du Fortschritte mit Ivana?"

Sein Blick wanderte langsam von meinem Bein nach oben zu meinen Augen. Ich lächelte, nickte stolz und sah auch für einen Moment auf mein Bein. Als ich wieder in sein Gesicht blickte, strahlte er wieder.

Gemeinsam gingen wir in mein Zimmer und warfen uns auf mein Bett. Wir hatten uns eine Schale aus der Küche geholt und das Popcorn hineingefüllt. Mit einer großen Decke ließen wir uns erleichtert, mit einem Seufzer, in die Kissen fallen.

„Oh", rief Alec überrascht und hob mein Tagebuch in die Höhe.

„Das lag unter deiner Decke", sagte er und gab es mir lächelnd zurück. Ich lief daraufhin etwas rötlich an. Wenn er wüsste, dass der Inhalt nur von ihm handelte.

„Ich finde dein Geschenk noch immer toll. Mein bestes Geschenk", gab ich zu und nahm mir die Fernbedienung vom Nachttisch. Im Augenwinkel konnte ich sehen, wie er mich anstarrte, was mir nicht unangenehm war. Ich mochte es, wenn er mich ansah, als wäre ich… besonders.

„Also gib die Fernbedienung her, ich suche aus, was wir gucken", befahl er mir, und ich gehorchte.

Alec nahm die Fernbedienung und machte den Fernseher an. Während er nach einem Film suchte, nutzte ich die Gelegenheit und starrte ihn eine Weile an. Seine Augen funkelten im Licht meines Zimmers. Es war beruhigend anzusehen, wie sich sein Oberkörper bei jedem Atemzug auf- und absenkte, in der immer gleichbleibenden Bewegung. Ich würde mich gerne an ihn drücken, nur rief die Stimme in meinem Kopf, ich solle es lassen.

Alec rückte ein Stück näher an mich und nahm eine Handvoll Popcorn und stopfte alles auf einmal in seinen Mund. Ich lachte.

„Was ist?" Er zog eine Augenbraue hoch.

„Wie kann so viel in diesen Mund passen?", fragte ich lachend und tippte spielerisch leicht auf seine Wange. Ich erstarrte, als ich ihn berührte und zog meinen Finger schnell weg. Mein Herz pumpte schneller, und eine Gänsehaut ließ mich erneut erschaudern. Warum bekam ich so ein Herzrasen? Ich hatte ihn doch nur berührt. Wieder einmal war ich total genervt von mir selbst, und ich verbot mir meinen Gedanken freien Lauf zu lassen. Aber er sah so gut aus, dass ich am liebsten jeden Zentimeter von ihm berühren wollte.

Der Film begann, und ich stopfte nun das Popcorn in meinen Mund. Es wurde still zwischen uns, doch ich fühlte mich wohl, an seiner Seite, in einem Bett und ihm so nah. Alec sah gespannt zum Fernseher, der gegenüber meinem Bett stand und in verschiedenen Lichtern aufleuchtete. Nach der Berührung von Alecs Wange konnte ich ihn jedoch nicht mehr ansehen, also beschloss ich, dem Film meine ganze Aufmerksamkeit zu widmen. Es war wie eine Strafe, ihn nicht anzusehen.

***

Der Film hatte sein tragisches Ende gefunden, und ich befand mich mittendrin, von meinen eigenen Tränen umgeben. Solche Filme brachten mich stets an meine emotionalen Grenzen, besonders diejenigen, die mit Trauer durchtränkt waren. Ich vermied traurige Dramen nicht grundlos. Alec sah mich erschrocken an. „Louisa? Weinst du?", fragte er zögernd, als er mein verweintes Gesicht sah. Das Licht im Raum war aus, und wir sahen uns nicht direkt an - vielleicht besser so, da ich nicht wollte, dass er meine Tränen sah. Ich drehte mich weg, versuchte, mich zu sammeln, was schwieriger war als gedacht, da ich noch immer tief in den Film eingetaucht war.

Alec rückte näher, umarmte mich mit seinen starken Armen. Ich war zwischen Starre und Lockerheit gefangen, während in meinem Bauch ein kribbelndes Gefühl aufbrandete. Sein Atem streifte meinen Nacken, meine Hand lag in seiner, die er mir anbot. Er drückte sie sanft.

„Es tut mir leid... ich... ich wusste nicht, dass der Film so endet", flüsterte er zaghaft an meinem Ohr und strich mir beruhigend die Haare zur Seite.

Die Protagonistin des Films war jung, starb an Krebs, und es war spürbar, dass sie es nicht verdient hatte. Der schmerzhafte Gedanke an das Sterben von Menschen, die nichts Falsches getan hatten, zog mich in die Tiefe. Der Film war mehr als nur eine Geschichte mit Schauspielern; er war ein Spiegelbild der wahren Welt, vor der ich mich zu verschließen versuchte. Mein Brustkorb hob sich unregelmäßig, ich atmete tief aus. Langsam drehte ich mich zu Alec um und blickte in seine dunklen Augen. Augenblicklich verlor ich mich in der Dunkelheit seiner braunen Augen. Wir schauten uns eine Weile an, Schweigen umgab uns. Die Stille war nicht unangenehm, aber ich konnte sie nicht deuten.

„Ich hätte es ahnen müssen." Ein leises Lachen entfloh mir, und auch auf Alecs Lippen erschien ein Lächeln. Alec hielt mich weiterhin in seinen Armen, meine Hand in seiner. Die Vertrautheit seiner Nähe fühlte sich so richtig an, dass ich mich fast daran gewöhnen könnte, mit seinem Geruch in der Nase. Ein wenig übertrieben, aber ich würde es tun. Doch dann riss ich mich aus diesen Gedanken und entschied, wieder in die reale Welt zurückzukehren. Alec und ich waren Freunde, und das bedeutete mir schon die ganze Welt. Freunde, die mir fehlten, und nun lag ich in seinen Armen. Wie schön war es, sich auf jemanden verlassen zu können, Aufmerksamkeit zu bekommen, das Gefühl zu haben, da ist jemand, dem es wichtig ist, dass es dir gut geht und dir Sicherheit gibt. Und dennoch konnte ich nicht verhindern, dass der Gedanke an Alec, solche intimen Augenblicke mit anderen Frauen zu teilen, einen Stich in meinem Inneren verursachte.

Er sah mir noch einmal tief in die Augen, bis er seine Arme von mir löste und sich aufrichtete. Er nahm die Fernbedienung vom Nachttisch, mit einer einfachen Handbewegung verstummte der Fernseher. Es war still, nicht nur im Zimmer, das ganze Haus war ruhig. Mein Vater war noch nicht zuhause, und Bruna würde erst morgen kommen. Ich sah zu Alec rüber, mein Herz hämmerte, aber ich ignorierte es, vielleicht war ich noch zu sehr vom Film aufgewühlt. Alec starrte aus dem Fenster, als wäre er in Gedanken verloren. Plötzlich drehte er sich zu mir um.

„Was hältst du davon, etwas zu bestellen oder ein wenig zu kochen und wir die Nacht gemeinsam verbringen? Also… ähm…, wenn das okay ist. Wir können es auch lassen oder-" Ich hielt Alec den Mund zu und stoppte ihn. Er redete viel, aber sein erster Satz hatte mich bereits überzeugt.

„Das ist eine gute Idee. Lass uns etwas selbst kochen", gestand ich, und ein Lächeln huschte wieder über mein Gesicht. Alec nahm meine Hand von seinem Mund, hauchte ihr einen Kuss und stand auf. Diese kleine Geste versetzte mich plötzlich in Flammen.

Die Vorstellung, dass er bei mir bleiben wollte, sogar über Nacht, erfüllte mich mit Glück. Doch während ich darüber nachdachte, spürte ich, wie der Druck in mir aufstieg, die Angst, dass ich jederzeit aufstehen und wegrennen könnte. Schliefen wir etwa im selben Bett? Wollte er das wirklich? Alec sah mich erwartungsvoll an.

„Na, worauf wartest du dann?" Er lachte amüsiert und hielt mir auffordernd die Hand hin. Ich ergriff sie, kam aus meiner Gedankenstarre und sagte: „Danke, der Herr", stand auf und machte einen albernen Knicks. Alec sah mich an, machte ebenso eine Verbeugung, woraufhin wir dann beide lachten. Ich suchte den Raum nach meiner Krücke ab, aber Alec kam mir zuvor und reichte sie mir. Meine Krücke war mir ein wenig peinlich, aber Alec schien sich nicht daran zu stören. Mit der Zeit wurde es immer besser, und ich machte jeden zweiten Tag die von Ivana aufbekommenen Trainingsübungen. Gemütlich schlenderten wir durch den Flur, erzählten von unseren schlechten Kochkünsten. Wir kamen zur Treppe, und mir war es ziemlich peinlich, wie langsam ich hinunterging, aber Alec schien es nicht zu stören.

„Einmal habe ich mich bei einem Rezept verlesen, und dann hat es so furchtbar geschmeckt. Ich weiß noch, wie enttäuscht ich war." Alec lachte, sah zu mir und lächelte sanft. Mir wurde warm, und ich kicherte mit ihm.

„Hast du einen Plan, was wir kochen können?", fragte ich ihn und lief mit ihm in die Küche. Sein Blick schweifte langsam durch die große Küche. Unsere Küche war riesig mit einer Kücheninsel in der Mitte. Sie passte zum Haus, ein wenig klassisch, aber auch modern, mit dunklem Holz und Glasplatten versehen.

„Lass uns Lasagne machen oder doch etwas anders?"

Alec überlegte noch etwas, aber ich war sofort von der Idee begeistert. Ich liebte italienisches Essen.

„Lasagne ist lecker. Ich will Lasagne", sagte ich begeistert, ich konnte sie schon riechen. Der köstliche Geruch nach Käse, Nudeln und Tomaten.

„Gut, lass uns Lasagne machen."

Genau das zwischen uns liebte ich, diese lockere und einfache Art, und diese Vertrautheit gegenüber dem anderen. Alec war so toll, und ich hatte richtig Spaß mit ihm. Nie lachte ich so sehr mit jemandem wie mit ihm. Ich holte uns beiden zwei schwarze Schürzen aus dem Schrank und gab sie ihm. Er zog die Schürze an, doch ich erlaubte mir, hinter ihn zu treten und eine Schleife zu machen. Dann trat ich vor ihn, blickte nach oben in sein Gesicht, welches mich betrachtete. Auch er zog mir die Schürze über den Kopf, doch wesentlich leichter, als ich es bei ihm versucht hatte, da er viel zu groß für mich war. Behutsam legte er seine Hände auf meine Hüften, drehte mich sanft und machte eine Schleife. Ich drehte mich um, sah wieder zu ihm und lächelte dankend, mit leicht rosa Wangen, die heißer waren, als sie aussahen.

Alec nahm sein Handy und suchte ein passendes Rezept heraus.

„Perfekt, sieh mal, diese Lasagne sieht doch klasse aus." Alec hielt mir sein Handy hin.

„Ja, dann lass uns anfangen. Am besten liest du die Zutaten vor, und ich sehe nach, ob wir alles haben", schlug ich vor.

„Okay, also wir brauchen folgendes..." Alec suchte die Zutaten.

„Milch", fing er an aufzuzählen. Ich nickte und holte die Milch aus dem Kühlschrank.

„Butter", sagte Alec, und ich holte sie ebenso aus dem Kühlschrank. „Mehl", rief er mir zu. Nach und nach reihten wir alle Zutaten auf der Arbeitsplatte aus und begutachteten sie.

„Also, ich mache die Bechamelsoße und du die Bolognese, okay?", fragte ich, während Alec die Pfannen und Töpfe holte.

***

50 Minuten später war unsere Lasagne fertig. Der köstliche Duft breitete sich im ganzen Haus aus, als Alec sie aus dem Ofen nahm und auf den Herd stellte. Wir standen zusammen und bewunderten das Ergebnis.

„Die sieht super aus!", begeisterte sich Alec und betrachtete die Lasagne genussvoll.

„Oh ja", stimmte ich zu, während mir das Wasser im Mund zusammenlief.

„Ich hole uns Teller und Besteck."

Ich ging zum großen Hängeschrank, um Teller herauszuholen. Dabei stützte ich mich auf meine Krücken. Alec beobachtete mich, und unsere Blicke trafen sich kurz. Ich drehte mich weg, rot vor Verlegenheit.

„Relax, Louisa", ermahnte ich mich in Gedanken.

Als ich mich wieder zu Alec drehte, stand er plötzlich neben mir. Mein Herz begann zu klopfen.

„Er ist so nah", dachte ich. Ich bewegte mich nicht, als Alec mein Handicap bemerkte.

„Soll ich dir helfen?", fragte er und sah zu den Tellern in meinen Händen. Mein Körper reagierte immer noch nicht, aber meine Lippen gaben ein leises und schüchternes „Ja" von sich.

Alec eilte sofort zu mir, nahm mir die Teller ab und stellte sie neben die Lasagne.

„Wo sind die Pfannenwender? Ich möchte uns etwas auftun", fragte er und lächelte mich an. Ich nickte stumm, öffnete eine Schublade und reichte ihm einen Pfannenwender. Unsere Finger streiften sich dabei, und es fühlte sich plötzlich an wie in Zeitlupe.

Alec hielt meine Hand mit dem Pfannenwender in seiner. Die Berührung schien ungewollt, aber er ließ nicht los und starrte mich einfach an. Zwischen uns entstand Stille, zu still. Sein Blick machte mich verrückt, und obwohl mir die Berührung gefiel, zog ich meine Hand weg. Ich konnte nicht verstehen, wie mein Körper auf ihn reagierte.

„Ich tue uns etwas auf. Lass uns an den schönen großen Tisch setzen", schlug Alec vor und unterbrach die peinliche Stille. Mein Kopf hörte nicht auf, die Szene immer wieder abzuspielen, und ich bekam bei jedem Durchgang Gänsehaut.

Ob er dasselbe fühlt? Ich begleitete Alec ins Esszimmer. Wir setzten uns an die lange Tafel, und es herrschte eine angenehme

Stille. Ich sah Alec an, der sein Lächeln nicht verbergen konnte. Er bemerkte meinen Blick und sah mir in die Augen, sein Lächeln wurde breiter. Meine Augen fixierten ihn, während er genüsslich eine Gabel Lasagne in den Mund führte. Es war nicht unangenehm; Alec starrte mich mindestens genauso an.

Langsam brachte ich meine Gabel zum Mund und kostete die Lasagne.

„Wir sind ein gutes Team", sagte er und zeigte mit der Gabel auf das Gericht. Plötzlich wurde mir warm, und ich antwortete glücklich: „Ja, das sind wir."

Alec stand auf, nahm meinen Teller und räumte alles in die Küche, nach dem Essen. Die Sonne war untergegangen, und draußen lag nur die klare Dunkelheit.

„Die Nacht ist so schön ruhig, aber auch düster", dachte ich. Ich griff nach meinen Krücken, die am Stuhl lehnten, und lief damit zum großen Fenster, vor dem ein Klavier stand.

Ich hatte einmal Klavier gespielt, aber irgendwann konnte ich nicht mehr. Seitdem stand es hier und sammelte Staub. Ich strich vorsichtig über die weißen Tasten und versank in Erinnerungen.

Alec lehnte an der Tür und beobachtete mich nachdenklich.

„Was denkst du?", fragte er mich und sah mich an.

Ich sah ihn an, ohne auf seine Frage einzugehen.

„Wie lange stehst du da schon?" entgegnete ich, erhob mich vom Klavierhocker und nahm wieder meine Krücken in die Hand.

„Nicht lange. Spielst du?" fragte er, seine Finger glitten sanft über die Tasten. Ich schüttelte den Kopf.

„Ich habe mal gespielt, vor ein paar Jahren", antwortete ich und ging zum großen Fenster neben dem Klavier. Der Sternenhimmel breitete sich vor mir aus.

„Kannst du mir etwas vorspielen? Nur, wenn du willst." Alec stand neben mir, und gemeinsam schauten wir in den Himmel.

„Lieber nicht... Oh mein Gott da! Sieh mal! Eine Sternschnuppe!", rief ich dazwischen. Ich lächelte und wünschte mir etwas.

„Wünsch dir auch etwas", forderte ich Alec auf, der seine Augen schloss. Als er sie öffnete, funkelten sie mich an.

Jeder Zentimeter am Himmel funkelte, und jeder Stern war wunderschön. Solche kleinen Dinge brachten mich zum Nachdenken. Alec und ich starrten lange nach oben und vergaßen die Zeit. Selten vergaß ich die Zeit und war einfach im Hier und Jetzt.

Schließlich wandten wir uns von der Schönheit des Himmels ab und wollten in mein Zimmer gehen. Plötzlich packte Alec mich an den Beinen, ich schrie kurz vor Schreck. Er warf mich über seine Schulter, und wir lachten.

„Dann also los!", rief Alec und eilte mit mir über seiner Schulter zur Treppe.

„Sag mal, bin ich dir nicht zu schwer?", lachte ich. Alec stellte mich auf den Boden, sah mich an und hob mich dann auf seine Arme.

„Du bist so leicht wie eine Feder. Da stemme ich schon das dreifache beim Sport.", sagte er und tat so, als wäre ich eine große Hantel, die man im Fitnessstudio benutzt. Er schleppte mich bis zu meinem Bett, und ich hörte nicht auf zu lachen.

Im Zimmer angekommen, setzte er mich ab, und wir sahen uns einen Moment einfach an.

„Was macht er bloß mit mir?", fragte ich mich und schmolz von seinen Blicken dahin.

„Ich muss auf Toilette", sagte ich plötzlich und kroch von ihm weg.

Im Badezimmer schaltete ich das Licht ein und sah ein Mädchen mit glühenden Wangen im Spiegel. Ich strich mit meinen Fingern über meine roten Wangen. Eigentlich musste ich nicht auf die Toilette, aber Alec war so nah, dass ich es kaum aushalten konnte. Das Wasser aus dem Hahn floss in meine Hände, und ich formte mit ihnen eine Schale. Ich legte mein Gesicht ins kühle und klare Wasser. Langsam erloschen meine Wangen, und ich ging zu ihm zurück.

Alec stand mit freiem Oberkörper da und kramte in seiner Tasche. Ein kurzer Moment, in dem ich nicht weggucken konnte, und dann beschloss ich, zurück ins Bad zu eilen. Ich wartete einen Moment, kam mir dabei bescheuert vor.

„Ich werde dieses Bild nicht mehr aus dem Kopf bekommen", dachte ich und blinzelte. Plötzlich sah ich ihn wieder.

Tief einatmen und wieder rausgehen.

„Ich bin wieder da", rief ich und betrat das Zimmer, als wäre ich nicht eben schon da gewesen. Inzwischen hatte sich Alec komplett umgezogen. Ich sah ihn an, und das Bild von seinem oberkörperfreien Anblick kam mir wieder vor Augen.

„Du hast dich gar nicht umgezogen. Willst du etwa so schlafen?" neckte er mich und zog die Augenbrauen nach oben. Ich sah an mir hinunter.

„Nein, will ich nicht", antwortete ich und nahm ein paar Sachen aus dem Kleiderschrank. Dann ging ich zum dritten Mal ins Bad und zog mich um. Ein weißes Top und eine kurze Stoffjeans hatte ich mir angezogen. Alec klopfte zaghaft an der Tür.

„Kann ich dazu kommen?" fragte er.

Schnell räumte ich alles ordentlich weg und ließ meine Unterwäsche verschwinden.

„Ja, Moment!", rief ich zurück, sah mich noch einmal um, bevor ich die Tür öffnete. Ich drückte die Türklinke runter und ließ ihn rein. Für einen Moment bewegte sich Alec nicht und sah mich an. In seiner rechten Hand hielt er seine Zahnbürste. Er bewegte sich langsam zu mir, um sich dann neben mich zu stellen.

Als wir uns die Zähne putzten, sah mich Alec die ganze Zeit an, als würde er mich provozieren wollen. Wenn ich ihn ansah, guckte er weg und tat so, als würde er mich nicht ansehen. Doch ich konnte ihn im Augenwinkel beobachten oder im Spiegel gegenüber, woran er nicht dachte.

„Warum sieht er mich denn so an?", fragte ich mich und betrachtete mein Spiegelbild. Ich legte die Stirn in Falten und grübelte.

**

Ich lag im Bett, während Alec noch im Bad war, und ließ meinen Gedanken freien Lauf. Lächelnd starrte ich an die Zimmerdecke, auf der winzige Risse wie geheime Pfade aussahen, die ich noch nie zuvor bemerkt hatte. Die Wärme der Sonnenstrahlen kroch durch die zarten Vorhänge, die wie vergilbte Erinnerungen an vergangene Zeiten aussahen.

Warum ich die ganze Zeit lächelte, konnte ich mir nicht erklären, aber ich konnte es nicht lassen.

Ich fühlte mich so wohl mit Alec, das hatte ich noch nie. Seine Gegenwart war wie ein warmer Sonnenstrahl auf meiner Haut, der selbst an trüben Tagen Trost spendete. Er machte mich irgendwie verrückt, aber nicht auf die chaotische Art, sondern auf die, die das Herz schneller schlagen lässt.

Trotzdem war ich dankbar für unsere Freundschaft, und ich fühlte mich auch so, als könnte ich ihm komplett vertrauen.

Ich hatte schon zu oft geglaubt, ich könnte jemandem vertrauen, und immer wieder wurde ich enttäuscht. Erst letztes Jahr von meiner besten Freundin – zumindest dachte ich, sie sei meine beste Freundin.

Sie hieß Yamina, und jetzt hasste ich sie. Auch wenn man nicht hassen sollte, tat ich es. Für mich war sie alles gewesen, und ich gab ihr auch alles. Sie gab mir …nichts. Jedenfalls nicht das, was ich eigentlich gebraucht hätte und was man von einer Freundschaft erwarten sollte. Die getrockneten Blumen in der Vase auf meinem Schreibtisch, Überreste vergangener Freundschaft, wirkten plötzlich traurig und verblasst.

Yamina wollte jedoch nur die glückliche Energie von mir, damit sie sich besser fühlte. Ich war ihr eigentlich egal, denn sobald es mir schlecht ging, distanzierte sie sich. An diesen Tagen verschwand sie, als wäre sie niemals in meinem Leben gewesen, als hätte ich mir alles nur eingebildet. Ich war lediglich ein Akku, der dazu bestimmt war, sie aufzuladen. Doch wenn meine Batterie schwach war, reichte sie mir nicht die Hand; stattdessen verschwand sie, und mein Akku begann zu sinken, weiter und weiter, bis ich in diesem Loch gefangen war, mit 0%. Es war eine Zeit, die ich hart verdrängte, obwohl mir bewusst war, dass dies nicht ratsam war.

Yamina war plötzlich einfach weg, als ich sie am meisten brauchte. Sie war der Meinung, ich bräuchte Zeit, aber das machte es nur schlimmer, denn ich hätte sie gebraucht.

Sie war nicht da! Und sie hatte nicht einmal versucht, mich wiederzugewinnen, stattdessen war sie plötzlich einfach weg. Weg, als hätte ich sie nie getroffen. Verschollen. Verschwunden. Der leere Stuhl in meinem Zimmer, den sie einst oft besetzt hatte, fühlte sich an wie ein stummes Urteil.

Oh Gott, der Gedanke, dass wir uns verloren hatten, schmerzte, aber es war nur eine Frage der Zeit, oder? Es musste geschehen, denn sie war eben keine wahre Freundin. Doch am meisten hasste ich mich dafür, dass ich sie nicht vergessen konnte und sie immer noch in meinem Kopf herumlungerte. Die verblassten Postkarten an meiner Wand, Souvenirs von den glücklichen Zeiten, wirkten nun wie verblasste Erinnerungen, die sich hartnäckig festhielten. Ich verfluche die Erinnerungen an sie, denn sie tun mir weh. Sie verdiente meine Tränen nicht. Keine einzige. Bei den Gedanken an sie kamen mir immer wieder Tränen, die ich jedoch schnell in meinem Pulloverärmel verschwinden ließ.

„Verdammt." Ich war genervt, dass sie tatsächlich noch so eine Wirkung auf mich hatte.

Sie war der Grund, dass ich mein Handy für Monate nicht mehr benutzte und offline war, denn meine Finger waren immer wieder auf unserem alten Chat gelandet, und meine Augen hatten automatisch begonnen zu lesen.

Und das tat so weh – die vielen schönen Erinnerungen. Ich verfluche jede schöne Nachricht von ihr. Das Parfüm, das sie mir zum Geburtstag schenkte, verströmte nun einen Duft der Melancholie. Ich dachte wirklich, dass ich mich auf sie verlassen konnte.

Die leere Schaukel im Park, auf der wir einst stundenlang redeten, schien sich langsam von der Vergangenheit zu lösen. Ich hatte ihr nie sagen können, wie sehr mich das verletzte. Die ungesendeten Nachrichten, die ich an sie schrieb, verweilten in meinen Notizen.

Zu gerne hätte ich ihr ins Gesicht geschrien, was für ein toxischer Mensch sie war und wie sehr ich bereute, sie getroffen zu haben.

Ich hätte ihr gerne meinen Hass ihr gegenüber gezeigt, doch ich konnte es nicht, denn dann hätte ich sie verletzt, und das konnte ich einfach nicht.

Ich konnte es ihr nicht sagen. Sollte sie ruhig glücklich sein, während ich trauerte, wie unsere Freundschaft sich verwandelte und sich unsere Wege trennten.

Alec kam zurück ins Zimmer, und sofort war ich zurück aus der Vergangenheit. Es ist unglaublich – eben war mein Lächeln weg, als würde es nicht mehr zurückkommen, und sobald Alec mich ansah, konnte ich nicht anders, als ihn anzulächeln. Plötzlich wussten meine Lippen wieder, wie ich lächelte. Der sanfte Duft seines Aftershaves, der sich mit dem Raum verband, schuf eine Wohlfühlatmosphäre, die die schweren Gedanken vertrieb.

Er trat vor das Bett, grinste, sprang auf das weiche Bett, und die Matratze gab nach, als würde sie sich freuen, dass er zurück war. Ich lachte laut auf und stand auf, um es auch zu machen, da es so spaßig aussah.

„Du hast mich gerade so angesteckt. Jetzt muss ich es machen", rief ich, kletterte aus dem Bett und warf mich auf die weiche Decke des Bettes. Wir lachten so laut, dass ich mir irgendwann den Mund zuhielt, weil ich nicht mehr aufhören konnte. Alec drehte sich zu mir, stützte seinen Kopf auf seine Hand und sah mich an.

„Der Tag war wirklich schön mit dir. Hast du Lust, am Wochenende für eine Nacht ans Meer zu fahren? Ich fahre mit einem Kumpel und würde mich doppelt oder auch dreifach so freuen, wenn du mindestens für eine Nacht dazukommst", überzeugte er mich und stupste mich bettelt am Arm an.

Ich lächelte, drehte mich ebenso zu ihm um und stützte meinen Kopf auf meine Hand.

„Ich weiß nicht. Ich muss mal sehen, weil Ivana doch am Freitag kommt", sagte ich und sah ihn an, während er mich nachdenklich ansah.

„Wegen meinem Sportprogramm", ergänzte ich.

„Okay, wir fahren auch erst am Samstag und bleiben drei Tage", teilte er mir mit und drehte sich wieder auf den Rücken.

„Ach, und ich muss mich bald nochmal im Krankenhaus als Praktikant bewerben. Ich will ein anderes Themengebiet."

Ich sah ihn an, während er zur Decke sah und seine Finger ineinandersteckte. Es war bewundernswert, dass Alec wusste, was er wollte, auch wenn er erst 19 Jahre alt war. Er hatte mir erzählt, dass er schon mit 17 das Abitur hatte und dann direkt bei seinem Vater ein Praktikum gemacht hatte.

„Welches Themengebiet interessiert dich denn?", fragte ich ihn und legte mich auf die Seite, damit ich ihn sehen konnte.

„Vorher war ich nur Assistenzarzt, jetzt will ich auch mal sehen, ob Kinderarzt das Richtige für mich ist. Keine Ahnung." Alec seufzte.

„Ich muss es mir noch einmal überlegen", sagte er und schloss die Augen.

Nun lagen wir still im Bett nebeneinander. Die sanften Streicheleinheiten des Windes, die durch das leicht geöffnete Fenster hereinkamen, schufen eine beruhigende Melodie.

Wir teilten uns eine Decke, und jedes Mal, wenn sich einer von uns bewegte, stießen unsere nackten Füße aneinander, wovon ich eine Gänsehaut bekam. Als ich zu Alec sah, stellte ich fest, dass er schon eingeschlafen war. 23:57 Uhr zeigte die Uhr an meiner Wand an.

Ich machte das kleine Licht am Nachttisch aus. Wie schnell doch die Zeit vergangen war. Es war ein wundervoller Tag gewesen. Ich wünschte, ich könnte an jedem Tag so strahlen wie an den Tagen mit Alec. Meine Hand glitt an mein Bein und fühlte über die kleine Narbe. Der Verband war endlich ab, es war sehr befreiend, aber auch komisch, und meine Haut fühlte sich so anders an. Zum Glück war es nur eine kleine Narbe, die man kaum sah, denn ich wollte nicht mehr an den Tag denken, als mir dieses Unglück geschah. Ich wollte auch nicht lange darüber nachdenken, denn es machte mir Angst.

Mein Atmen ging plötzlich schneller und schneller. Innerlich verfluchte ich mich, weil ich mich dummerweise erinnerte. Vergessen wollte ich das Ganze!

„Warum verfolgt mich das so sehr?"

Es war doch schon genug, dass ich ihn jede Nacht in meinen Träumen aufblitzen sah. Den ganzen Tag hatte ich nicht daran denken müssen und hatte einfach Spaß gehabt. Das hatte ich selten, bis gar nicht.

Ich presste meine Augen zusammen und versuchte mich zu beruhigen. Nach einer Zeit wurde ich immer müder. Ich versuchte mich auf Alec zu konzentrieren.

„Du bist nicht allein. Alec ist da und fängt dich auf", redete ich mir in Gedanken ein und wiederholte es wieder und wieder. Die leisen Atemzüge von Alec, die im Raum schwebten, beruhigten meine aufgewühlte Seele.

***

Es war Mitternacht. Ich wachte auf, streckte mich, sah mich um und stellte fest, dass Alec weg war.

„Alec!", rief ich panisch.

Ich nahm meine Krücke vom Boden auf und suchte ihn. Mein Herz schlug und hämmerte, als ich Schritte hörte.

„Alec? Bist du es?", fragte ich und öffnete leise die Tür, um dann in die Dunkelheit zu sehen.

Ich bekam Angst, denn ich musste feststellen, dass die Person, die ich hörte und die die Treppen hochkam, nicht Alec war. Eine Gänsehaut überkam mich und ließ meine kleinen Armhaare abstehen. Mir stockte der Atem, als ich eine schwarze Gestalt in menschlicher Form vor mir stehen sah.

„Der Mann!", flüsterte ich leise.

Tränen sammelten sich in meinen Augen, weil mein Verstand wusste, was er wollte und tun würde. So sehr ich weglaufen wollte, ich konnte es nicht und stand einfach vor meiner Tür.

Das Ticken der Uhr wurde lauter und drang in meinen Kopf. Es war wieder eine Frage der Zeit, wie lange der Schmerz dieses Mal anhielt. Ich weinte und sah ihn an. Er lachte einfach, zog seine Pistole und schoss mir ins Bein, bis sich überall das Blut verteilte. Ich schrie vor Schmerz und wimmerte. Meine Augen starrten in seine und sahen den Sieg in seinen Augen, während ich zu Boden sank.

„Warum?", fragte ich leise und sah die Gestalt verschwinden.

Nun lag ich wieder am Boden, blutend und allein.

***

Mit einem tiefen Atemzug erwachte ich aus meinem Albtraum.

Mein Puls raste, und ich schnappte nach Luft, als ich die Dunkelheit um mich herum spürte.

„Alec? Bist du hier?", flüsterte ich, während ich nach seiner vertrauten Wärme suchte. Meine Hände tasteten nach ihm, doch fanden ihn einfach nicht. Panik überflutete mich, als ich ins Leere griff.

„Hey, ich bin hier", erklang Alecs sanfte Stimme, gefolgt von seinem warmen Griff, der sich um meine Schulter legte. Ein Hauch von Erleichterung durchströmte mich, als ich seinen vertrauten Körper neben mir spürte.

„Ich… Ich… Er war da", brachte ich mühsam hervor, Tränen der Angst und Verzweiflung sammelten sich in meinen Augen und flossen über mein Gesicht.

Alec wischte behutsam meine Tränen weg und legte mir beruhigend seine Hand auf die Wange.

„Wer war da, Louisa?", fragte er besorgt, seine Augen erfüllt mit Mitgefühl und Verständnis. Die Dunkelheit um uns herum schien plötzlich weniger bedrohlich, als seine Nähe mich umhüllte.

„Der Mann… Der Mann aus meinen Träumen", schluchzte ich, unfähig, die unheimlichen Bilder aus meinem Kopf zu verbannen.

Alec verstand ohne weitere Worte. Er zog mich vorsichtig enger an sich, und ich fühlte mich geborgen in seinen starken Armen. Sein Herzschlag beruhigte meinen eigenen, und ich lauschte dem rhythmischen Takt, der mich wie eine beruhigende Melodie umfing.

„Ich bin hier bei dir", flüsterte er sanft, und augenblicklich spürte ich, wie seine Worte eine tiefe Ruhe in mir auslösten.

Ich lehnte meinen Kopf an seine Brust, und sein gleichmäßiges Atmen wurde zu meiner beruhigenden Melodie, die ich brauchte, um schlafen zu können. Nichts war besser, als ihn bei mir zu spüren, mit dem Gewissen, dass ich nicht allein war.

Die Wärme seines Körpers und der Duft seines Atems verdrängten die Albträume, die mich gequält hatten.

„Danke, Alec", hauchte ich leise hervor, bevor ich mich in seinen Armen entspannte und in einen friedlichen Schlaf glitt.

Aber auch als sich meine Ängste langsam beruhigten, ließ er mich nicht los. Er umschlang mich weiterhin fest mit seinen Armen, und ich spürte die sanfte Vibration seines Herzens unter meinem Ohr. Sein Herzschlag trug mich in eine Trance, in der ich noch nie zuvor war.

11. Kapitel

„**U**nd wann möchtest du vorbeikommen?", fragte ich und wartete gespannt auf ihre Antwort.

Über die Leitung konnte ich hören, wie Ivana offensichtlich etwas aß, da es raschelte und ich ihr Kauen hörte.

„Ich weiß nicht... wie wäre es um 12 Uhr?", schlug ich vor, während ich durch mein Zimmer lief und mein Bein mit mir mitschleppte, gespannt auf ihre Reaktion.

„Perfekt! Zieh dir etwas Schönes an, obwohl du wahrscheinlich auch in einem Kartoffelsack toll aussehen würdest", rief sie vergnügt durchs Telefon, und wir beide fingen an zu lachen. Obwohl sie mich nicht sehen konnte, wärmten mich ihre Worte unerwartet.

„Sicherlich.", entgegnete ich mit einem ironischen Lachen.

Ivana war einfach großartig, das wusste ich, obwohl ich immer noch vorsichtig mit ihr war. Trotzdem hatte ich bei ihr ein völlig anderes Gefühl. Ivana unterschied sich deutlich von meinen falschen Freunden von früher. Obwohl ich einst dachte, sie seien anders, war Ivana wirklich anders. Auf eine ganz eigene Art. Sie war jemand, dem ich vertrauen konnte und der alles einfach aussprach, was mir Sicherheit gab.

„Louisa?", summte sie, um meine Aufmerksamkeit zu bekommen. Ich blinzelte kurz und war wieder im Hier und Jetzt.

„Entschuldige. Ich war in Gedanken", gestand ich und hörte ihr nun aufmerksam zu.

„Also... ich möchte alles über dich und Alec hören. Jetzt!", forderte sie mit einer schrillen und quietschenden Stimme. Ich verdrehte die Augen. Ivana war immer noch fest davon überzeugt, dass zwischen Alec und mir mehr war.

„Ivanaaaa", quengelte ich und lehnte meinen Kopf ans Fenster. Während ich draußen starrte, musste ich Ivana mal wieder vom Gegenteil überzeugen.

„Alec und ich sind nur Freunde. Nur Freunde!", beteuerte ich zum tausendsten Mal und hoffte, dass sie endlich verstand.

„Ja, schon gut. Dann erzähl mir später trotzdem alles, okay?. Tschau Tschau, mein kleiner Engel", rief Ivana durchs Telefon und schickte mir einige Küsse.

„Tschüss", sagte ich schnell, bevor sie auflegte. Mit einem Grinsen warf ich mein Handy auf mein Bett und stand auf. Ivana und ich waren inzwischen gute Freunde, was mich jeden Tag glücklicher machte. Ich wünschte, ich wäre ihr schon früher begegnet, so wie Alec. Durch diese beiden Menschen vergaß ich alles und lebte endlich. Sie besuchten mich abwechselnd oft, vor allem Ivana, da wir gemeinsam Sport machten. Sie hatten mir einfach sehr geholfen, und schon bald würde ich keine Krücken mehr benötigen. Gott sei Dank, denn ich wollte diese Dinger wirklich nicht länger herumschleppen.

Es hatte Wochen der Qual gedauert, um so weit zu kommen. Ivana wollte kein Geld mehr von meinem Vater, da sie gerne Zeit mit mir verbrachte, aber ich bestand darauf, dass sie etwas bekam und nichts mehr dagegen sagen konnte. Tatsächlich hatte ich mich in letzter Zeit sehr verändert. Vielleicht lag es daran, dass ich nicht mehr zur Schule ging und mein Abitur zu Hause absolvierte. Mein Vater hatte jedoch eine beträchtliche Summe Geld bezahlen müssen, um mir diesen Wunsch zu erfüllen.

Es war Samstag, und mein Vater war zu Hause, auch wenn er in seinem Büro arbeitete. Ich genoss seine Anwesenheit und fühlte mich in diesem großen Haus nicht mehr so allein. Ich ging ins Bad und stieg unter die Dusche. Die heißen Wasserperlen prasselten auf meinen Kopf und meinen Körper herab. Ich schloss meine Augen und ließ die Anspannung von mir abfallen. Der Dampf stieg auf und wurde durch das Licht sichtbar. Während das Wasser meine Haare glättete, sah ich in den Spiegel gegenüber der Dusche. Dort sah ich, wie das Wasser über mein Bein und die Narbe glitt. Ich verspürte keinen Schmerz, nur das warme Wasser. Es störte mich nicht mehr, ich hatte mich sogar an die kleine Narbe gewöhnt. Für mich war sie nur noch eine Erinnerung an ein schlimmes Ereignis, das mich leider immer noch plagte.

Als ich aus der Dusche kam, wickelte ich mich in ein Handtuch und setzte mich an meinen Schreibtisch. Dort lag nichts außer dem blauen Buch von Alec. Ich blätterte in meinem Buch herum, fand eine neue leere Seite und dachte an meine Narbe, die nun endlich ein Teil von mir wurde, mit dem ich umgehen konnte.

Tagebucheintrag 3#:

Narben

Es tut nicht mehr weh
Sieh, was es ist, seh
Eine Narbe, verheilt nicht sonderlich groß
Meine Narbe erinnert mich bloß
An den Schmerz
Den ich hauptsächlich trug im Herz

Am Anfang weinte ich noch sehr
Doch nun nicht mehr
Ich trage sie für immer auf meiner Haut
Sie ist meine Vergangenheit...was ich glaub

Nie wieder lasse ich eine weitere Narbe zu
Denn ich lernte im Leben hinzu

Pass auf dich auf
Bevor eine weitere Narbe droht, lauf!!

Ende Tagebucheintrag

***

„Handy, Tasche, Geld, …", murmelte ich, als ich meine Sachen durchging, um sicherzustellen, dass ich alles hatte, bevor Ivana kam. Die Uhr an der Küchenwand zeigte 11:50. Eine Mischung aus Aufregung und Nervosität durchströmte mich, obwohl ich nicht genau wusste, was mich so nervös machte. Mein Herz klopfte schneller, und ich spürte einen Knoten in meinem Magen, während ich mich erneut im Spiegel betrachtete. Doch ein Lächeln wollte sich einfach nicht auf mein Gesicht schleichen.

„Eines Tages werde ich in den Spiegel schauen und sagen können, dass ich gut aussehe", flüsterte ich mir selbst zu, obwohl ich es noch nicht so empfand.

Mein Blick fiel aus dem Fenster, wo die warme Sommersonne einen goldenen Schimmer auf die blühenden Blumen im Garten warf. Es war ein wunderschöner Tag, und doch konnte ich meine Nervosität nicht abschütteln.

Dann klopfte es an der Tür. Langsam näherte ich mich, öffnete und begrüßte Ivana, die pünktlich um 12:00 Uhr erschien.

„Genau zur richtigen Zeit", bemerkte ich aufmerksam, während Ivana mich sofort voller Enthusiasmus umarmte. Ein Lächeln huschte über mein Gesicht, als ich ihre Energie spürte.

„Bereit?", fragte sie mich, und schon machten wir uns auf den Weg zum Auto, wobei Ivana regelrecht davon zu rennen schien. Ich bewunderte ihr schickes Cabrio, als ich einstieg.

„Wow", entfuhr es mir einfach, und Ivana grinste und zwinkerte mir zu.

„Ja, ich weiß", stimmte sie zu, und wir lachten gemeinsam. Das offene Dach ließ die warme Sommerluft hereinströmen, und ich genoss den frischen Wind und die strahlende Sonne. Es war ein wunderschöner Tag, und ich schloss meine Augen, um den Moment mit Ivana vollends zu genießen.

Nach einer kurzen Fahrt parkte Ivana vor einem berühmten Waffel-Café in der Innenstadt. Der Duft von frisch gebackenen Waffeln umhüllte uns, als wir das Café betraten. Wir zogen den Duft tief ein, setzten uns an einen Tisch und begannen, die Speisekarte zu studieren.

„Ich habe so einen Hunger", jammerte ich, und Ivana und ich

lachten über meine Äußerung. Minuten später entschied ich mich für eine einfache Waffel mit Puderzucker und Erdbeeren. Als der Kellner unsere Bestellung aufnahm, konnte ich es kaum erwarten, die Waffel zu kosten.

Während wir unsere Waffeln genossen, ließ Ivana keine Gelegenheit aus, mich nach Alec und mir auszufragen. Ich erzählte ihr von unserem gemeinsamen Kochabend und dem traurigen Film, den wir geschaut hatten. Einzelheiten über unsere engen Momente behielt ich jedoch für mich. Unsere Freundschaft gehörte uns, und ich wollte sie nicht mit anderen teilen. Ich wollte Alec nicht teilen. Als Ivana mich mit ihrem breiten Grinsen erwartungsvoll ansah und das Thema auf Alec lenkte, spürte ich, wie mein Herz schneller zu schlagen begann und mir plötzlich die Worte fehlten.

„Ähm... wir haben gestern zusammen gekocht", begann ich zögernd, während Ivana schon ungeduldig mit den Augenbrauen wackelte.

„Und dann haben wir einen Film geschaut...", fuhr ich fort, doch meine Stimme klang unsicher.

„Was dann?", fragte sie aufgeregt und legte den Kopf schief, um jedes Detail aufzusaugen.

„Nichts Besonderes", murmelte ich, meine Nervosität verbergend.

„Wir sind nur Freunde", fügte ich schnell hinzu, obwohl ich spürte, wie meine Wangen sich leicht röteten. Ivana lachte nur und schüttelte den Kopf.

„Du bist so verklemmt", neckte sie mich liebevoll, und ich konnte nicht umhin, mitzulachen, obwohl meine Gedanken immer noch bei Alec waren.

Doch bevor ich etwas erwidern konnte, begann Ivana plötzlich von Marcus zu sprechen.

„Marcus und ich hatten letzte Nacht eine unglaubliche Zeit", sagte sie und grinste verschmitzt.

„Wir sind wirklich auf derselben Wellenlänge, wenn du verstehst, was ich meine." Ihre Worte trafen mich wie ein Blitz, und ich konnte nicht anders, als mit offenem Mund zuzuhören, während sie mir von ihrer heißen Nacht erzählte.

***

Ivana setzte mich zuhause ab, ich winkte ihr zu und ging dann ins Haus. Ich zog meine Schuhe aus und stellte fest, dass mein Vater zuhause war. Vorsichtig eilte ich zu ihm ins Büro und nahm ihn einfach in den Arm. Manchmal brauchte ich einfach ein wenig Liebe von ihm, als müsste ich mich mit seiner Zuneigung aufladen. Er war so oft nicht da, deswegen nutzte ich die Gelegenheit und erzählte ihm, dass ich mit Ivana Waffeln gegessen hatte. Wie ein Wasserfall redete ich auf ihn ein, während er versuchte zuzuhören, jedoch wie ein unaufhaltsamer Wasserfall. Er freute sich sehr für mich, da ich mich nie mit Leuten getroffen hatte und oft einfach allein in meinem Zimmer saß und fernsah.

Plötzlich kam mir Alec in den Sinn, und ich stellte fest, wie sehr ich ihn vermisste. Seine wunderschönen braunen Augen, seine schönen weißen Zähne und die Grübchen, die erschienen, wenn er mir sein Lächeln schenkte.

„Louisa? Hörst du mir zu?", fragte mein Vater und weckte mich aus meinem Tagtraum.

„Was?", fragte ich, und die Gedanken an ihn verpufften.

„Nächste Woche ist der Gerichtstag. Ich muss erscheinen und hoffe, du kommst auch mit. Ich weiß, es ist schwer, aber das wäre das Beste. Du musst wissen, was passiert", sagte mein Vater sanft und sah mir in die Augen.

„Bist du verrückt?!", schrie ich und verließ im Laufschritt das Zimmer. Keine tausend Pferde würden mich wieder in die Nähe dieser Gestalt bringen, absolut niemand. Niemand. Ich lief in die Küche und sah Bruna zu, wie sie die Küche aufräumte.

„Alles okay, Liebes? Ist etwas?", fragte mich Bruna liebevoll, sah mich an und hörte auf die Arbeitsfläche von Staub zu befreien.

„Nichts", log ich sie an und ging wieder. Ich wollte nicht an ihn denken, also verdrängte ich jeden Gedanken und lenkte mich mit anderen Dingen ab.

Der Abend brach langsam herein, und die Sonne verschwand plötzlich hinter den Horizont, ohne dass ich es bemerkte. Mein erster Gedanke, der mir dann kam, war Alec anzurufen. Ich hatte nicht einmal bemerkt, wie meine Finger bereits auf Alecs Kontakt gingen und über seiner Nummer schwebten. Doch ich rief ihn nicht an, ließ mein Handy aufs Bett fallen und setzte mich seufzend an meine Fensterbank in meinem Zimmer. Als ich mich anlehnte, spürte ich etwas Hartes am Rücken und nahm das Kissen hoch. „Das Buch", stellte ich fest, nahm es in die Hand und lehnte mich wieder mit dem Kissen am großen Fensterrahmen an. Das blaue Buch von Alec, das er mir geschenkt hatte. Vorsichtig durchblätterte ich die Seiten. Ich hatte gedacht, ich hätte es verloren, aber nun, wo ich es in meinen Händen hielt, war ich glücklich. Mit einem Stift in der Hand, warf ich mich auf mein Bett und begann zu schreiben.

Ich könnte schreien!

Eine Träne aus Glück;
Springen und tanzen, möchte ich,
Mein Leben lang;
Ich will schreien, doch aus Freude;

Ich sperre sie ein,
Verberge die dunklen Schatten, die immer auf mich
warten;
In mir blüht etwas, dass ich versuche zu verstecken,
Ich lasse es endlich heraus;
Freiheit,
Ich bin ich selbst,
und niemand nimmt mir mehr mein Glück;

Strahlen und Energie umgeben mich;
Ich könnte einfach schreien;
In meinem Herzen drückt etwas, es will heraus,

Ich zeige meine Schatten,
Doch niemand fürchtet sich und ich werde trotzdem
geliebt;
Ich will weinen, weil ich beginne geliebt zu werden;
Personen lasse ich wieder nah, denn sie leiten mir den
Weg;

Ich laufe meinen Weg,
Ein Weg durch Liebe, Trauer, Schmerz, vor allem aus
Freude
Ihr öffnet mein Herz;
Mein Schlüssel liegt in meinen Händen;
Ich entscheide

Ende des Tagebuchseintrags.

Ich war dankbar für Alec und Ivana, doch gleichzeitig nagte die Angst an mir, dass es zu schön war, um wahr zu sein.
Mit einem Lächeln auf den Lippen schloss ich das Buch und legte es behutsam in das Fach meines Nachttisches.

12. Kapitel

„**H**ast du alles, mein Schatz?", fragte mein Vater besorgt, während ich abschließend den Reißverschluss zuzog.

„Ja, hör auf, dir Sorgen zu machen, Papa… ich bin 18, vergiss das mal nicht. Ich komme schon klar mit Alec, du kennst ihn doch", beruhigte ich meinen Vater und lachte ein wenig in mich hinein. Er war so besorgt, obwohl ich nur für eine Nacht und zwei Tage ans Meer fuhr. Mein Vater sah mich eben noch als kleines Kind, was manchmal in bestimmten Situationen recht vorteilhaft war, aber meistens eben nicht.

Ich freute mich schon so sehr, dass ich die ganze Zeit hin- und her lief und mein Vater einfach nur am Türrahmen angelehnt stand und mir zuschaute.

„Packe ich einen Bikini ein?", fragte ich mich in Gedanken, denn ich wusste nicht recht. Was wäre, wenn Alec mich sah und dann einen komischen Kommentar abgäbe oder schlimmer noch, etwas Gemeines sagte? Ich wollte nicht, dass er mich halbnackt sah. Was wäre, wenn ich ihm nicht gefiel? Mein Kopf qualmte regelrecht von diesen Gedanken.

Mein Vater brachte die Tasche ins Auto, während ich mich noch einmal im Zimmer umblickte. Es gab schließlich einen Grund, warum ich mich seit der Grundschule in der Toilette umzog. Diese Kommentare, die ich von den anderen bekam, waren so hart, auch wenn sie mir egal sein sollten. So etwas konnte einem nicht so einfach egal sein. Ich weiß, dass ich nicht gerade einen sehenswerten Körper hatte, aber das musste man mir nicht gleich tausendmal sagen. Wie sollte ich mich fühlen? Die Mädchen in meiner Umkleide hatten zu mir gesagt, wie hässlich ich doch sei und dass ich ein Brett oder Stock sei. Mir war bewusst, dass ich früher furchtbar dünn gewesen war, aber ich konnte nichts, absolut nichts daran ändern. Doch der einzige Gedanke, den ich hatte, war, dass sie recht hatten. Seitdem zeigte ich meinen Körper nicht so freizügig in der Öffentlichkeit oder zog mich nicht vor anderen um, wie beim Schulsport.

Mein Vater stieg ins Auto. Ich tat es ihm gleich. Dieses Mal fuhren wir mit meinem Lieblingsauto, es war groß, schick und verursachte kein Aufsehen wie die anderen Wagen meines Vaters. Solche Aufmerksamkeit war nicht so mein Fall, vor allem bezüglich schneller und lauter Autos. Mein Vater fand sie alle großartig, ich ja auch, aber ich mochte nicht, wie die Leute reagierten und wie sie einem sofort abstempelten. Manche Menschen urteilten schnell, ohne die Person wirklich zu kennen. Viele waren schnell voreingenommen und dachten, ich sei arrogant, ohne mich zu kennen.

„Ist alles im Kofferraum?", fragte ich meinen Vater, bevor er den Motor startete, grinste und seine Sonnenbrille aufsetzte. Ich liebte es, mit meinem Vater im Auto zu sein, denn es gab dann nur uns und den wehenden Wind, der von oben, rechts und links kam. Mein Vater war zum Glück nicht einer dieser aufdringlichen und nervigen Autofahrer, sondern immer höflich.

„Klar, mein kleines Mäuschen", nannte mich mein Vater. Ich fand den Spitznamen echt unpassend, aber mein Vater nannte mich nur noch so, manchmal kam es mir so vor, als wüsste er meinen Namen nicht mehr. Aber vor allem dieser Spitzname bewies, dass mein Vater mich für ein kleines Kind hielt, und ich ließ ihn auch noch einen Moment in dem Glauben, noch klein zu sein, aber nicht mehr lange.

Nach kurzer Zeit setzte mich mein Vater am Bahnhof ab. Alec hatte mir zwar angeboten, mich mit seinem Kumpel abzuholen, aber ich wollte selbstständig kommen und er sollte keinen Umweg machen, da er wegen seines Kumpels ohnehin eine lange Zeit fahren musste. Wie hieß eigentlich Alecs Freund, fragte ich mich, denn mir fiel nicht einmal ein, ob Alec mal von ihm erzählt hatte. Ich hörte immer zu, aber an dieses Detail konnte ich mich nicht erinnern oder er hat es nie erwähnt. Mit meiner Reisetasche in der Hand setzte ich mich in die Bahn, die bereits da war. Von einem Angestellten des Zugs ließ ich mich in die First-class bringen. Ich hatte einen ganzen kleinen Raum für mich, mit gemütlich gepolsterten Sitzen und einem Tisch in der Mitte. Der Mann nahm mein Gepäck und wollte es verstauen, aber ich bestand darauf, dass meine Sachen bei mir blieben, da es für mich angenehmer war, wenn alle meine Sachen in meiner Nähe blieben und ich ein Auge darauf haben konnte. Ich zog mein Handy aus der Tasche, verband es mit meinen Kopfhörern und spielte meine Playlist ab. Dann legte ich mein Handy wieder in meine Jacke und sah den Bäumen zu, wie sie sich entfernten, bis ich sie nicht mehr sehen konnte. Nach einer Zeit stellte ich fest, dass eine lange Hose doch die falsche Wahl war, denn es war Sommer, damit war es dann auch recht heiß. Es klopfte an der Tür und ein Mann trat ein. Ich schreckte hoch und setzte meine Kopfhörer ab.

„Darf ich Ihnen ein kühles Glas Wasser anbieten oder ein anderes Getränk?", fragte der Mann in Uniform höflich.

„Ja, ein Glas Wasser bitte, wenn Sie Eiswürfel haben, immer her damit", witzelte ich und nahm meine Hand als Fächer.

„Sicher doch", sagte der Mann und brachte mir nach wenigen Sekunden eine Flasche Wasser und ein Glas mit Eiswürfeln. Ich lächelte dankend und sah zu, wie er alles auf den Tisch stellte.

„Darf ich Ihnen vielleicht noch empfehlen, die Klimaanlage anzuschalten?", fragte der Mann wieder höflich und deutete auf das Gerät an der Decke. Ich hatte die Klimaanlage noch gar nicht gesehen. Ich war erleichtert, als der nette Mann sie anstellte und mir damit sofort einen frischen Windstoß auf meine warme Haut wehte.

Meine Haut fühlte sich an, wie die Sonne, auf die Schnee trifft, sodass es bei dem gemeinsamen Kontakt qualmt und zu einer Mischung aus heiß und kalt wird. Es fühlte sich ziemlich gut an. Mit der Musik „Lemon Boy" von Cavetown in meinem Ohr kam mir die Fahrt viel kürzer vor und ich hatte plötzlich Lust auf Limonade mit frischen Zitronen. Der Sommer ist einfach meine Lieblingszeit, dachte ich, während ich das erfrischende Getränk genoss. Ich bin ein richtiges Sommerkind. Es erinnert mich immer an all die guten Zeiten meiner Kindheit, als ich den ganzen Tag draußen war, bis ich zusah, wie die Sonne verschwand. Die Geräusche der Vögel, das Surren des Rasenmähers und der Geruch von frischem Gras in der Luft lagen in meiner Erinnerung. Ich hielt gerne ein Eis in meiner Hand und konnte mich nie beherrschen - ich aß nicht nur eins, sondern konnte die ganze Packung auf einmal vernichten.

Die Zeit im Zug verging wie im Flug, und plötzlich war ich da. Die Sonne schien wundervoll und ließ mich entspannen. Ich setzte meine Kopfhörer ab, die sich mittlerweile schon mit meinen Ohren verschmolzen hatten, da ich die ganze Fahrt über Musik hörte. Gemeinsam mit meinem Gepäck stieg ich aus, und die Sonne begrüßte mich herzlich. Eine Gänsehaut legte sich auf meine Haut, als ich den warmen Sonnenstrahlen ausgesetzt war. Der Wind spielte mit meinen Haaren, bevor er wieder verschwand. Ich atmete tief die frische Salzluft ein und spürte, wie sie meine Lungen füllte.

„Das Meer", flüsterte ich und nahm den vertrauten Geruch von Salzwasser wahr. Ich liebte das Meer und diesen Duft. Ein paar Mal inhalierte ich tief, um den Geruch in mich aufzusaugen, bevor ich nach einem Taxi Ausschau hielt. Der Bahnhof war recht klein, mit nur zwei Bahnsteigen. Als ich aus dem Bahnhof trat und zur Straße ging, hielt ich Ausschau. Schließlich hielt ein Taxi vor mir, und der Fahrer half mir, mein Gepäck im Kofferraum zu verstauen.

Ich: Bin jetzt angekommen und auf dem Weg.

Ich schickte Alec und meinem Vater die Nachricht und ließ mich auf den Sitz des Taxis sinken.

Alec: Willkommen in Devon. :)

Ich lächelte bei seiner Nachricht und gab dem Taxifahrer die Adresse. Während wir durch Devon in England fuhren, bewunderte ich die Landschaft. Die malerischen Dörfer, die atemberaubenden Küstenlandschaften und die historischen Städte zogen an mir vorbei. Die Gegend war geprägt von sanften Hügeln, grünen Wiesen und einer vielfältigen Tier- und Pflanzenwelt. Die Küste von Devon bot spektakuläre Klippen, versteckte Buchten und goldene Sandstrände, die zum Erkunden und Entspannen einluden. Es war ein Paradies.

Ich öffnete das Fenster hinten im Taxi, legte meinen Kopf auf meine Arme und genoss die salzige Luft. Ich schloss meine Augen. Die Klippen ragten hoch über das glitzernde Meer, während die Sonne ihre strahlenden Strahlen über das sanfte Grün der Wiesen streute. Die Luft roch nach Salz und ich konnte die Aufregung in meinem Herzen spüren, als wir dem Ziel näher kamen. Ich war voller Vorfreude auf Alec und das klare Meer, das uns erwartete.

Das Taxi hielt vor einem kleinen hübschen Häuschen, das ebenso minimalistisch war wie die anderen. Man fühlte sich hier sicherlich wie in einem riesigen Puppenhaus für Kinder.

Ich: Bin vor der Tür. :)

Ich nahm mein Gepäck und war bereit einzutreten. Einen Moment lang wartete ich, bis sich die Tür weit genug öffnete, und ein strahlender junger Mann mir entgegenkam. „Alec!", rief ich aus und warf mich ihm um den Hals. Die Geste überraschte mich selbst, und unsere Wangen röteten sich leicht.

Es war schön, wieder in die vertrauten Augen von ihm zu blicken. Diese wunderschönen dunklen Augen, die mich stets fixierten und analysierten. Wir kannten uns nun bereits eine lange Zeit. Alec war mein bester Freund, durch und durch. Sekundenlang sahen wir uns an, ohne etwas Weiteres zu sagen. Lang genug, um seine Schönheit aufzunehmen. Er war in eine tiefsitzende Jeans, ein schwarzes T-Shirt und weiße Sneaker gekleidet. Das Shirt spannte um seine Muskeln, betonte seine gebräunte Haut und formte seine Brust. Manchmal verweilten meine Augen zu lange auf ihm, und ich musste mir sagen, dass ich das Starren unterlassen sollte.

„Schön, dass du da bist. Ich will dir so vieles zeigen", brach Alec schnell die Stille. Ich lächelte und gab ihm zu verstehen, dass ich mich freute. Er lächelte zurück, und wieder lief mir eine kleine Gänsehaut über den Rücken. Verdammt, er hatte mir einfach gefehlt, stellte ich fest. Wir hatten inzwischen täglich Kontakt, und wenn wir uns mal nicht sahen, schrieben oder telefonierten wir. Ich trat ein und stellte meine Tasche an der Treppe ab.

„Ich bin so aufgeregt", gestand ich und lächelte, dass es mir fast wehtat.

„Wollen wir erstmal zum Strand?", fragte Alec und nahm mir meine Tasche, bevor er die Treppe hinaufging.

„Ja", rief ich ihm hinterher und folgte ihm, bis wir in ein Zimmer mit einem kleinen Einzelbett kamen. Er stellte meine Tasche auf einen Stuhl und zog die Vorhänge auf.

„Schön", murmelte ich bewundernd.

Für einen Moment verlor ich mich in den hohen Gräsern, die mein Herz beruhigten und es langsamer schlagen ließen. Ich war definitiv ein Tagträumer. Plötzlich umfasste Alec von hinten meine Taille. Seine Berührung schien mich elektrisiert zu haben, doch ich schob meine aufgewühlten Gefühle auf die Frauenhormone.

„Wollen wir los?", fragte er sanft und lehnte sich an den Türrahmen.

Ich drehte mich um, stimmte mit einem Nicken zu und lächelte.

„Luca kommt nicht mit, der will noch mit seiner Freundin telefonieren", erzählte Alec amüsiert und verdrehte die Augen.

„Dann eben nur wir zwei", sagte ich und entfernte mich vom Fenster.

„Was für eine Ehre, mit Ihnen allein sein zu dürfen", scherzte ich und sprang auf, als Alec mich leicht spielerisch in die Seite kniff.

Ich lief zur Treppe vor, doch Alec blieb plötzlich stehen und starrte auf meine Beine.

„Was ist los?", fragte ich besorgt und runzelte die Stirn.

„Du läufst echt super", stellte er begeistert fest. Alecs Gesicht entspannte sich wieder, als ich ihn lächelnd ansah.

„Ich habe viel trainiert, aber Treppen sind immer noch schwierig für mich", gab ich stolz zu und deutete auf die Treppen vor mir.

Tja, und das alles nur, weil ich für eine lange Zeit ins Koma gefallen war. Darüber hatte ich noch nie mit jemandem gesprochen. Alec wusste zwar, was passiert war und wieso ich ins Koma gefallen war, aber er schien zu verstehen, dass ich nicht darüber sprechen wollte. Er hatte es nie erwähnt oder versucht, mit mir darüber zu reden, und dafür war ich ihm sehr dankbar. An dem Tag, als es passiert war, hatte ich einen Herzstillstand. Mein Herz wollte für eine Weile aufgeben. Ich nicht. Mein Herz war zwar schon immer stark gewesen, aber es hatte auch viel durchgemacht. Deshalb war ich nicht überrascht, dass es kurzzeitig versagt hatte. Für 3 Minuten, 23 Sekunden und 57 Millisekunden hatte mein Herz in meiner Brust nicht geschlagen. Ich erinnerte mich daran, wie es an diesem Tag immer stiller wurde, nachdem ich erst 4 Monate später aufgewacht war. Und am meisten erinnerte ich mich an den Schmerz, als mein Blut den Teppich tränkte und verfärbte. Ich hatte viel Blut verloren, wirklich viel. Dazu kam noch, dass der Schuss direkt einen Nerv getroffen hatte. Die Ärzte hatten mich sofort in ein künstliches Koma versetzt, da mein Körper es nicht alleine geschafft hätte zu heilen. Er war... zu schwach. Aber ich hatte trotzdem gekämpft und war weit gekommen.

Als ich aufwachte, stellte ich fest, dass ich einige Dinge, wirklich die einfachsten Dinge, nicht allein bewältigen konnte und daher viel mit mir gekämpft hatte. Inzwischen wusste ich, dass mein Körper nicht schwach, sondern stärker war als je zuvor und einfach noch Zeit brauchte.

Ich seufzte, lächelte Alec an und sagte: „Ich bin auch sehr stolz darauf, die nervigen Krücken nicht mehr mitnehmen zu müssen und nicht mehr von den Leuten angestarrt zu werden. Ich meine, was soll die Scheiße, können sie wenigstens versuchen, mich nicht anzustarren?", sagte ich aufgebracht. Dann lächelte ich wieder und sah zu ihm.

„Egal", sagte ich endgültig und ging die Treppen hinunter.

Alec zog eine leichte Jacke über, steckte den Schlüssel in die Hosentasche und lief mit mir nach draußen. Ich hatte noch immer meine lange Hose an, aber es war schon spät und daher auch kälter draußen als in der Mittagssonne. In einem weißen Top ging ich mit Alec einen kleinen sandigen und steinigen Weg entlang, der zum Strand führte. Der Wind wurde immer stärker, als wir näher ans Meer kamen. Er war nicht kalt, aber frisch.

Wir liefen eine kleine Treppe hinunter, bis wir das blaue Meer entdeckten.

„Die Aussicht ist wundervoll", stellte ich fest und blieb stehen. Ich ließ meinen Blick über das weite Meer schweifen.

Wir waren zur perfekten Zeit gekommen, denn der Strand war leer, sodass man nur das Rauschen der Wellen hörte und allein war.

„Wow", entfuhr es mir, während ich im Augenwinkel Alec sah, wie er mich anstelle dieser wundervollen Aussicht anschaute. Mir wurde heiß, weil ich mir beobachtet vorkam. Langsam drehte ich mich um und stellte mich seinen Blicken. Er starrte mir direkt in die Augen und lächelte. Ein einfaches Lächeln, das ich erwiderte.

„Komm, zieh die Schuhe aus", forderte er mich auf, was mich vollständig in die Realität zurückholte.

„Wir sind am Meer", dachte ich, zog blitzschnell meine Schuhe aus und rannte zum Wasser.

„Warte", rief er und rannte mir hinterher. Wir lachten wie Kinder und steuerten auf das Meer zu. Durch meine Beinverletzung war ich nicht so schnell, sodass Alec mich schnell eingeholt hatte und mich packte. Er warf mich einfach über seine Schulter. Meine Tasche warf ich schnell auf den Boden, bevor Alec mich ins Wasser trug.

„Tu das bloß nicht. Wage es nicht!", drohte ich, doch Alec grinste, als würde er es lieben, dass ich ihn anflehte. Er blieb nicht stehen, sondern lief immer tiefer ins Wasser. Ich schrie auf, als ich plötzlich das frische Meer an meinen Beinen spürte. Doch anstatt mich reinzuwerfen, zog er mich unter Wasser, sodass ich nur noch auf seiner Hüfte hing und ihm direkt in die Augen sah. Meine ganze Kleidung war nass, aber das war mir egal. Wir sahen uns eine Weile an, bis plötzlich eine große Welle über uns brach und uns ins Schwanken brachte, sodass wir ganz im Wasser waren. Gemeinsam bewegten wir uns mit den Wellen im Wasser, klitschnass und lachend. Ich schloss meine Augen und tauchte ab. Mein Haar lag nass auf meinen Schultern, als ich wieder auftauchte. Als ich meine Augen wieder öffnete, sah ich Alec an, während mir die salzigen Perlen des Meeres über das Gesicht rollten. Er stand einfach da, lächelte, und das so niedlich. Seine Blicke verfolgten mich, während ich mein Haar aus dem Gesicht strich.

„Sieh mich nicht so an", meckerte ich amüsiert und wollte trotzdem, dass er mich weiter so ansah. Als er mich immer noch anstarrte, schlug ich ins Wasser, sodass er das ganze Wasser ins Gesicht bekam.

„Hey!", rief er laut lachend und wischte sich das Wasser aus dem Gesicht. Ich stand da und betrachtete ihn, bis er mir ebenso eine Ladung Wasser ins Gesicht verpasste. Dann spritzte ich wieder zurück, bis wir uns schließlich einen Wasserkampf lieferten. Wir lachten laut, während die Sonne langsam Abschied nahm. Irgendwann gingen wir dann aus dem Wasser, nachdem unsere Lippen bereits blau geworden waren. Wir teilten uns die Decke, die er zufällig mitgenommen hatte.

„Ist dir kalt?", fragte er besorgt und gab mir mehr von der Decke ab.

„Nur ein bisschen", gab ich zu und nahm mein blaues Buch aus der Tasche. Alec betrachtete mein Buch, lächelte, als ich die erste Seite aufschlug. Dort stand: „An Louisa. Von Alec, dem Praktikant aus dem Krankenhaus" Stolz zeigte ich ihm, was ich geschrieben hatte.

Seine Augen leuchteten, als er die Gedichte sah.

„Darf ich eins lesen?", fragte er und sah mich mit vor Freude funkelnden Augen an.

„Ja", sagte ich und erlaubte ihm eins zu lesen. Dieses Buch, das er in den Händen hielt, war mir so wichtig geworden. Man konnte sagen, es half mir. Ich verarbeitete damit meine Gefühle und konnte mit untragbaren Erinnerungen abschließen. Anfangs wusste ich nicht, was ich mit dem Buch anstellen sollte, bis ich durch ein Buch, das ich gelesen hatte, auf die Gedichtform gestoßen war. Ich wollte es selbst ausprobieren und hatte seitdem an guten, wie an schlechten Tagen meine Gefühle in Gedichtform hineingeschrieben.

„Darf ich dieses lesen?", fragte mich Alec und zeigte auf das Gedicht mit der Überschrift: Ich habe nur Angst.

„Nicht das", dachte ich, doch er lächelte erwartungsvoll und so nickte ich zustimmend. Mein Herz klopfte stark, während ich immer wieder Alec ansah und das Buch. Ich rastete fast aus, weil er seine Augenbrauen so zusammenzog und ich wissen wollte, was er dachte. Dann hörte er auf zu lesen, klappte das Buch zu und sah mich besorgt, aber mit einem Lächeln an.

„Es ist wunderschön, Louisa", sagte er leise, sah mich aber immer noch besorgt an.

„Fühlst du dich so?", fragte er mich und nahm meine Hand, um sie in seine zu legen. Ich starrte auf unsere Hände.

„Nicht mehr. In diesem Buch verarbeite ich gute und schlechte Erfahrungen. Mir geht es aber gut, was du da gelesen hast, ist Vergangenheit.". erklärte ich, während er mit seinem Daumen über meinen Handrücken strich. Alecs besorgtes Gesicht verschwand und er sah mich plötzlich bewundernd an.

„Du bist stärker als du denkst, Louisa. Das ist der Beweis", sagte er, hielt mir das Buch vor die Augen und lächelte. Ich sah ihn an und war verwundert von seinen Worten, mit denen ich nicht gerechnet hatte.

„Bin ich?!", sagte ich leise, um mich davon zu überzeugen.

„Bist du", sagte er wiederholend.

Mein Herz machte in meiner Brust einen Freudenhopser bei seinen Worten. Alec gab mir mein Buch wieder zurück und legte es auf die Decke. Vorsichtig öffnete ich eine leere Seite und begann meine Erinnerungen hieraufzuschreiben.

Das Meer
Dein blaues, klares, durchsichtiges Wasser spiegelt
sich
Ich kann mich in dir widerspiegeln
Meine Augen verfolgen deine Wellen
Groß und klein
Wellen die meine Füße umfangen
Die sie einzigeln und sie dann wieder loslassen

Der Sand aus
kleinen, feinen, sanften und helle Steinchen
verschluckt die Füße

Du bist so offen und frei
Ich kann durch dich hindurchsehen Und auch nicht
Du hast eine Dunkelheit in dir,
wie wir

Du hast kein Ende, aber tiefe
Wie eine zweite Welt
Ein Reich verborgen und noch immer unerforscht

Dein salziger Wind umarmt mich,
während ich deine Endlosigkeit betrachte
Bis zum Horizont und weiter

Fühle mich verbunden
Ein Teil einer Welt, außerhalb der Realität
Was verbirgst du?
Ein Atemzug, ich schmecke dich
Du Salzwasser

Ich möchte abtauchen
Ich will in deine Welt verschwinden

Tagebuch Eintrag ende.

Ich lächelte, las mir das Gedicht noch einmal durch und stellte fest, dass ich das Meer perfekt eingefangen hatte. Nun standen die Erinnerungen und meine Gedanken ans Meer auch hier in diesem Buch. Erst jetzt fiel mir auf, dass mein ganzer Körper zitterte.

„Wollen wir los?", fragte er mich und packte mich in die Decke ein. „Dir muss doch auch kalt sein", sagte ich und beobachtete, wie er mich einhüllte.

„Nein, nicht so sehr", gab er zu. Schnell verließen wir den Strand und eilten zurück zur Wohnung, um zu duschen. Ich drehte mich noch einmal um und rief: „Bis zum nächsten Mal!"

Alec lachte laut auf und umarmte mich. Plötzlich erstarrte ich, meine kleinen Armhaare stellten sich auf. Er zog seine Arme schnell zurück, tat so, als wäre nichts passiert, aber ich spürte seine Verlegenheit. Nachdem wir weitergegangen waren, spürte ich die veränderte Stimmung, doch ich konnte sie nicht deuten. Ich hatte keine Ahnung, was passiert war, warum ich mich so seltsam fühlte. Es war doch nur eine Umarmung, wir hatten uns doch sonst auch oft umarmt.

***

Alec schloss die Tür auf, und wir betraten die Wohnung.

„Hey Leute, auch mal wieder zurück vom Date?", fragte Luca frech, während er mit einer Schüssel Müsli herumlief.

„Isst du gerade Müsli?", fragte Alec lachend und klopfte Luca auf die Schulter.

„Du bist komisch. Ich meine, es ist fast 23:00 Uhr, und du isst Müsli, also Frühstück", sagte er spöttisch und warf sich auf die Couch.

„Ich finde es cool", gab ich zu.

„Da haben Luca und ich was gemeinsam. Ist es nicht egal, was man wann isst? Manchmal esse ich mein Abendessen zum Frühstück, weil ich keinen Bock auf Brot habe. Mein Vater findet mich dann genauso komisch, aber wenn man darüber nachdenkt, ist das vollkommen normal", quasselte ich vor mich hin. Luca lachte laut auf.

„Du bist voll korrekt", sagte Luca und hielt seine Hand zum High Five in die Höhe. Ich klatschte verlegen ein. Luca war ein sehr sympathischer und vor allem lockerer Typ. Alec sah zwischen mir und Luca hin und her.

„Seid ihr jetzt beste Freunde?", fragte er amüsiert und stand auf. Luca hielt seine Arme hoch, als würde er sich ergeben, und sagte: „Hey Mann, keine Sorge, ich nehme sie dir nicht weg." Meine Wangen färbten sich ein wenig rot, und genau jetzt sah er zu mir rüber, mit einem analysierenden Blick.

„Gut", sagte er und ging die Treppe hoch zu den Zimmern der kleinen Strandwohnung. Ich sah ihm hinterher und bemerkte erst, nachdem Alec ganz weg war, wie mich Luca beobachtete.

„Du stehst auf ihn", kam es einfach aus Lucas Mund. Meine Augen weiteten sich, und Millisekunden später schoss ich in seine Richtung: „Nein!". Luca zuckte nur mit den Schultern und schlürfte die Milch aus seiner Müslischale.

„Ich geh dann mal ins Bett", sagte ich und rannte fast vor Luca weg.

Gerade wollte ich mein Handy ausschalten, als mich mein Vater anrief, und ich rangehen musste. Ich drückte auf „Annehmen" und hörte sofort die Stimme meines Vaters.

„Hallo mein Schatz, ich weiß, dass es spät ist. Habe ich dich aufgeweckt?", unterbrach er sich selbst.

„Nein, wollte aber gerade mein Handy ausschalten. Was ist los? Alles ok?", fragte ich besorgt, weil mein Vater mich normalerweise nicht so spät anrief.

„Wir müssen mal dringend reden, also bitte nimm dir einen Moment, es geht um den Fall", sagte er gedrückt. Eine Zeit lang war die Leitung still am Telefon, bis ich die Stille unterbrach.

„Ok", sagte ich geschlagen, da ich die Gedanken an den Vorfall lieber verdrängte, vor allem abends. Wir beendeten das Telefonat, ich schaltete mein Handy aus und setzte mich aufs Bett. Doch sobald ich saß, stellte ich fest, dass ich mich sofort wieder hinstellen wollte. Ich öffnete das Fenster, in der Hoffnung, mich beruhigen zu können. Mein Herz schlug schnell und ängstlich, während meine Narbe am rechten Bein anfing zu jucken. Ich versuchte, mich mit den Sternen am Himmel abzulenken.

13. Kapitel

Die Nacht war schrecklich. Ich lag allein im Bett und musste mich die ganze Zeit hin und her rollen, weil ich einfach nicht schlafen konnte. Ich versuchte, mir ein schönes Szenario aufzubauen, um friedlich zu träumen, doch meine Gedanken waren so fest auf das Thema mit dem Fall konzentriert, dass ich keine Chance hatte. Nur der Gedanke daran, dass Alec in meiner Nähe war, schaffte es, mich zu beruhigen und wenigstens ein paar Stunden zu schlafen.

Ich blieb nicht lange im Bett liegen, sondern machte mich mit einer Dusche im Bad fertig und ging mit nassen Haaren die Treppe zur Küche hinunter.

„Morgen", sagte Luca fröhlich, als er meine Anwesenheit spürte.

„Deine Augen sehen schrecklich aus", kommentierte er mein Aussehen, als er sich umdrehte.

„Danke", sagte ich mit einem kleinen müden Lächeln.

„Ich habe kaum geschlafen", gab ich zu und öffnete den Kühlschrank.

„Alec ist schon los einkaufen", sagte Luca im Vorbeigehen und schaltete den Fernseher an. Ich nickte, auch wenn er es nicht sehen konnte.

Ich konzentrierte mich darauf, mir ein Glas Wasser einzugießen und es in meinem Mund verschwinden zu lassen. Manchmal stellte ich meine Gläser mit Wasser kurz in den Gefrierschrank, damit ich nach ein paar Minuten eine Erfrischung hatte, die wirklich frisch und kühl war.

***

Gemeinsam mit Luca saß ich nun auf dem Sofa, starrte den Fernseher mit ihm an und konzentrierte mich auf die Worte, die gesprochen wurden. Ich hörte die Tür knarren und drehte mich um. Alec kam mit zwei vollen Tüten in den Flur gelaufen.

„Ich bin wieder da, hoffentlich habt ihr mich nicht zu sehr vermisst", sagte er amüsiert. Ich sprang sofort glücklich auf, nahm ihm etwas ab und brachte es in die Küche.

„Wie lange bist du schon wach?", fragte er mich, während ich alles in den Kühlschrank räumte.

„Ein bis zwei Stunden, keine Ahnung. Ich hatte eine schlechte Nacht", gab ich ehrlich zu und räumte die Milch in den Kühlschrank. Alec hielt inne beim Einräumen, ich bemerkte es und sah zu ihm auf.

„Warum? Fühlst du dich hier nicht wohl?", fragte er besorgt mit zusammengezogenen Augenbrauen. Ich legte meine Stirn in Falten.

„Nein, das ist es nicht. Ich… ich, also", stotterte ich weiter. Ich atmete einmal tief durch und versuchte mich zu erklären, aber die richtigen Worte fehlten mir einfach.

„Ich konnte einfach nicht, ich habe mich einsam gefühlt", gab ich zu und ließ mich wieder atmen, da ich mir die Luftzufuhr abschnitt. Alec ging zum Sofa und tauschte ein paar kurze Wörter mit Luca aus. Daraufhin stand Luca auf und lief langsam in die Küche.

„Danke, Luca", sagte Alec knapp und nahm meine Hand.

„Komm mit", sagte er, ich folgte ihm, drehte mich kurz um und sah, wie Luca den Einkauf verteilte. Ich dackelte Alec hinterher, während er mich an meiner Hand zog.

„Alec, was soll das?", fragte ich, als wir vor dem Haus standen.

„Louisa", flüsterte er leise und sah mich an. Er sah mich so traurig an, dass es kaum zu beschreiben war. Meine Blicke gingen hin und her zwischen seinen Augen.

„Du kannst doch mit mir reden. Wir sind doch immer ehrlich zueinander, und das macht unsere Freundschaft so besonders."

Er hielt meine Hände in seinen. Ich sah seinen warmen Händen zu, die meine berührten und hielten. Mit gesenktem Blick hörte ich ihm zu. Nicht noch einmal verkraftete ich diese Blicke und starrte deshalb lieber auf den Boden.

„Ich weiß, was dich plagt. Schlaf wieder bei mir im Bett. Außerdem ist mein Zimmer das Schönste.", bot er mir an. Als ich wieder hochsah, hatte er ein Lächeln auf den Lippen, was mich beruhigte. Ich nickte und lächelte. Seine Hände verschwanden aus meinen, sodass ich mich kurz verloren fühlte.

***

„Ich habe meinen Bikini an, mein Handtuch, Handy, Sonnenbrille...", zählte ich im Kopf auf, während ich mit meiner Strandtasche eilig zu Luca und Alec lief, die ebenfalls zum Strand wollten. Bevor wir losgingen, klingelte mein Handy. Ich steckte meine Hand in die Hosentasche, die vibrierte, und zog mein Handy heraus.

„Das ist Ivana", sagte ich und ging ans Telefon. Alec nickte und ging mit Luca voran, während ich langsam hinterherkam.

„Hey", rief ich glücklich ins Handy, die woraufhin Ivana begann zu quietschen, dass ich mein Telefon vom Ohr weghalten musste. „Was ist los?"

Ich hörte Ivana gespannt zu, wie sie mir erzählte, dass sie versuchen wollte, ein eigenes Fitnessstudio zu eröffnen. Ich gab ihr eine positive Rückmeldung und dann legte sie auf, sagte nur zum Abschluss: „Ich wollte es mal kurz loswerden."

Ich steckte mein Handy in meine Tasche und musste lachen, weil sie immer wieder neue Ideen und Projekte hatte. Als wir am Strand ankamen, packten Alec und Luca ihre Handtücher aus und legten sich bereits hin. Zuerst begrüßte mich der Wind, als ich den Strand betrat, und dann das Meer. Mein Haar war überall und sehr zerzaust. Ich liebte das Meer, wie die Wellen rauschten, die Sonne auf dem Wasser glitzerte und der warme Wind eine Gänsehaut auf meiner Haut hinterließ.

„Komm her", sagte Alec und machte neben sich Platz. Ich holte mein Handtuch aus meiner Tasche und ließ es neben ihn fallen. Er breitete es freundlicherweise für mich aus, während ich meine Hose und mein T-Shirt auszog. Dann legte ich mich neben ihn im Bikini auf mein Handtuch. Anscheinend wusste er nicht, dass man auch durch seine Sonnenbrille seine Augen sehen konnte, da ich deutlich sah, wie er mich ansah. Unauffällig verfolgte ich seinen Blick, der über meinen Körper glitt, bis er merkte, was er tat. Ich wandte schnell meinen Blick ab, und Alec legte sich auf den Bauch und schloss die Augen.

Es war wunderschön hier am Woolacombe Beach. Ich war schon oft verreist, aber erst jetzt konnte ich feststellen, dass ich ein falsches Bild von Entspannung und Urlaub hatte. Meistens musste mein Vater irgendwohin wegen geschäftlicher Angelegenheiten, während ich meine freien Tage im Hotel verbrachte. Wirklich viel hatte ich nicht von den Städten gesehen, aber was wollte ich dort auch allein?

Während Alec seine Augen geschlossen hielt und Luca mit einem Buch vertieft war, konnte ich Alec in Ruhe betrachten. Ohne darüber nachzudenken, streckte ich meine Hand aus, um ihn zu berühren, doch ich zog sie schnell wieder weg, als Alec die Augen öffnete und mich anlächelte. Mir wurde warm, und mein Herz schlug laut in meiner Brust.

„Wart mal, bist du überhaupt eingecremt?" Er hob eine Augenbraue.

„Mist, ich dachte, ich habe an alles gedacht", gestand ich und suchte nun genervt in meiner Strandtasche nach der Sonnencreme.

„Komm her, ich habe Sonnencreme." Alec packte seine Creme aus und reichte sie mir, damit ich mich eincremen konnte. Ich cremte meine Beine, Arme, Gesicht, mein Hintern und Oberkörper ein.

„Du hast da noch etwas." Alec musterte mich und strich sanft mit seinem Daumen über meine Wange.

Obwohl die Sonne am Strand sehr heiß war, wurde unsere Situation immer heißer, als ich je erwartet hätte.

„Jetzt dreh dich um, ich mach deinen Rücken", forderte er auf, und ich tat wie befohlen.

„Darf ich?" Seine vorsichtige Frage ließ mich verstummen, und ich nickte.

Seine sanften Hände strichen über meinen Rücken und verteilten die Sonnencreme. Ich spürte, wie er die Creme über meinen Rücken gleiten ließ, sie wieder auffing und großzügig verteilte. Seine Berührungen hinterließen eine angenehme Gänsehaut.

„Dein Bikini ist etwas im Weg, ich will ihn nicht ruinieren. Darf ich ihn aufmachen?" Erneut nickte ich und hielt meinen Bikini fest, damit er mich nicht entblößte.

Seine Fingerspitzen griffen langsam zur Schleife und zogen sie auf, bevor er mich weiter eincremte.

„Fertig." Alec machte die Schleife wieder zu.

„Danke", sagte ich und drehte mich um, um ihn anzulächeln. Alec erwiderte mein Lächeln und sah mich mit diesem faszinierenden Blick an, dem ich kaum widerstehen konnte. Mein Brustkorb hob und senkte sich schnell.

„Wollen wir schwimmen gehen?", fragte er mich, nachdem ich eine Weile die Creme einziehen ließ.

„Ja", sagte ich hektisch und stand schnell auf, doch bevor ich auf den Füßen stand, sah ich, wie mich Luca beobachtete und amüsiert den Kopf schüttelte. Hatte er uns etwa zu gesehen? Ich meine, Alec hatte mich doch nur eingecremt. Luca würde mir wahrscheinlich bald wieder einen Vortrag darüber halten, dass mehr zwischen Alec und mir sei. Ich muss ihn enttäuschen; zwischen uns war nichts und wird es auch nie sein. Er lag mit seiner Theorie falsch. So jemand wie Alec konnte unmöglich nur Augen für mich haben. Er war so... außerhalb meiner Liga.

Wir liefen ins Wasser, das sofort meine Füße umzingelte und sie im Sand verschwinden ließ. Während ich nur bis zu den Knien im Wasser stand, sprang Alec bereits mit einem Kopfsprung ins

Wasser. Das Wasser war frisch, aber angenehm. Normalerweise stellte ich mich nicht so an, aber dieses Mal brauchte ich länger, um dann ganz ins Wasser zu gehen. Alec tauchte wieder auf. Sein Haar lag glatt auf dem Kopf, und die Wasserperlen rannten über seinen Oberkörper. Als wir abends schwimmen waren, konnte ich ihn nicht gut erkennen, doch nun sah ich ihn deutlich.

Seine goldbraune Haut glänzte, und seine Brust hob und senkte sich schnell.

Ich wachte schnell auf und rief: „Wer zuerst auf der Sandbank dort hinten ist!" Ich sprang schnell ins frische, salzige Wasser und tauchte los. Alec blieb kurz stehen, bis er den Wettbewerb realisierte. Ich war zuerst da, und wir lachten.

„Das ist nicht fair", sagte er und stützte sich mit den Armen im Sand ab. Wir sahen uns in die Augen, und die Geräusche wurden leiser. Es fühlte sich an, als wären nur wir beide hier. Zusammen. Das Gefühl war schön, denn auch wenn wir nicht redeten, unterhielten wir uns mit unseren Blicken, die überall waren. Auf einmal spritzte Wasser hoch und machte mich und Alec nass.

„Hey Leute, störe ich?", sagte Luca amüsiert, der sich ins Wasser neben uns geworfen hatte. Alec fuhr sich durchs Haar und sprang auf einmal auf Luca zu, der schrie und im Wasser davonrannte. Alec holte ihn ein und drückte ihn unter Wasser. Ich beobachtete die beiden und lachte mit. Tja, so schnell war die Zweisamkeit verschwunden. Das Schwierige war, dass ich recht schüchtern wurde, wenn andere dabei waren, die ich nicht kannte. Ich redete gerne, aber meine Schüchternheit war in den meisten Fällen stärker. Ich holte tief Luft, schloss meine Augen und tauchte unter Wasser ab.

Manchmal hatte ich das Gefühl, für immer im Wasser bleiben zu können. Das Wasser war so salzig, dass meine Nase komplett frei war und ich tiefe Atemzüge machen konnte. Ich empfand das Meer als eine Art „Heilwasser", da es gut für die Haut war.

***

Mein Körper lag in der Sonne und genoss die Wärme. Ich spürte, wie die Sonnenstrahlen jeden Zentimeter meiner Haut erwärmten und sie langsam braun werden ließen. Normalerweise bräunte ich recht schnell, was ich schön fand. Ich fühlte mich wohler in meiner Haut, wenn ich braun war. Am liebsten würde ich ewig an warmen Orten leben. Ich trug einen schwarzen Bikini, mein Bikiniunterteil war recht knapp, damit keine großen weißen Stellen entstanden. Ich mochte es nicht, meinen Körper anderen zu zeigen, obwohl ich nicht glaubte, dass Alec etwas Verletzendes sagen würde. Trotzdem zog ich es meist vor, mich zu verstecken. „Hast du Durst?", fragte Alec, als er sanft seine Hand auf meinen Rücken legte.

„Ja", hauchte ich. Er lächelte, stand auf und ging irgendwohin. Ich stützte meinen Kopf auf meine Arme und sah ihm nach, wie er davonging.

„Hey Louisa", rief Luca und richtete sich auf. Ich rollte mit den Augen, da er wahrscheinlich wieder etwas Nerviges sagen würde. „Entschuldige nochmal wegen dem, was ich über Alec gesagt habe. Ich verstehe dich, auch wenn ich an etwas glaube. Mal ehrlich, wie fühlst du dich, wenn du bei Alec bist? Bist du glücklich und vergisst all deine Sorgen?", sagte Luca völlig ernst. In meinem Kopf drehten sich die kleinen Zahnrädchen.

„Wir sind Freunde, Luca", sagte ich endgültig, auch wenn sich das komisch anfühlte, uns so zu beschreiben. Luca zuckte mit den Schultern, sah mich kurz an und legte sich dann wieder in die Sonne. Ich war völlig verwirrt. Alec kam zurück, doch ich sah ihn plötzlich anders an, als würde er sich in Zeitlupe bewegen. Er kam mit diesem ansteckenden Lächeln auf mich zu, und seine Augen schienen nur mich zu sehen.

„Hier.", sagte er und reichte mir die kalte Wasserflasche. Unsere Hände berührten sich, und langsam lösten sie sich voneinander. Er schien nichts zu denken, aber ich war noch in einer Art Starre, bis ich aufwachte.

Lucas Worte gingen mir nicht mehr aus dem Kopf, und ich dachte viel über Alecs und meine Freundschaft nach.

14. Kapitel

Bruna hatte mir bereits ein Outfit zurechtgelegt, das ich im Gericht tragen sollte: eine schwarze Hose, einen blauen Pullunder und eine weiße Bluse. Warum man sich für eine Gerichtsverhandlung so um sein Aussehen kümmerte, war mir ein Rätsel. Warum sollte man sich überhaupt ordentlich kleiden? Es fehlte nur noch der passende Schmuck – das Ganze war so bescheuert.

„Liebes, du musst dich beeilen", sagte Bruna, als sie den Kopf durch die Tür steckte, nachdem sie an meiner Tür geklopft hatte. Ohne dass ich etwas sagen konnte, kam sie herein. Ich stand in Unterwäsche da, doch vor Bruna schämte ich mich nicht. Sie kannte mich sogar nackt. Oft war sie in der Vergangenheit in mein Bad gekommen, um meine Wäsche mitzunehmen. Jeglicher Scham war bereits verschwunden.

„Mr. Wilson wartet bereits im Auto und telefoniert. Ich wollte dich wecken kommen, aber es scheint mir, dass du hellwach bist", sagte sie und warf mir meine schwarze Hose zu.

„Anziehen", sagte sie kurz. Ich folgte ihrer Anweisung. Eigentlich hasste ich es, mich freizügig zu zeigen, da mein Kopf mir immer sagte, ich solle mich so gut wie möglich verstecken. Ich versteckte mich auch, denn ich wollte niemandem einen Anlass geben, über mich zu urteilen. Die einzige Person, bei der ich einfach meine Kleidung fallen ließ, war Bruna, da ich auch nichts mehr verstecken konnte. Irgendwie war es komisch, dass Bruna die einzige Person war, die mich bisher nackt gesehen hatte. Öffentliche Schwimmbäder waren für mich verfluchte Orte, da ich dort sehr oft schlechte Erfahrungen gemacht hatte, vor allem mit meiner Schulklasse. Es war ein großer Schritt für mich, am Strand letzte Woche im Bikini zu sein.

„Flach, hässlich, zu dünn", zählte ich die Beschimpfungen in meinem Kopf auf.

„Fertig.", rief ich und lief die Treppe hinunter. Treppen waren mittlerweile kein Problem mehr, da ich genug trainiert hatte, um keine Schmerzen mehr zu haben. Die Krücken waren schon lange Vergangenheit. Ivana hatte mir gezeigt, wie man nicht nur richtig Sport macht, sondern wie man Sport mit Spaß verbindet. Ich empfand Vergnügen am Sport, sodass ich öfter Sport machte, als je zuvor. Das Beste war, dass sich durch den Sport mein Körper veränderte. Mein Körper gefiel mir langsam, wenn ich nach den Workouts vor dem Spiegel stand. Ich fühlte mich stärker und straffer als zuvor. Als ich nach draußen ging, sah ich Peter, der mir die Tür aufhielt.

„Guten Morgen, Miss", grüßte er mich.

„Guten Morgen", erwiderte ich und gesellte mich zu meinem Vater hinten ins Auto. Schweigend saßen wir nebeneinander und sahen uns nicht an, bis ich dann die schreckliche Stille unterbrach.

„Alec wird im Saal sein", sagte ich kurz und schaute aus dem Fenster, während wir fuhren. Mein Vater war völlig angespannt, was ich sonst nicht von ihm kannte. In dem Moment erkannte ich ihn nicht wieder – er war still und klein. Es kam mir vor, als würde er sich klein machen, als hätte er Sorge. Auch ich hatte Sorge, eher Angst, den großen Saal zu betreten, doch der Gedanke, dass Alec da war, nahm mir ein wenig die Angst. Aber nur zum Teil, da ich trotzdem sehr besorgt war. Der Wagen hielt auf einem Parkplatz vor einem großen, schönen Gebäude. Das Haus war sehr hoch, mit Stuck, alten Fenstern und Türen. Im Ganzen betrachtet, sah das Gebäude aus wie ein kleines Schloss. Mit laut klopfendem Herzen betrat ich das Innere des Hauses. Alec kam auf mich zu gelaufen, mit einem leichten Lächeln auf den Lippen, als er mich sah. Er trug eine schwarze normale Hose und ein weißes Hemd mit einer Krawatte.

„Hey", sagte ich leise und nahm ihn in den Arm. Er schien meine Anspannung zu spüren und versuchte mich zu beruhigen.

„Es wird sicherlich nicht so schlimm, wie du denkst. Hör auf, dir die Szenarien im Kopf auszumalen. Ich bin da, und wenn du es nicht mehr aushältst, gehen wir. Wir gehen einfach", sagte er sanft und strich mein Haar weg, das sich aus meinem Zopf gelöst hatte.

„Ja, du hast recht. Ich schaukle mich wahrscheinlich viel zu hoch. Vielleicht kann ich ihn so ein letztes Mal begegnen und dann nie wieder", sagte ich zu ihm, während ich das „nie" länger zog. Da standen wir nun, mitten im Riesentreppenhaus. Rechts und links führten schöne Steintreppen nach oben. Der Anwalt meines Vaters war gerade angekommen und begrüßte uns.

„Hallo, Miss Wilson. Ich bin der Anwalt Ihres Vaters, Davis", grüßte mich Mr. Davis und schüttelte meine Hand und dann Alecs.

„Guten Tag, mein Name ist Alec Walker", sagte Alec freundlich und lächelte. Wir standen nicht lange im Treppenhaus, da kamen auch schon weitere Leute herein und gingen, ohne etwas zu sagen, die Treppen hoch zum Saal. Wir folgten ihnen bis zu einem großen Raum mit Holzpulten und einem großen Kronleuchter an der Decke. Alec hielt meine Hand, bis er mich allein ließ und sich woanders hinsetzte. Wir setzten uns auf Holzstühle vorne an einem der beiden Holztische in der Mitte. Mein Herz rumpelte in meiner Brust. Halb versteinert saß ich auf dem Stuhl, neben mir mein Vater und neben ihm Mr. Davis. Er legte einige Blätter zurecht und bereitete sich vor. Der Staatsanwalt traf mit dem Protokollführer ein. Es dauerte nicht lange, da trafen auch die restlichen Leute ein, so wie der Schütze mit einem Haufen an Sicherheitsleuten und der Polizei. Auch er hatte einen Verteidiger. Mein Herz setzte kurz aus, als ich ihn sah. Ich sah den, der an allem Schuld war, der in meinen Träumen auftauchte und mich ängstigte. Mit klopfendem Herzen sah ich schnell zu Boden. Auch meinem Vater schien es nicht gut zu gehen, aber wir waren Zeugen oder eher Opfer, die Aussagen mussten. Der Richter eröffnete die Hauptversammlung und begann etwas vorzulesen. Ich strengte mich an, zuzuhören, aber meine Ohren waren verschlossen und meine Sicht war schwarz. Ich bemerkte, wie Mr. Davis immer wieder aufstand und Bilder zeigte und erzählte. Auch der Verteidiger des Mannes begann zu reden, um etwas auszuhandeln. Ich konnte es kaum aushalten.

„Sie lag 4 Monate im künstlichen Koma. Sie musste wiederbelebt werden und hätte um ein Haar bleibende Schäden davongetragen", hörte ich heraus. Mein ganzer Körper zitterte. Ich musste raus. Mit dem Gefühl, dass Alec mich ansah, drehte ich mich zu ihm um. Tatsächlich sah er mich an. Seine Augen glitzerten vor Mitleid. Er betrachtete mich ganz anders als sonst. Er bewegte sich keinen Zentimeter. Keine Sekunde länger ertrug ich das Gerede hier und stand einfach auf. Niemand hielt mich auf, und so lief ich hinaus und stellte mich nach draußen. Langsam fing ich wieder an zu atmen und holte tief Luft. Tränen liefen mir über die Wangen. Ich rannte los, wusste selbst nicht wohin, bis ich meinen Namen rufen hörte. „Louisa", schrie Alec. Ich blieb augenblicklich stehen, drehte mich nicht um, dachte kurz nach und sah ihn dann vor mir stehen. Er war mir hinterhergerannt und stand mir gegenüber. Ich sah zu ihm auf, dachte nicht lange nach und ließ mich in seinen Arm fallen. Er drückte mich fest an sich, während er seinen Kopf auf mich stützte. „Es tut weh", brachte ich heraus und schluchzte.

„Ich weiß, das darf es auch", sagte er und strich mit seiner Hand immer wieder durch mein Haar.

„Das darf es", wiederholte er. Mit meinem Gesicht an seiner Brust standen wir in einem kleinen Park. Und schon wieder fand ich mich weinend in Alecs Armen. Er machte nicht viel, doch seine Anwesenheit ließ mich alles vergessen, was hochgekommen war.

15. Kapitel

Zwei Wochen später

„**I**ch bin total erschöpft", gestand ich und blickte zu Ivana, die aussah, als hätte sie gerade erst begonnen, sich aufzuwärmen. „Lass uns aufhören. Eis?", schlug sie überzeugend vor und wackelte mit den Augenbrauen.

„Bin dabei", antwortete ich sofort, ohne weiter nachzudenken. Schnell stand ich auf und war bereit, das Fitnessstudio zu verlassen.

Ivana und ich hatten uns vor ein paar Tagen im gleichen Studio angemeldet und trainierten regelmäßig zusammen. Vorher hatte ich nie viel Wert auf Sport gelegt, aber sie hatte mich angesteckt. Zusammen verließen wir das Gebäude, jeweils eine Tasche über der Schulter.

„Vor zwei Wochen war der Gerichtstermin", begann ich zu erzählen. Ivana blieb stehen und sah mich an.

„Ich bin rausgerannt. Ich konnte es nicht", gestand ich ihr. Sie nahm meine Hand und sagte nur: „Okay. Komm, wir gehen weiter."

Manchmal hatte ich das Gefühl, dass sie mich zu gut kannte, um zu verstehen, dass ich nicht weiter darüber reden wollte.

Es war ein schöner Nachmittag mit ihr, begleitet von reichlich Eis, denn eines reichte uns nicht aus. Wir saßen auf einer Parkbank und genossen den Tag. Natürlich kam ich nicht darum herum, Ivana alles zu erzählen, vom Wochenende mit Luca und Alec. Zwei Wochen lang hatten wir uns nicht gehört, da bei mir ziemlich viel los war, vor allem der Gerichtstermin. Es war ein blöder Tag, den ich versuchte zu vergessen und aus meinem Kopf zu streichen. Endgültig, doch das schien unmöglich.

Mein Handy vibrierte, und Alecs Name erschien auf dem Display. „Was ist los?", fragte Ivana, als sie auf mein Handy schielte. Wenn ich Nachrichten las oder schrieb, war ich so konzentriert, dass ich meine Umgebung vergaß, und auch jetzt bemerkte ich nicht, wie Ivana mich die ganze Zeit fragte. Ich steckte mein Handy wieder in die Tasche.

„Alec hat gefragt, ob er mit mir reden kann, bei einem Spaziergang", erzählte ich ihr. Ivana und ich sahen uns verwirrt an, genau wie ich mich fühlte.

„Ich habe zugestimmt", sagte ich und fragte mich in Gedanken, welchen Grund es dafür gab oder ob es überhaupt einen gab.

***

Ich wollte mich gerade anziehen, als es an der Tür klingelte. Nach dem Sport musste ich duschen; Alec sollte mich nicht verschwitzt sehen. Frisch aus der Dusche fühlte ich mich gut. Mit einem Handtuch umwickelt, schaute ich aus dem Fenster. Alec stand nun vor der Tür. Schnell zog ich mir etwas an und rannte die Treppe hinunter. Doch kurz vor der Tür bemerkte ich, dass ich meinen Slip vergessen hatte.

„Peinlich, peinlich, peinlich", dachte ich und rannte zurück. Wie konnte ich das vergessen? Ich trug nur einen Rock, ohne Slip.

Wenn ich das zu spät gemerkt hätte, würde ich mich sicherlich in Grund und Boden schämen. Endlich fertig angezogen, öffnete ich die Tür.

„Hey", sagte er kurz.

Ich grüßte zurück und schloss die Tür hinter mir.

„Schöner Rock", bemerkte er und sah an mir hinunter, bevor er plötzlich rot wurde und sich abwandte.

„Was ist los?", fragte ich, während er mir seine Jacke reichte.

„Du trägst ein weißes T-Shirt", sagte er knapp, als wäre es nicht offensichtlich, was er damit meinte. Ich sah an mir hinunter und verstand nicht, bis mir klar wurde, dass mein noch feuchtes Haar mein Shirt durchsichtig machte. Verdammt. Warum habe ich auch diesen BH angezogen? Schnell nahm ich die Jacke und zog sie an. Meine Wangen färbten sich vor Scham rot, als ich bemerkte, dass ich meinen schwarzen Spitzen-BH trug. In der Eile, mich anzuziehen, hatte ich nicht darauf geachtet und einfach irgendetwas gegriffen.

„Danke", sagte ich etwas beschämt, nachdem ich die Jacke angezogen hatte, und er wandte sich wieder mir zu.

„Worum wolltest du mit mir reden?", fragte ich ihn, als wir auf dem Bürgersteig liefen. Doch keine paar Meter weiter blieb er stehen. „Heute war ich in der Stadt, bei Greatwills. Dort habe ich deinen Vater getroffen, er wirkte völlig aufgelöst oder eher wie in Gedanken verloren. Ich sagte ‚Hallo' und ging zu ihm, aber er sagte nur: ‚Er ist tot.'", begann er zu berichten.

„Wer ist tot?", fragte ich mit stockendem Atem.

„John Macweiher. Heute stand es in der Zeitung: Einbrecher begeht Selbstmord. Louisa, er ist tot", versuchte er, mich aufzuheitern. Plötzlich fehlten mir die Worte.

„Wie soll ich das finden?", fragte ich mich und war plötzlich verstummt.

„Louisa, bitte sag etwas", bat er mich und berührte meinen Arm. Meine Haut begann unter seiner Berührung zu kribbeln, während mein Herz lauter schlug.

„Ich... ich weiß nicht", stammelte ich und sah zu ihm auf. Er sah mir in die Augen.

„Er wird nicht zurückkommen, nie wieder. Er ist weg", überzeugte er mich. Die Gedanken rasten in meinem Kopf.

„Du hast recht", sagte ich plötzlich. Er lächelte mich an, und wir spazierten schweigend durch die Straßen.

Es stimmte, ich zerbrach mir oft den Kopf. Ich musste immer über alles nachdenken, alles hinterfragen und verstehen. Wenn ich etwas nicht verstand, versuchte ich trotzdem, es zu begreifen. Ich mochte es, über die kleinen Dinge nachzudenken, die man im Leben so leicht vergaß. Das half mir oft, die Dinge zu verstehen und zu genießen. Ich war ein Mensch, der die Welt bewunderte und nicht blind durch sie hindurchging. Es gab so viele Fragen, die sich nie jemand stellte, obwohl sie so einfach waren. Zum Beispiel, warum sagte man „Zeit heilt Wunden"? Das stimmte nicht, denn man konnte vielleicht mit der Zeit etwas besser verdrängen oder umgehen, aber die Wunden blieben. Man konnte Wunden nur heilen, indem man mit ihnen abschloss. Die Wunde würde zwar nicht mehr offen sein, aber es würde eine Narbe bleiben, und die Narbe erinnerte den Verletzten an das Geschehene und konnte auch Gefühle auslösen. Sie würde nicht verschwinden, aber das spielte keine Rolle mehr, wenn man selbst damit abgeschlossen hatte. Er blieb die ganze Zeit dicht an meiner Seite, was mich auf eine gewisse Art beruhigte.

„Danke", flüsterte ich ihm zu und umklammerte seinen Arm, während seine Hand in der Hosentasche steckte. Er war mein bester Freund. Ich wusste nicht, wie ich es ohne ihn aushalten könnte. Es war, als würde er mich immer dann auffangen, wenn ich zu fallen drohte. Er war meine Stütze.

16. Kapitel

Morgens, als ich das Bett verließ, war ich dieses Mal früher wach als Alec. Die letzten Tage waren hart und sehr verwirrend. Ich wusste nicht, wie ich mich nach allem, was passiert war, fühlen sollte. John Macweiher war tot. Unvorstellbar. Wenn ich an seinen Namen dachte, fühlte es sich an, als würde ein dunkler Schatten mein Inneres berühren, so düster war die Vorstellung von ihm. Mein Vater war arbeiten. Er musste sein Arbeitsleben wieder fortsetzen, daher wurde alles so, wie es immer war. Ich hatte dafür Verständnis, doch trotzdem wollte ich nicht allein bleiben. Also war ich über's Wochenende bei Alec, der eigentlich immer früher wach war als ich, doch nun war ich die Erste, die allein durch sein Zimmer mit nackten Füßen tapste. Ich trug ein langes schwarzes T-Shirt, das mir über den Po ragte, und eine graue kurze Shorts. Das Shirt hatte er mir schon oft gegeben, sodass es irgendwann zu meinem T-Shirt geworden war. Auch wenn sich das komisch anhörte, besaß ich bereits ein ganzes Fach im Schrank, in dem ich Kleidung hatte, wenn ich bei ihm übernachtete. Es war meine Zeit, mich in Ruhe umzuschauen. Alec hatte ein recht kleines Zimmer, mit einem Bett und einem Schrank, kein Bad, nur eins, das er sich mit seiner Mutter teilte. Mich störte sowas nicht im Geringsten, doch ich war anderes gewohnt, genau deswegen war ich gerne bei ihm. Ich fühlte mich immer so… normal, wie ein ganz normaler Teenager, der seinen besten Freund besuchte. Sein Zimmer lag direkt unterm Dach, sodass seine Decke schräg war und mit vielen Ecken, in die man sich nicht stellen konnte, ohne dass man sich den Kopf anschlug. An der Wand bei der Tür, links vom Bett, befanden sich lauter kleine Bilder. Bilder von Alec, Alec als Baby, Kind, Teenager und mit seiner Familie. Doch besonders viele hatte er von seiner Oma, die ihm anscheinend ziemlich wichtig war. Er sprach recht oft von ihr, doch am meisten sprach er über ihr Essen, das wohl sehr köstlich sein musste. Meine Großeltern starben leider sehr früh, sodass ich sie nicht mal kennenlernen konnte.

Die Sonne strahlte ein paar Sonnenstrahlen ins Zimmer, die Alec langsam weckten. Ich sah zu ihm, er drehte sich, und unsere Augen trafen sich. Das Erste, was ich tat, war, ihn anzustrahlen. Er sah so süß aus mit seinen zerzausten Haaren. Meine Hand war schon kurz davor, seine Haare zu berühren und sie ihm nach hinten zu streichen. Manchmal hatte ich das Gefühl, dass er nicht anders konnte, als so niedlich und gut auszusehen.

„Guten Morgen, schon wach? Früher als ich?", fragte er ganz verwundert und sah zur Uhr, die auf seinem Nachttisch stand und 8:00 Uhr anzeigte.

„Ich konnte nicht mehr schlafen. Die letzten Tage muss ich noch verarbeiten, bevor ich wieder still und ruhig schlafen kann. Außerdem konnte ich dich beim Schlafen beobachten", sagte ich amüsiert und grinste. Vorsichtig legte ich meinen Arm um ihn, während er mich mit seinen wunderschönen Augen betrachtete. Seine Augen starrten meinen entgegen.

„Danke, dass du bei mir warst und bist. Verlass mich bitte niemals", bat ich ihn flüsternd, ohne den Blickkontakt abzuwenden.

„Dann lass mich für dich da sein", flüsterte er mir sanft ins Ohr und strich mir das Haar dahinter. Ich nickte bloß und ließ ihn mich weiter so sanft berühren. Wir waren uns so nah, dass ich seinen Atem spürte. Seine Finger fuhren sanft meinen Hals runter, über die Schulter und dann über meine Arme. Sie streichelten mich, und ich bekam eine Gänsehaut. Meine ganze Haut reagierte so sehr auf ihn, dass mein Körper die Kontrolle übernahm, mein Kopf ausging, und ich ihm ergeben war. Mein Körper kribbelte, und es fühlte sich an, als wäre er in Flammen. Alec sah mich so intensiv an, und plötzlich legte er seine geschwungenen Lippen auf meine. Er küsste mich so leicht, sodass ich, ohne es zu bemerken, ihm entgegenkam und unsere Lippen fester aufeinanderlagen. Ich seufzte vor Erleichterung und verlor meine Kontrolle. Doch dann wurde mir mein Fehler bewusst, und ich stieß ihn ruckartig von mir weg.

„Nein, nein", sagte ich laut und dann nochmal leise. Wir waren Freunde. Und außerdem fühlte es sich zu gut an, als dass es wahr sein könnte. Ich würde alles kaputt machen, meinen Freund verlieren. Er schreckte auf, genauso wie ich. Völlig überfordert flüchtete ich vor ihm, ohne irgendwas zu erklären. Mein Kopf dachte kaum noch nach, nur daran, zu verschwinden.

Als ich in das Auto zu meinem Fahrer stieg, war das Erste, was ich tat, zu weinen. Ich weinte vor Angst, meinen ersten besten Freund zu verlieren, weil ich ihn auf solche Gedanken brachte. Mit dem Handrücken wischte ich die Tränen weg. Nun war ich noch verwirrter als zuvor.

„Wir waren doch Freunde. Wie kam es zu diesem Kuss?", fragte ich mich selbst. Erst jetzt bemerkte ich, dass meine Finger meine

Lippen berührten und mein Kopf das Bild, wie wir uns küssten, vor meine Augen führte. Meine Wangen wurden heißer bei dem Gedanken.

„Stopp!", schrie ich mich selbst im Kopf an, denn es war ein Fehler, der nicht hätte passieren sollen.

17. Kapitel

„Was soll ich nur tun, Ivi?", klagte ich am Telefon.

„Es war nur ein Kuss, eure Freundschaft wird deswegen nicht gleich zu Ende sein", versuchte sie mich zu beruhigen.

Alec war seit ein paar Tagen still, keine Nachricht von ihm. Es herrschte eine Art Funkstille zwischen uns, aber das konnte doch nicht alles gewesen sein. Alec war doch nicht so ein Typ, oder? War alles vorbei?

Genau davor hatte ich Angst gehabt, dass Alec mich nicht mehr wollte und sich von mir distanzierte. Diese unangenehme Distanz tat mir so weh. Es fühlte sich an, als würde ich in Angst und Trauer versinken. Ich hätte gerne eine Erklärung für sein Verschwinden. Jedes Mal, wenn ich seinen Namen aussprach, schmerzte mein Herz. Ich fühlte mich wie ein ohnmächtiger Mensch, der die Umgebung nicht mehr wahrnehmen konnte, so sehr war ich in meinen Gedanken gefangen. Mein Kopf hörte nicht auf, nachzudenken.

„Er meldet sich schon seit Tagen nicht mehr. Überhaupt nicht", beklagte ich mich, während ich mit dem Handy in der Hand in die Küche ging, um mir einen ungesunden Snack zu nehmen.

„Hast du ihn mal angeschrieben oder angerufen?", erkundigte sie sich.

„Ja", antwortete ich niedergeschlagen. Jeder Tag, an dem ich nichts von ihm hörte, war ein weiterer Stich in mein Herz.

„Dann lass es sein, mehr als das kannst du nicht tun", schlug sie vor. Wieder konnte sie mein Nicken nicht sehen, aber ich stimmte ihr zu.

Wir beendeten das Gespräch und verabredeten uns für das Wochenende, um Sport zu machen. Ivana hatte mich bereits mit ihrer Sportlust angesteckt, sodass ich mich nach einem sportfreien Tag sehnte. Meine Beine waren so viel stärker geworden, dass ich schon lange keine Krücken mehr brauchte. Darauf war ich stolz, bedenkt man, dass die Ärzte meinten, ich würde nie wieder normal laufen können. Und morgen hatte ich meinen letzten Arztkontrolltermin bei Dr. Phil, meinem Arzt, der mich seit dem Vorfall begleitet hatte.

***

Jeden Tag versuchte ich mir einzureden, dass Alec sich melden würde, doch mein Kopf sagte mir die ganze Zeit, dass ich es versaut hatte. Ich packte meine Sachen und ließ mich zur Arztpraxis fahren, während ich ziemlich nervös war, da ich einfach hoffte, endlich von den ganzen Kontrollen befreit zu sein. Manchmal wollte ich aufgeben, doch in mir war eine Kraft, die mich nicht aufhören ließ zu kämpfen, und so war ich zu dem gekommen, was ich jetzt war.

In der Praxis angekommen, wurde ich ins Wartezimmer geschickt, nur um danach innerhalb einer Minute aufgerufen zu werden.

„Komische Logik", dachte ich und folgte der Helferin ins Zimmer. Gut gelaunt schritt ich ins Behandlungszimmer, und als mich Dr. Phil sah, lächelte er mir zu.

„Miss Wilson, setzen Sie sich doch gleich", sagte Dr. Phil, während er von meiner Akte aufblickte und mit der Hand auf den Stuhl gegenüber seinem Tisch zeigte. Ich nahm Platz, während Dr. Phil meine Akte durchlas. Die Praxis war klein, mit hohen Decken und schönen Stuck- und Bemalungsarbeiten. Doch sonst sah die Praxis eigentlich wie eine normale, typische Arztpraxis aus. Phil arbeitete sowohl im Krankenhaus als auch in der Praxis, was er selbst beschlossen hatte. Laut ihm brauchte er ein wenig Abwechslung, weswegen ich nun mit ihm in einer kleinen Praxis in Mayfair saß.

Wir machten einige Tests, von denen ich nicht wusste, wozu sie gut sein sollten, doch ich vertraute ihm, vor allem da es sich herausgestellt hatte, dass mein Vater und er sich aus der Schulzeit kannten. Das war schon ein kurioser Zufall.

„So, wir wären dann fertig", sagte Dr. Phil und lächelte freundlich.

„Komplett?", fragte ich aufgeregt, da ich es nicht glauben konnte. Er nickte. Daraufhin sprang ich vom Stuhl auf und ging endlich aus der Praxis heraus. Doch schon gleich wurde mir meine gute Laune genommen, als ich ein Paar sah, das sich küsste. Augenblicklich musste ich an Alec denken.

„Autsch." Ich atmete tief ein. Tatsächlich versetzte mir diese Szene einen Stich ins Herz. Was, wenn ich mich getäuscht hatte? Was wäre, wenn ich mehr für ihn empfand, mehr als Freundschaft? Mein Handy vibrierte in meiner kleinen Louis V. Tasche. Mir war es fast schon peinlich, so rumzulaufen, weil es mir vorkam, als würden mich die Leute sofort abstempeln, wenn sie mich sehen. Doch ich gebe zu, manchmal mach ich das auch bei anderen, unabsichtlich. Mein Puls ging schneller und senkte sich wieder, als ich den Namen von Ivana las. Irgendwo tief in meinem Inneren, hatte ich immer noch die Hoffnung, dass Alec sich melden würde und sich alles klärte.

„Hey", sagte ich so monoton wie ich noch nie einen Anruf angenommen hatte.

„Ja hey, auch schön dich zu sprechen", sagte sie ironisch. Ihre Art brachte mich zum Schmunzeln, dass mein Schmerz kurzzeitig verdrängt wurde.

„Sorry, eben hatte ich kurz gedacht, es wäre Alec", gab ich zu und stieg in ein Taxi, das mich nach Hause bringen sollte.

„Süße, du musst ihn vergessen. Wenn er sich nicht meldet, obwohl ihr beste Freunde seid, dann ist er nicht der, für den du ihn gehalten hast. Außerdem, was macht ihr so ein Drama aus einem einfachen Kuss?" Vergessen? Wie um Himmels Willen würde es mir je gelingen, Alec zu vergessen.

„Ich kann ihn nicht vergessen", brachte ich heraus und presste meine Lippen fest zusammen.

„Warum hast du eigentlich angerufen?", fragte ich, während ich aus dem Fenster sah und die vorbeiziehenden Bäume betrachtete. „Weil ich mich mit dir treffen muss. Wir müssen die Sache mit Alec klären, doch nicht am Telefon. Mhm… lass uns in ein schönes Café gehen. Ich hab da von einem gehört, das soll super sein." Ich sagte dem Taxifahrer also, dass er mich doch nicht nach Hause fahren sollte, sondern zum abgemachten Ort.

„Okay, bis gleich", sagte ich und beendete das Gespräch.

Ich stieg in der Nähe eines Parks aus, den ich bereits kannte, steckte dem Taxi-Fahrer Geld zu, plus einen zusätzlichen Bonus, weil er nochmal einen Umweg fahren musste. Ich lief in einem leichten Polokleid in schwarz durch den Park und sah damit recht schick aus, bis auf mein Schuhwerk. Das war alles andere als schick, aber so war ich eben. Elegant gekleidet und doch mit einfachen und lässigen Sneakern. Sie waren bequem und ich damit beweglich. Als ich durch den Park spazierte, merkte ich, woher ich ihn kannte, nämlich aus den Spaziergängen mit Alec, wenn er nicht arbeiten musste. Wie im Film erinnerte ich mich an ihn, wie wir auf der Bank saßen und uns Schokomuffins teilten oder uns jeweils eine schlechte und eine gute Sache erzählten. Das wurde zu unserem Ding, uns gegenseitig schlechte und schöne Momente vom Tag zu erzählen. Das vermisste ich. Und nun waren es schon zwei Monate vergangen, ohne dass ich ein Wort von ihm gehört hatte. Ich verließ den Park und kam auf die Straße, in der das Café sein sollte. Als ich meinen Blick schweifen ließ, erspähte ich Ivana, die auffällig winkte… und hüpfte. Sie trug wieder Mal ein sportliches Outfit, lässig und so, als könnte sie jetzt gleich joggen gehen. Sie stand direkt vor dem Café. Ich schluckte schwer, als ich das Schild „La Tarta" las und augenblicklich einen Flashback bekam. Hier war ich mit Alec gewesen.

„Marcus hatte mir von diesem Café erzählt", begann Ivana.

„Er war neulich wegen seiner Mutter im Krankenhaus und da sprach er mit einem jungen Arzt, der davon erzählte, dass er mit seiner Freundin hier war und der Schokokuchen sehr zu empfehlen sei." Sie zog mich an den Tisch in der Sonne.

„Ivana, ich bin die Freundin, von der der Typ im Krankenhaus erzählt hatte und er ist nicht nur einfach ein Typ, das war Alec", sagte ich entsetzt. Ivanas Augen wurden größer und starrten mich an. Ich konnte sehen, dass ihr das unangenehm war, mich ablenken zu wollen und mich dann an diesen Ort gebracht zu haben, der so viele Erinnerungen wach werden ließ.

„Sicher? Ich meine es gibt viele Ärzte, die jung sind, und es war das Krankenhaus außerhalb von London." Ich legte meine Hände ins Gesicht und sagte: „Ja, ich bin sicher, so einen großen Zufall kann es nicht geben, außerdem weißt du doch auch, dass ich im gleichen Krankenhaus lag wie jetzt wohl Marcus Mutter. Was soll's, es ist nur ein Café mit leckerem Kuchen."

Wir bestellten uns einen Kaffee und eine heiße Schokolade. Die heiße Schokolade war so gut. Die Schokolade war so lecker schokoladig wie mein Kuchen. Beides schmeckte perfekt zusammen. Kaffee war eher nicht mein Ding. Ich will auch gar nicht erst mit der Sucht anfangen, jeden Morgen einen Kaffee trinken zu müssen, um meinen Tag starten zu können. Ivana erzählte mir eine Menge Sachen, davon, dass sie mit Marcus in eine Wohnung ziehen würde und weiterhin an ihrem eigenen Fitnessstudio arbeitete, das sie irgendwann einmal leiten möchte. Um ehrlich zu sein, hatte ich nicht gedacht, dass sie mal so lange an einer Sache dranbleiben würde.

„Hey, jetzt aber mal zu dir. Eines muss ich dich fragen. Bist du sicher, dass Alec nur ein Freund ist? Hast du vielleicht Gefühle entwickelt?", fragte mich Ivana, während sie versuchte, meine Gedanken zu entschlüsseln. Meine Zahnräder im Kopf drehten sich, doch trotzdem sagte ich: „Ich weiß es nicht.". Zum Teil stimmte die Antwort, obwohl ich mir sicher war, dass ich etwas für Alec fühlte.

***

Nach meinem Treffen mit Ivana konnte ich meine Gedanken nicht zur Ruhe bringen. Ich versuchte, mich durch Netflix abzulenken, aber jedes Liebespaar auf dem Bildschirm erinnerte mich nur an Alec. Also beschloss ich, das Fernsehen auszuschalten. Währenddessen wischte Bruna fröhlich Staub im Treppenhaus, begleitet von einem beliebigen Radiosender, der im Hintergrund lief. Langsam schlich ich durch das Wohnzimmer, setzte mich ans Klavier und ließ meine Finger über die weißen Tasten gleiten.

„Ein schönes Klavier", dachte ich, als ich meine alten Notenblätter durchblätterte. Es war eine Ewigkeit her, seit ich das letzte Mal gespielt hatte, aber jetzt sehnte ich mich wieder nach den beruhigenden Klängen des Flügels. Vorsichtig legte ich meine Finger auf die Tasten und begann zu spielen. „Nuvole bianche" von Ludovico Einaudi, eines meiner ersten Stücke, das ich beim Klavierunterricht gelernt hatte. Während ich spielte, lauschten meine Ohren der Musik, meine Finger schwebten über den Tasten, und meine Gedanken konzentrierten sich ganz auf die Musik.

Plötzlich öffnete sich die Tür, und eine vertraute, tiefe Stimme sprach mit Bruna. Ich hörte nicht auf zu spielen, bis die Schritte näherkamen und ich aufblickte. Das Erste, was ich fühlte, war Freude, gefolgt von Wut, als ich Alec vor mir sah.

„Du Arschloch!", brüllte ich ihn an, voller Verletzung darüber, dass er mich einfach im Stich gelassen hatte. Tränen rollten mir über die Wangen, als ich ihn wegstieß. Er blieb regungslos stehen, bis er schließlich seine Arme um mich legte. Ich wehrte mich nicht, denn ich hatte ihn einfach zu sehr vermisst. In seinen Armen schluchzte ich und stellte fest, dass ich Gefühle empfand, die ich noch nie zuvor gespürt hatte. Ich wusste nicht, woher diese Gefühle kamen, aber ich konnte sie nicht unterdrücken.

Nachdem Alec die Umarmung gelöst hatte, gingen wir nach draußen spazieren. Ich zog mir eine Jacke an und trat vor die Tür. Der kalte Herbstwind begrüßte mich, und die Blätter begannen sich zu verfärben, während der Sommer langsam zu Ende ging. Gemeinsam liefen wir durch die Stadt. Alec schwieg und hatte seine Hände in den Hosentaschen vergraben, während wir die Straße entlanggingen.

„Du wolltest reden?", fragte ich verlegen, während ich mich umsah.

„Ja, es tut mir so leid, Louisa. Ich wollte mich melden, aber es ging mir psychisch nicht gut. Setzen wir uns", begann er und deutete auf eine nahegelegene Straßenbank.

„Meine Großmutter ist gestorben. Es ist immer noch so schwer für mich, das zu realisieren. Ich... Ich weiß auch nicht, warum ich nichts gesagt habe. Ich dachte, ich kann dir alles danach erzählen, aber ich wusste nicht wie und wann", erzählte Alec, während er meine Augen beobachtete. Es versetzte mir einen Stich zu hören, dass Alec die ganze Zeit allein mit seinen Problemen und Gefühlen war, während ich dachte, er sei ein Arschloch.

„Oh Gott, ich habe ihn beschimpft", dachte ich, als ich an die Situation bei mir zu Hause zurückdachte. Ich fühlte mich so schlecht.

„Alec, es tut mir so leid", brachte ich kaum heraus. Ich streckte meine Hand aus und strich ihm eine Strähne seines Haares nach hinten. Mein Herz hämmerte laut in meiner Brust, während sich ein bekanntes Gefühl in mir regte.

„Aber wie hätte ich wissen sollen, was mit ihm los war?", fragte ich mich, denn es gab keine Nachricht.

„Louisa", sagte Alec sanft, und ich hörte auf zu reden, als er begann zu erklären, wie sehr es ihm leidtat, dass ich so von ihm gedacht hatte.

„Es ist in Ordnung, eigentlich war es mein Fehler, meiner besten Freundin nichts zu sagen. Was war das letzte Mal, als wir... uns geküsst haben und du weggelaufen bist?", fragte er mich direkt, während er ein verwirrtes Gesicht machte. Ich wusste nicht, was ich sagen sollte, denn ich wusste selbst nicht, was es bedeutete und wie es dazu gekommen war. Mein Kopf versetzte mich zurück in die Vergangenheit und ließ die Szene abspielen. Was er sagte und wie sich seine Lippen anfühlten, hatte sich so sehr in mein Gedächtnis eingebrannt.

Als ich bemerkte, wie sich ein Lächeln auf meinen Lippen breitete, schreckte ich hoch und sah zu Alec, der mich beobachtete, als wüsste er, wohin meine Gedanken gingen.

„Es war ein Fehler, nichts weiter", sagte ich, weil es das Erste war, was mir in den Sinn kam. Schon beim Aussprechen dieser Worte zuckte etwas in mir zusammen. Es fühlte sich falsch an, ihm das zu sagen, aber Alec schien dasselbe zu denken, denn er schwieg und starrte ins Leere.

„Ja", sagte er schließlich mit einem finsteren Blick, den ich noch nie zuvor an ihm gesehen hatte. Er stand auf, legte sein Gesicht in die Hände und lief aufgeregt hin und her.

„Ich habe vergessen, dass ich noch meine Uni-Bewerbung abschicken muss. Verdammte Scheiße!", sagte er fast schon schreiend und rannte einfach davon, ohne mich auch nur anzusehen.

Allein blieb ich auf der Bank zurück, verwirrt und niedergeschlagen von seiner Reaktion. Ich stand auf und beschloss, zu Ivana zu gehen. Mit meiner Hand wischte ich die Tränen weg, die ich erst bemerkte, als ich sie auf meinen Wangen spürte.

An Ivanas Wohnung angekommen, drückte ich sofort ein paar Mal die Klingel. Ivana lebte in einer Wohngemeinschaft, daher war praktisch immer jemand zu Hause. Glücklicherweise öffnete Ivana persönlich die Tür. Sie umarmte mich freudig, während meine Stimmung komplett daneben war.

„Was ist los?", fragte Ivana, als sie mich ansah, während ich auf meine Schuhe starrte. Ich musste ihr sagen, was passiert war.

„Können wir in dein Zimmer gehen? Mir ist es unangenehm, wenn alle zuhören können", bat ich. Ivana nickte und zog mich am Arm in ihr Zimmer. Ich stolperte hinterher.

„Erzähl es mir", forderte sie mich auf, als wir beide auf ihrem Bett saßen.

„Du weißt doch noch, dass ich letztens bei Alec geschlafen habe, bevor er verschwunden ist, oder?", fragte ich, während ich zu meinen Händen sah, die nervös an meiner Hose herumfummelten.

„Ja, die Kuss-Sache, ich erinnere mich", gab sie zu und sah mich verwirrt an. Ich atmete tief aus und beschloss, alles auf einmal herauszulassen.

„Seine Großmutter ist gestorben, und deshalb konnte er sich nicht melden. Er war zu sehr mit seiner Trauer beschäftigt. Ich fühle mich so schlecht, dass ich dachte, er wäre einfach verschwunden und würde sich nicht mehr melden. Heute ist er zurückgekommen und stand vor meiner Tür – oder genauer gesagt vor dem Klavier, aber das ist egal. Wir haben geredet, und er hat den Kuss angesprochen", erzählte ich, während ich durch Ivanas Zimmer lief, gefolgt von ihren Augen.

„Was hat er gesagt? Los, sag schon", forderte sie mich ungeduldig auf.

„Nun ja, ich sagte, dass der Kuss ein Fehler war, und er stimmte mir zu. Doch dann ist er einfach weggelaufen. Alec stand einfach auf und verabschiedete sich mit einer schlechten Ausrede. Er sagte plötzlich, er müsse dringend ein Schreiben abschicken", erklärte ich und malte mit meinem Finger Anführungszeichen in die Luft.

„Oh Louisa, wie kannst du eigentlich so blind sein?", sagte Ivana, stand auf und nahm meine Hände in ihre.

„Was meinst du?", fragte ich verwirrt.

„Du bist wirklich blind, Lou. Ich glaube, dass er den Kuss anders gesehen hat als du. Du hast wahrscheinlich sein Ego gekränkt oder so. Würdest du sagen, der Kuss kam von dir oder von ihm?", fragte sie.

Ich überlegte, die Szene spielte sich wieder ab, doch dieses Mal fühlte sich alles ganz anders an.

„Keine Ahnung, Ivana, du verwirrst mich. Ich würde sagen, von uns beiden?", antwortete ich verunsichert und zuckte mit den Schultern.

„Glaubst du, die Freundschaft zwischen Alec und mir ist dem Ende nah?", fragte ich Ivana und sah zu Boden.

„Nein, stell einfach klar, dass du ihn noch als besten Freund siehst, und frag ihn, ob ihr wieder etwas unternehmen könnt, damit alles wieder beim Alten ist", schlug sie vor. Doch inzwischen war ich mir unsicher, ob ich das wollte.

18. Kapitel

Heute war mein letzter Prüfungstag. Nach dieser Klausur würde ich endlich mit der Schule fertig sein. Nie wieder müsste ich durch diese Eisentore der Schule gehen. Obwohl ich bereits nur noch zu Hause Unterricht bekam, hasste ich die Schule. Eigentlich sollte man doch seine Mitschüler mögen, aber ich konnte sie nicht ausstehen. Ich hatte versucht, mich anzupassen, aber es war nicht ich, die sie abgelehnt hatte, sondern sie hatten mich abgelehnt. Deshalb hatte ich begonnen, die Schule abzulehnen.

Ich packte meine Mathesachen zusammen, und Bruna gab mir ein Lunchpaket mit. Sie musste das nicht tun, aber sie kümmerte sich immer um mich. Auf gewisse Weise war sie schon wie ein Familienmitglied.

Peter, der Fahrer, wartete bereits am Auto und rauchte. Ich hasste es, wenn Leute rauchten. Es war schädlich und stank. Es gab Menschen auf unserem Planeten, die glücklich wären, einen gesunden Körper zu haben, aber durch das Rauchen machten sie ihn absichtlich kaputt.

„Guten Morgen, Miss", grüßte mich Peter und drückte seine Zigarette aus. Ich lächelte und grüßte zurück, als ich ins Auto stieg.

„Verzeihung, ich mach schon", sagte Peter und wollte mir die Tür öffnen.

„Nein, das kann ich selbst, danke", sagte ich und öffnete die Autotür. Mir war bewusst, dass er es nur gut meinte und höflich sein wollte, aber wir waren im Jahr 2024.

Auf dem Weg zur Schule konnte ich kaum stillsitzen, da mich Prüfungen immer nervös machten. Mein Handy vibrierte, und Alecs Name erschien auf dem Bildschirm. Ich lächelte, als ich seine Nachricht las.

„Viel Glück bei deiner Klausur. Ich bin bei dir, mit meinen Gedanken <3". Vor allem freute ich mich über das Herz-Emoji, da Alec normalerweise nie mit Emojis schrieb. Und wieder waren es die kleinen Dinge, über die ich mich so freute – ein einfaches Herz-Emoji. So klein und doch so bedeutungsvoll. Diese kleinen Dinge waren für mich etwas Besonderes, denn sie hatten die einzig wahre Bedeutung. Sie waren wundervoll.

***

Geschafft! Nach 320 Minuten des Schreibens und Rechnens war ich wieder im Auto auf dem Weg zu Alec, der heute sein erstes Univorstellungsgespräch hatte. Er arbeitete immer hart daran, alles zu schaffen, weil er unbedingt seinen Traum verwirklichen wollte, Arzt zu werden. Ich fand es schon immer bewundernswert, wie engagiert er war und wie er nie an sich zweifelte.

Das Auto hielt vor einem großen Backsteingebäude, das einen Hauch von Fabrik oder Loft hatte. Es war ein riesiges Gebäude mit mehreren kleinen Wohnungen und einem großen Balkon. Genau solche Häuser waren ganz nach meinem Geschmack. Aus einem einfachen Loft konnte man so viel machen. Sie waren retro und gleichzeitig modern. Solche Wohnungen wirkten ziemlich geräumig, waren es aber nicht, wenn man die Quadratmeter zählte. Wenn ich in Alecs Wohnung stand, fühlte es sich an, als hätte man genug Platz, aber auch nicht zu viel, eben gemütlich und wie zu Hause. Naja, irgendwie war Alecs Zuhause schon auch meins, da ich so oft bei ihm war.

„Okay", sagte ich aufgeregt und ließ mir die Tür von Peter öffnen.

„Soll ich dich vielleicht doch lieber begleiten?", fragte er und sah sich misstrauisch um.

„Das ist Soho, nicht das Gefängnis", beruhigte ich ihn und lachte.

Peter nickte und stieg ins Auto.

Ich ging die Steintreppe zur Tür hinauf und klopfte an der dunklen Holztür. Als niemand öffnete, schaute ich durch eines der kleinen Fenster rechts und links neben der Tür. Alec öffnete die Tür, lächelte jedoch komisch und bat mich herein.

„Wie war die Prüfung?", fragte er mich, während er sich einen Kaffee machte. Ich setzte mich an die Theke der Rücheninsel. Alec brachte mir sofort ein Glas Wasser, gastfreundlich wie er war, und ich nahm es dankend entgegen. Ich suchte seinen Blick, aber er schaute mich nicht einmal an, was mich wunderte. Plötzlich schien er so, als würde er mich gar nicht gerne bei sich haben wollen. Wenn ich ihn anlächelte, bekam ich nicht mehr sein wunderschönes Lächeln zurück, sondern nur ein kurzes Schmunzeln. Da waren wir nun, zusammen in der Küche, mit dieser komischen Stille zwischen uns.

„Und?", hakte er nach, als er merkte, dass ich nicht auf seine Frage reagierte. Ich hatte seine Fragen nicht richtig mitbekommen, da ich so von seinem Verhalten abgelenkt war.

„Keine Ahnung, wie die Note aussehen wird, Hauptsache, es ist endlich erledigt", berichtete ich und schwenkte das Glas Wasser.

Als ich aufblickte, lächelte er mich nach einer kurzen Pause endlich wieder an, als hätten sich gerade die Räder in seinem Kopf gedreht.

„Weißt du was, Lou? Wir sollten das feiern, und da fällt mir eine gute Gelegenheit ein, wie. Heute schmeißt Luca eine Party bei sich. Komm mit mir", forderte er auf und kam um die Theke herum zu mir. Er stellte sich vor mich, ich sah zu ihm auf und ließ mich vom Stuhl ziehen. Ich schluckte schwer, weil er nur wenige Zentimeter von mir entfernt stand.

„Oh Gott, was ist bloß los mit mir?", fragte ich mich und versuchte, mich darauf zu konzentrieren, dass mein Körper aufhören sollte, ihm näher kommen zu wollen. Immer wieder fragte ich mich, ob es normal war, wie ich mich bei ihm fühlte. Wahrscheinlich war das einfach mein Körper, der bei Typen eben so reagierte. Er löste immer wieder irgendein Gefühl in mir aus, das ich absolut nicht zuordnen konnte.

„Komm mit", bettelte er mich an und nahm meine Hände in seine.

„Ich habe doch noch gar nichts gesagt", sagte ich und lächelte.

„Ja, aber dein Gesicht hat mir die Antwort schon mitgeteilt. Ich finde, du-", begann Alec, aber ich unterbrach ihn und sagte einfach: „Ich komme mit", was ihn ziemlich freute. Ich holte mein Handy aus meiner Hosentasche und schrieb Ivana:

Ich: Ivi, SOS! Ich weiß nicht, was ich anziehen soll. Ich gehe mit Alec auf eine Party bei Luca. Du weißt, ich war noch nie auf einer. Melde dich schnell. Ich brauche deine Antwort vor 20 Uhr.

Ivana: Ich habe verstanden. Wir treffen uns in 30 Minuten bei dir, ich bringe etwas mit.

Ich lächelte und freute mich wirklich darauf, endlich auf eine richtige Party zu gehen. Es war zwar traurig, dass ich so etwas noch nie zuvor erlebt hatte, aber umso mehr freute ich mich darauf, einfach Spaß zu haben und mich unter Leute zu mischen, die ich noch nie gesehen hatte.

***

„So, das hier wird dein Outfit für heute Abend sein, alles von den Schuhen bis zur Handtasche. Auf jeden Fall musst du das Kleid tragen", sagte Ivana und drückte mir ein hellblaues Kleid in die Hand. Ich dachte nur „Wow", als ich es sah, es war wunderschön, aber auch absolut untypisch für mich.

„Nein, das kann ich nicht tragen", lehnte ich ab und wandte mich ab. Ich wünschte, ich könnte einfach das tragen, was mir gefällt. Vielleicht würde ich in 10 Jahren genug Selbstvertrauen haben, um das zu tun. Bisher habe ich mich nur in meinen Klamotten versteckt. Meine Zeit, mutig genug zu sein, würde irgendwann kommen.

„Ich kann nicht. Ich kann so etwas nicht tragen", gestand ich beschämt.

„Lou, Schätzchen, du kannst alles tragen. Wann erkennst du endlich, was für einen schönen Körper du hast, den du nicht verstecken solltest? Weißt du was, es gibt zwei Optionen. Entweder du ziehst irgendein langweiliges Outfit aus deinem Kleiderschrank an, das nicht mal deinen geilen Arsch zeigt, oder du ziehst jetzt dieses hübsche Kleid an und sagst mir danach, wie du dich fühlst", ließ sich Ivi nicht abwimmeln und gestikulierte wild mit den Armen.

„Okay", gab ich klein bei und griff nach dem Kleid. Als ich die Badezimmertür schloss, betrachtete ich das Kleid genauer. Die kleinen blauen Glitzerträger verliehen dem Kleid einen coolen Party-Touch. Vorne hatte es einen schönen V-Ausschnitt, der sich perfekt an meine Brüste anschmiegte. Als ich das Kleid anzog, konnte ich nicht aufhören, mich im Spiegel anzusehen und mich ein paar Mal zu drehen. Noch nie hatte ich mich so gesehen. Nie. Mir gefiel es, sogar sehr. Ich hätte nie gedacht, dass ich es wirklich tragen könnte. Aber ich wusste nicht, ob ich es auch schaffen würde, das Kleid in der Öffentlichkeit zu tragen.

„Komm endlich raus!", rief Ivi aufgeregt und hämmerte an die Tür.

Langsam drehte ich das Türschloss auf und öffnete die Tür. Ivana sagte nichts und betrachtete mich von oben bis unten.

„Guck nicht so", sagte ich nervös, weil sie nichts sagte.

„Du siehst wahnsinnig toll aus", sagte Ivana und stellte sich hinter mich, um mich rundum anzusehen.

„Positiv gemeint?", fragte ich zögerlich, weil ich langsam ziemlich unsicher wurde.

„Ja! Lou, sag mir nie wieder, dass du denkst, du seiest hässlich."

Ich lächelte nur und tankte das Selbstvertrauen, das ich gerade verspürte, wie eine Energiequelle. Das wollte ich gerne immer wieder hören, weil es sich so gut anfühlte, wie ein Rausch. Es klingelte an meiner Tür, das war das Stichwort zum Aufbrechen. Als ich die Tür öffnete, stand Alec mit den Händen in der Hosentasche seiner einfachen schwarzen Jeans, die ihm gut standen, vor mir. Dazu trug er ein weißes T-Shirt und eine schwarze Jeansjacke.

„Das perfekte Outfit", dachte ich.

„Du siehst… wow", sagte Alec und hörte sofort auf, mich zu beobachten. Als Ivi die Treppe hinunterkam, flüsterte sie mir ins Ohr: „Mund zu, Schätzchen, du sabberst ja gleich." Damit ließ sie uns allein und ging zur Tür hinaus.

Ich lächelte verlegen wegen ihrer Worte, aber mir war bewusst, dass sie mich wieder verarschte.

„Los, gehen wir", sagte ich gut gelaunt, sprang ins Auto und fuhr zu Luca. Während der Fahrt war ich sehr nervös, aber Alec fuhr entspannt durch die Straßen.

„Es werden nur ein paar Leute da sein, entspann dich", sagte er und lächelte, während er konzentriert auf die Straße schaute.

„Merkt man das so?", fragte ich und sah Alec an. Er lachte.

„Naja, du schaust in deine leicht zittrigen Hände und du zappelst", zählte er auf und lächelte. Gott, er hatte ein schönes Lächeln. In Gedanken sah ich schon, wie ich meine Hand nach ihm ausstreckte und seine Lippen berührte.

„Ich war noch nie auf einer Party", gab ich zu und beobachtete Alecs Gesicht. Er konnte es nicht sehen, wie ich nicht aufhören konnte, ihn anzustarren, während er seine Augen auf den Verkehr hatte und dem Navi folgte. Wir hielten an einer Ampel, und Alec erwischte mich. Mein Herzschlag wurde lauter, und ich wandte schnell den Blick von ihm ab. Ich sah im Augenwinkel, wie er mich ansah, während ich so tat, als hätte ich ihn nicht die ganze Autofahrt angestarrt. Die Ampel wurde grün, und seine Augen wanderten wieder zur Straße.

„Oh Gott", dachte ich, denn erst jetzt fiel mir mein Verhalten auf. Mir fiel auf, dass ich gerade Alec angestarrt hatte und dass ich seine Lippen beobachtete. Dabei hatte ich ständig unseren Kuss vor Augen. Wir parkten vor einem ungewöhnlichen Haus. So eins hatte ich noch nie gesehen. Es war eckig mit schwarzem Holz, runden großen Fenstern und einer großen Tür - einer wirklich großen Tür, die etwa drei Meter hoch war.

„Wow", kam es aus meinem Mund.

„Lucas Vater ist Architekt und entwirft außergewöhnliche Häuser und liebt, wie man sieht, große Türen", erklärte mir Alec, während wir aus dem Auto stiegen. Sobald ich die Autotür einen kleinen Spalt öffnete, hörte ich die Musik aus dem Haus. Alec schloss das Auto ab und kam zu mir.

„Gehen wir", sagte er mir und forderte mich auf, mich bei ihm einzuhaken, was ich automatisch tat, ohne großartig darüber nachzudenken. Wir standen an der Riesentür und klingelten. Die Klingel war kein normaler Klingelknopf, sondern auf einem kleinen Bildschirm an der Wand befestigt, und darunter war ein Kartenlesegerät.

„Die haben keine Schlüssel für die Tür, sondern Karten", sagte mir Alec, als er mein verwirrtes Gesicht sah. Nun fiel mir auch auf, dass die Tür weder Klinke noch ein Schlüsselloch besaß.

„Krass", sagte ich leise, und dann ging die Tür auch schon auf. Luca öffnete die Tür, und als er uns sah, strahlte er noch mehr.

„Hey Leute! Kommt rein, kommt rein", rief Luca laut, damit wir ihn hören konnten, denn die Musik im Hintergrund war sehr laut.

„Hey Louisa, du siehst ja hübsch aus. Die Version kenne ich gar nicht von dir, aber sie gefällt mir", sagte Luca ironisch und zwinkerte stark.

„Charmant wie immer", sagte ich, während Alec ihm einen Klaps auf den Hinterkopf gab, und Luca grinste über beide Ohren. Unglaublich, wenn man bedachte, dass er eine feste Freundin hatte und auch anständig sein konnte. Gemeinsam folgten wir Luca zur Bar. Unglaublich viele Leute waren hier, was mich ein wenig überforderte. Alec schien das zu spüren und nahm meine Hand. Er führte mich durch die Menge zu Luca, der hinter dem Bartisch stand und sich etwas mixte.

„Wo ist Eva?", fragte Alec und lehnte sich an die Wand.

„Sie kommt demnächst", erklärte Luca, während er den Limettensaft in zwei Gläser verteilte und ein Getränk namens „Cachaca", ein wenig Rohrzucker und etwas anderes dazumischte.

„Bitte", sagte er und ließ uns allein, bevor er sich in die tanzende Menge stürzte. Alec lehnte sich an mein Ohr, um sich verständlich zu machen, da die Musik ohrenbetäubend laut war.

„Du musst das nicht trinken", flüsterte er.

„Aber ich will", entgegnete ich und nahm einen großen Schluck. Der Alkohol floss durch meinen Körper, und ich spürte, wie die Stimmung stieg.

„Lass uns tanzen", schlug Alec vor und trank den Rest seines Getränks, während ich gerade mal bei der Hälfte war.

„Ich weiß nicht. Ich habe noch nie in der Öffentlichkeit getanzt", gestand ich schüchtern und beobachtete die anderen Tänzer.

„Umso besser, dann wird es Zeit, dass du es mal tust. Probiere es aus und vergiss die Leute um dich herum. Konzentriere dich nur auf mich", erklärte er, und ehe ich mich versah, standen wir mitten in der tanzenden Menge und bewegten uns zur Musik. Ich ließ Alec nicht aus den Augen, und er mich nicht, während uns die Menschenmenge dicht umschloss. So verbrachten wir Stunden, machten Pausen und tanzten weiter. Es machte so viel Spaß, dieses Gefühl hatte ich lange nicht mehr. Irgendwann hörten wir auf, weil wir nicht mehr konnten.

„Sag mir bitte nicht, dass du nicht tanzen kannst, hast du dich mal angesehen?", rief er in mein Ohr, und ich lächelte. Meine Wangen waren leicht gerötet vom Tanzen und dem Alkohol. Ich hatte nur ein wenig Alkohol getrunken, und Alec hatte gleich nach dem ersten Glas aufgehört, damit er noch Auto fahren konnte.

„Ja. Ja, es hat Spaß gemacht. Ist das, was du hören wolltest? Dass ich es großartig fand und dankbar bin, dass du mich überredet hast?", sagte ich und lachte.

„Ja, genau das wollte ich hören", sagte Alec und grinste. Mein Lächeln war unvermeidlich, und ich grinste wie blöd umher.

„Hey Alec!", rief ein Kerl zu Alec und kam auf uns zu. Ein Typ mit feuerroten Haaren und Locken stand vor uns, begleitet von einem blonden Typen.

„Hey, was geht?", erwiderte Alec und klatschte mit beiden ab.

„Louisa, das sind zwei alte Freunde aus meiner Schulzeit", stellte Alec sie mir vor.

„Hey, ich bin Jordan, und das ist Kyle", sagte Jordan und zeigte auf seinen Freund, der die Hand hob.

„Hey", sagte ich und ließ mich unerwartet auf die Umarmung von Jordan und Kyle ein.

„Schön, die Freundin von Alec kennenzulernen", sagte Jordan. Ich wollte gerade klarstellen, dass ich nicht Alecs feste Freundin war, als Jordan fortfuhr: „Gut gemacht." Bevor wir reagieren konnten, waren die beiden schon wieder verschwunden.

„Ich muss mal auf die Toilette", sagte ich zu Alec und machte mich auf den Weg. Unten war die Toilette besetzt, also ging ich die Steintreppe nach oben. Von hier oben aus konnte man ins Wohnzimmer sehen, wo alle tanzten. Als ich die Toilette gefunden hatte, konnte ich mich endlich erleichtern. Ich hatte nicht viel Alkohol getrunken, aber ich spürte ihn ein wenig. Es drehte sich alles ein bisschen, aber nur leicht. Als ich aus der Toilette kam, traf ich Luca im Flur.

„Oh Louisa, sag mir nicht, du bist so blind", sagte Luca einfach.

„Was meinst du?", fragte ich Luca und blieb stehen.

„Empfindest du mehr für Alec?", fragte Luca direkt. Mein Herzschlag klopfte laut.

„Ich habe gesehen, wie du mit ihm getanzt hast. Das war doch kein „freundschaftlicher" Tanz", kommentierte er. Es stimmte, wir hatten recht eng getanzt, aber wir waren nur Freunde.

„Oder nicht?", fragte ich mich selbst im Kopf. Luca verunsicherte mich, dass ich nicht wusste, wie ich darauf antworten sollte.

„Das du nichts sagst, ist schon eine Antwort. Aber vielleicht irre ich mich auch", fuhr Luca fort. Komplett überfordert sagte ich: „Ich weiß nicht."

***

Das Gespräch im Auto verfolgte mich noch, als wir wieder losfuhren. Fragen wirbelten in meinem Kopf: „Empfinde ich etwas für Alec? Ist er nur ein Freund für mich? Was, wenn Luca recht hat? Was würde zwischen mir und Alec passieren?" Gedankenverloren starrte ich aus dem Autofenster, während die Straßenlichter schnell an uns vorbeizogen und die Sterne wunderbar zu sehen waren.

Als wir aus dem Auto stiegen und zur Haustür gehen wollten, bemerkte ich beim ersten Schritt, dass ich mich vielleicht doch geirrt hatte und etwas mehr getrunken hatte.

„Hey Lou, hast du etwa doch zu viel getrunken?", fragte Alec und bot mir seine Unterstützung an.

„Ich glaube schon", gab ich zu und kicherte.

„Okay, ich komme mit dir", sagte Alec, führte mich zur Tür und holte meinen Schlüssel aus meiner Tasche. Leise schlichen wir ins Haus.

„Warum sind wir leise?", fragte ich Alec, der meine Schuhe auszog, während ich auf der Treppe saß und ihn beobachtete.

„Weil es sehr spät ist, Lou", sagte Alec und lächelte.

„Ich glaube, er lacht mich aus", stellte ich fest.

„Aber hier ist niemand!", rief ich laut durchs Haus und lachte.

„Okay, umso besser, denn ich bin sicher, du hättest deinen Vater bereits geweckt", erwiderte er und schleppte mich die Treppe hoch. In meinem Zimmer angekommen, ließ ich mich in mein Bett fallen, das sich gerade so gut anfühlte, weich und warm. Ich hätte sofort einschlafen können.

„Louisa?" Ich öffnete die Augen und sah zu Alec hoch.

„Kommst du nicht zu mir ins Bett?", fragte ich mit einem Schmollmund.

„Ich will nicht allein sein", fügte ich hinzu. Alecs Gesichtsausdruck änderte sich von einem Pokerface zu einem weichen Ausdruck.

„Okay", sagte er geschlagen. Es funktionierte immer wieder, denn sobald ich meinen Schmollmund einsetzte, schaffte ich es, ihn weich zu kochen.

„Kannst du mir helfen?", fragte ich und versuchte, mein Kleid auszuziehen.

„Warte", sagte er. Er ging an meinen Schrank, holte mir eine Jogginghose und ein T-Shirt. Vorsichtig legte er alles auf das Bett und kam wieder zu mir. Seine Finger berührten meine Haut, und eine Gänsehaut überkam mich. Ich konnte spüren, dass er die Reaktion meiner Haut bemerkte, da er mit den Fingern auf meiner Haut blieb und sie sanft berührte. Plötzlich schien ihm etwas einfallen, denn er zog plötzlich zügig am Reißverschluss und drehte sich weg. Ich zog das Kleid aus und die Sachen an, die Alec hingelegt hatte, während ich ihn beobachtete.

„Fertig?", fragte er und wartete auf meine Antwort.

„Ja", sagte ich und ließ mich ins Bett fallen. Mein Kopf drehte sich, und mir war so heiß. Wirklich heiß.

Ich war schon fast eingeschlafen, als ich Alec neben mir spürte. Seine Wärme beruhigte mich, und ich schlief ein. Vielleicht lag es aber doch am Alkohol in meinem Körper, der mich so schnell einschlafen ließ.

19. Kapitel

„Gott, ich empfinde mehr für Alec", stellte ich in Gedanken fest, während ich den starken Wind betrachtete, der die Bäume unruhig hin und her bewegte und die Blätter wirbelte. Es war jetzt eine Woche her, seit Luca mir gesagt hatte, dass er sehen konnte, dass ich mehr für Alec empfand. Ich selbst wusste nicht genau, was zwischen uns inzwischen los war, besonders seitdem sich etwas seit dem Kuss geändert hatte. Ich dachte an Alec, dachte an seine Lippen und das Gefühl in meiner Brust.

„Ich hatte ein Gefühl in meiner Brust", wiederholte ich in meinem Kopf und lehnte mich an die Fensterscheibe. Hin- und hergerissen zwischen dem, was ich glaubte und fühlte, wurde ich durch das Vibrieren meines Handys aufgeschreckt.

Alec: Was machst du da?
Ich: Was?
Alec: Guck mal raus.

Meine Augen weiteten sich, als ich hinausschaute und Alec am Tor stehen sah, wie er beobachtete, wie ich meine Stirn gegen die Fensterscheibe legte. Ich winkte fröhlich, als ich ihn bemerkte. Doch ein seltsames Gefühl machte sich in mir breit. Ich war mir nicht sicher, ob ich Alec in diesem Moment bei mir haben wollte, da seine Anwesenheit mich so sehr irritierte. Ich ging die Treppe hinunter und wollte ihm die Tür öffnen, aber Alec stand bereits im Flur.

„Hey!" Ich ließ mich in seine Arme fallen.

„Bruna hat mir aufgemacht", erklärte er, während ich in seinem Arm lag. Unsere Haut berührte sich, und ich spürte seinen Atem in meinem Nacken, als er seinen Kopf auf meine Schulter legte. Ich löste mich schnell wieder. In meinem Kopf fragte ich mich die ganze Zeit: „Was fühlst du? Was ist das?", wieder und wieder.

„Lou", sagte Alec und schnippte vor meinen Augen.

„Schon wieder", dachte ich und merkte, wie ich nur noch am Denken war und nicht einmal mehr mitbekam, was um mich herum passierte.

„Wir wollten uns treffen, schon vergessen?", erinnerte er mich, und ich sah auf mein Handy, das mich bereits daran erinnert hatte, dass Alec vorbeikommen würde.

„Jaaa. Denkst du, ich hätte das vergessen?", sagte ich und wusste, dass er mir das nicht abkaufen würde. Ich hatte ihn wahrscheinlich schon bei meiner ironischen Antwort verloren.

„Ja, denke ich." Alec zog eine Augenbraue hoch und sah mich an. Es war bereits dunkel draußen, was die kalte Jahreszeit eben ausmachte. Man fühlte sich, als wäre es bereits nach 20:00 Uhr, obwohl es eigentlich noch recht früh war. Alec zog seine Schuhe und die Jacke aus.

„Hey, ist dir nicht kalt?", fragte er und fasste meinen Arm an. Seine Berührung hinterließ ein Kribbeln auf meiner Haut. Ich hätte nicht gedacht, dass ich noch stärker auf seine Berührungen reagieren könnte, vor allem da ich jetzt endlich erkannt hatte, dass ich mehr für ihn empfand als Freundschaft.

„Nein", antwortete ich schnell und zog ihn an der Hand in die Küche.

Es war bereits Abend, die perfekte Zeit, um nichts zu tun und vor dem Fernseher zu sitzen. Während die Sterne nach und nach auftauchten, poppte das Popcorn in der Pfanne. Als alle Körner des Popcorns aufgegangen waren, gab ich Zucker dazu und schaute zu, wie er schmolz und karamellisierte. Dann verrührte ich alles und hatte leckeres, warmes karamellisiertes Popcorn.

„Was wollen wir gucken?", fragte ich und füllte das Popcorn in eine Schale. Wir hüpften auf das Sofa und schalteten den Fernseher ein. Alec legte sich quer auf das Sofa, sodass er seine Beine ausstrecken konnte. Ich legte mich zu ihm zwischen seine Beine, sodass ich mich an seinen Oberkörper anlehnen konnte, während ich das Popcorn in meinen Händen hielt und die Decke über unseren Beinen lag. Ein warmes und schönes Gefühl durchströmte meinen Körper, als ich meinen Kopf an seine Brust sank. Während ich mir das Popcorn in den Mund stopfte, suchte Alec nach einem Film.

„Ich will eine Romanze sehen", bettelte ich.

„Du und dein kitschiger Filmgeschmack", meckerte er und lächelte.

„So bin ich eben, ich brauche meine Liebe", sagte ich und sah zu ihm hoch. Wir entschieden uns für einen klassischen kitschigen Liebesfilm, was mal wieder nur geschah, weil ich meinen Schmollmund einsetzte. Ich liebte solche Filme, bei denen ich wusste, dass das Ende emotional und voller Liebe sein würde. Ich brauchte immer mein Happy End, denn diese Liebesfilme waren mein Leben. Ja, im Großen und Ganzen sind die Filme alle gleich aufgebaut, aber ich mag sie trotzdem. Es ist anfangs alles noch gut, dann findet die Hauptperson heraus, dass sich etwas verändert hat und kommt damit nicht zurecht, bis sie am Ende erkennt, dass sie nie etwas anderes wollte als Liebe. Die Liebe ihres besten Freunds.

Und wenn ich alle Liebesfilme durchhatte, suchte ich mir Bücher, die mir ein neues Liebesabenteuer boten. Alec wusste selbstverständlich, wie ich zu meinen Liebesfilmen stand, doch er selbst guckte nie welche. Er nannte sie bescheuert und unreal. Ich würde ihn noch vom Gegenteil überzeugen müssen. Alec schaute aufmerksam den Film, während ich kaum zuhörte. Denn zum ersten Mal überhaupt fiel mir die Parallele zwischen mir und den Filmen auf. Ich war verliebt in meinen besten Freund und lief vor der Erkenntnis davon. Ich wollte nie von ihm davonlaufen, aber die Angst, ihn dadurch zu verlieren, ließ mich weiter von der Erkenntnis wegrennen.

„Ich bin verknallt in Alec. Aber fühlt er überhaupt das Gleiche?", warf ich die Fragen in meinem Kopf umher.

Ich versuchte sehr mich davon abhalten, etwas zu tun, wonach sich jedoch mein Herz so sehr sehnt.

„Lou, du passt ja gar nicht auf", erwischte er mich. Ich sah zu ihm hoch, noch immer mit dem Kopf an seiner Brust.

„Woran denkst du?", fragte er mich und strich mit Zeigefinger meine Haarsträhnen aus dem Gesicht.

„An uns", flüsterte ich ihm ehrlich zu.

„Uns?", wiederholte er leise und sah mir so tief in die Augen.

„Sag mir Alec, was sind wir?", fragte ich, der Film lief immer weiter, doch die Aufmerksamkeit war nur zwischen uns.

„Ich weiß es nicht", sagte er so leise, dass ich es kaum verstand, während er mit seinem Gesicht immer näher an meins rankam. Automatisch kam ich ihn entgegen. Seine weichen Lippen berührten sanft meine. Ich spürte, wie wir gleichzeitig einen Impuls im Körper verspürten und wir uns küssten. Mein Herz schlug wild, obwohl ich gleichzeitig das Gefühl von Ruhe hatte. Ich schloss meine Augen und ging mit ihm mit. Es fühlte sich so passend an. Der Film war schon lange nebensächlich. Diesen Mal wollte ich nicht wegrennen. Ich begann alles zuzulassen, ohne darüber nachzudenken.

„Gott es fühlt sich so richtig an", seufzte Alec in meinen Mund.

„Ja", sagte ich zurück und keuchte vor Lust. In meinem Bauch spürte ich ein Ziehen. Seine kräftigen Arme packten meine Hüfte und zogen sie näher an sich. Mit seinen Händen an meinem Körper und seinen Lippen auf meinen. Gott ich könnte schreien. Und plötzlich kam mir das seltsame Gefühl in den Sinn, dass ich nichts lieber wollte als… ihn. Ich wollte, dass der Moment nie endete. Nie. Ich wollte nicht das wir enden. Unsere Lippen lösten sich kaum voneinander und ich hörte, wie er stöhnte. Der Kuss war so… ich…und plötzlich konnte ich nicht mehr denken.

„Konnte es sein, dass er genauso fühlte, wie ich empfand?", dachte ich. Auf einmal hörte ich wie Musik ertönte, wir beide blickten gleichzeitig zum Fernseher, der den Abspann zeigte, weshalb wir beide gleichzeitig begannen zu lachen. Ich lehnte mich wieder an ihn und konnte nicht aufhören zu grinsen, sowie er. Und noch immer ließ er mich nicht los, sondern hielt mich nur fester in den Armen.

20. Kapitel

„Habe ich etwas verpasst?", fragte mich mein Vater, als wir am Samstagmorgen am Frühstückstisch saßen und Waffeln aßen. Ich liebte Waffeln am Morgen, doch leider gab es sie bei uns selten. Mein Vater versuchte wahrscheinlich, etwas wieder gut zu machen, da er oft weg war und vieles verpasst hatte. Vielleicht übertreibe ich ein wenig, aber wenn ich ihn fragen würde, welche Freunde ich habe, wäre er überfragt.

„Nein, alles super", log ich ihn an, während die Erinnerung an gestern Abend in meinem Kopf hochkam und mich zum Schmunzeln brachte. Ich würde nicht noch einmal den Fehler machen, Alec von mir wegzustoßen, denn ich konnte einfach nicht mehr ohne ihn sein. Ohne seine Berührungen, seine Lippen, sein wunderschönes Lächeln, seine tiefen, dunklen Augen und einfach alles.

„Gott, ich will ihn so sehr", sagte ich mir.

„Wieso lächelst du so?", fragte mich mein Vater und runzelte die Stirn. Ich sah ihn an und antwortete: „Nichts Besonderes, ich bin einfach gut gelaunt heute." Als ich es aussprach, fühlte ich mich ertappt. Es war wahrscheinlich das Beste, meinem Vater nichts von Alec zu erzählen, denn er war immer ein wenig komisch, wenn ich über Jungs sprach. Er war... überfordert? Keine Ahnung, aber was ich wusste, war, dass er nicht wollte, dass ich mich mit Jungs treffe. Für ihn war ich immer noch ein Kind, obwohl ich 18 geworden war und er wissen sollte, dass ich erwachsen war. Er schob jedenfalls immer einen Riegel vor, wenn es um das Thema „Jungs" ging, oder tat so, als hätte er plötzlich einen wichtigen Anruf. Komm schon, ich war nicht dämlich genug, um zu glauben, dass jedes Mal, wenn wir über das Thema sprachen, ein Anruf auf ihn wartete.

„Ich treffe mich heute mit Ivana und übernachte bei ihr", sagte ich und nahm den letzten Bissen Waffel in den Mund, bevor ich aufstand, um mich fertig zu machen.

„Halt!", rief mein Vater mir noch hinterher. Ich drehte mich ruckartig um und blieb stehen.

„Ja?", fragte ich und ging zurück zum Tisch.

„Louisa, denk daran, dass nächste Woche die letzte Schulwoche vor deinem Abschluss ist. Das bedeutet, dass du wieder in die Schule musst. Ich weiß, du hast mir bereits deutlich gemacht, dass du dort nicht mehr hingehen willst, aber ich finde, dass du es tun solltest. Es ist deine letzte Woche", sagte mein Vater und stand dann auf, um ins Büro zu gehen.

„Scheiße", flüsterte ich leise. Das hatte mir noch gefehlt.

***

Ich konnte es kaum erwarten, Ivi von gestern Abend zu erzählen. Ich konnte nicht aufhören, an Alec zu denken.

„Aber was ist, wenn er nicht dasselbe fühlt?", fragte ich mich und zog mich aus, um dann unter das heiße Wasser der Dusche zu treten. Meine Haut reagierte sofort mit einer Gänsehaut auf das Wasser, während ich mich zunächst nicht bewegen konnte. Es war wie ein kurzer Schock, ein gutes Gefühl, bis ich mich an die

Temperatur gewöhnte und mich entspannte. Zumindest wusste ich jetzt, dass wir nicht nur beste Freunde waren, sondern mehr, aus meiner Sicht.

„Gott! Ich würde zu gerne in den Kopf von Alec schauen", dachte ich und lehnte meinen Kopf gegen die Wand, während das Wasser über meinen Körper floss.

Ich massierte das Shampoo in meine Haare und sah im Spiegel gegenüber meiner Dusche zu, wie das Wasser langsam die Seife ausspülte und daraufhin meine Haare glatt, weich und nass auf meinen Rücken legte. Ich beobachtete gerne, wie das Wasser das Shampoo aus meinen Haaren spülte und mir ein paar Wassertropfen über das Gesicht liefen. Duschen war einfach so entspannend, Baden hingegen war eher nichts für mich. In der Badewanne fühlte ich mich immer, als wäre ich in einem Babyschwimmbecken gefangen, in dem ich mich nicht bewegen konnte und nur so herumlag.

***

„Wie jetzt? Nochmal von vorn bitte", sagte Ivana mit schockiertem Blick.

„Wir haben uns geküsst. Nicht nur einmal kurz, sondern richtig!", erzählte ich, und ein riesiges Grinsen machte sich auf meinen Lippen breit. Schnell verdeckte ich mein Lächeln mit meiner Hand, da ich mir bescheuert vorkam.

„Lou, das ist fantastisch!", sagte sie zu mir und quietschte noch mehr, als sie es sonst tat.

„Wir sahen einen Film, und dann sahen wir uns an. Ohne dass einer von uns den ersten Schritt machte, kam es zu diesem Kuss.

Ivi… ich bin verknallt. Gott, Ivi! Ist es schlecht, sich in seinen besten Freund zu verlieben?" Panik machte sich in mir breit. Ich wurde nervös und stand von Ivanas Bett auf.

„Das ist das Beste, was dir passieren konnte. Weißt du, Lou, es ist eines der schönsten Dinge überhaupt, wenn man sich in seinen besten Freund verliebt. Der Partner sollte immer gleichzeitig der beste Freund und Liebhaber sein. Alec kennt dich wie kein anderer Typ. Das ist definitiv ein Vorteil", sagte sie und beobachtete mich, wie ich nervös umherlief, bis ich stehenblieb.

„Ja?", kam es nur aus meinem Mund.

„Ja!", gab sie bestätigend zurück und lächelte. So hatte ich es bisher noch nicht betrachtet. Ich hatte so Angst, dass ich Alec von mir stieß und das Gegenteil bewirkte von dem, was ich wollte. Dabei war ich am Ende die Person, die den anderen wegstieß.

„Glaubst du, Alec empfindet dasselbe wie ich für ihn? Ich meine, er hat mich auch geküsst, aber was bedeutet das schon?", fragte ich und lehnte mich an die Wand, während ich aus dem Fenster sah und beobachtete, wie die Sonne unterging, obwohl es noch so früh war.

„Komische Jahreszeit", dachte ich kurz und zog die Augenbrauen zusammen.

„Ich denke, das musst du selbst herausfinden", sagte Ivana. Ich stöhnte daraufhin genervt. Wieso war es bloß so schwer, das zu merken?

„Sag mir auf jeden Fall Bescheid, wann ihr den nächsten Schritt geht, wenn es einen geben wird. Halte mich einfach auf dem Laufenden", forderte sie mich auf.

„Du bist die Erste, die alles erfahren wird. Wolltest du das hören?", fragte ich und grinste.

„Das wollte ich hören", antwortete Ivana und stand auf, um zu ihrem Schrank zu gehen. Sie suchte nach einem Kleidungsstück. Ich runzelte die Stirn und sah zu, wie sie leise vor sich hin murmelte und etwas suchte.

„Was machst du denn da?"

„Perfekt", rief sie plötzlich und holte ein Oberteil heraus. Es war ein schwarzer Pullover mit großem V-Ausschnitt.

„Zieh den einfach an, wenn ihr euch das nächste Mal seht. Finde heraus, was er will", sagte Ivana und warf mir den Pullover zu. Ich fing ihn auf, und alles, was in meinen Kopf kam, war ein Fragezeichen.

„Wie soll ich das mit einem Pullover herausfinden?", fragte ich und warf Ivana den Pullover zurück.

„Zieh den mal an. Na los!", forderte sie mich auf. Ich tat, was sie sagte, und zog den Pullover an.

„Heiß", kam es aus ihrem Mund. Der Pullover passte mir perfekt, er war schön enganliegend, und der Ausschnitt war nicht so tief, wie ich dachte.

„Er lässt deine Brüste perfekt aussehen", sagte sie und lief einmal um mich herum. Das Erste, was ich tat, war meinen Ausschnitt zu verstecken. Ich hatte nicht besonders große Brüste, aber auch keine kleinen. Sie waren gut, so wie sie waren. Vor kurzem noch sah ich das anders. Ich betrachtete mich im Spiegel an ihrer Tür und stellte fest, dass der Pullover tatsächlich meinen Brüsten schmeichelte, weil er sich so anschmiegte.

„Wieso versteckst du dich so, Lou?", fragte mich Ivana. Ich sah zu Boden und erinnerte mich an die Worte meiner Klassenkameraden. Ich sei zu dünn, nicht kurvig genug, aber verdammt nochmal, wer sagt mir, wie ich sein soll.

„Ivi, bitte", bettelte ich. Ich wollte nicht darüber sprechen. Meine Brüste waren nicht perfekt, mein Haar war nicht dick genug, ich war früher zu dünn, meine Hände waren nicht so zierlich wie normale Frauenhände, sondern ein wenig größer, mein Gesicht war nicht bedeckt von Make-up, mein Hintern war nicht so groß wie der von Kim Kardashian, …

„Lou, halt deinen Mund. Dein Körper ist nicht mehr wie früher, du wächst und entwickelst dich. Siehst du nicht, wie du aussiehst? Ich weiß, durch deine Erfahrungen in der Schule zweifelst du noch stark an dir, aber lass mich dir eins sagen, meine Freundin, Louisa, ist schön, so wie sie ist", sagte sie aufgebracht und schüttelte mich leicht. Das war der Punkt, an dem ich anfing zu weinen. Mich berührten diese Worte sehr, denn es war so schön, das zu hören. Es war wie eine Bestätigung. Ich machte mir immer so viele Gedanken, und niemand hatte mich je versucht, vom Gegenteil meiner Sichtweise zu überzeugen. Man denkt immer, harte und gemeine Worte anderer treffen einen nicht so sehr, doch sie taten es. Ich war früher nicht so naiv und hatte nicht derart auf das gehört, was andere zu mir sagten, doch mit der Veränderung meines Körpers, die ja normal war, fühlte ich mich ungewohnt und unsicher. Ich begann zu glauben, was andere über mich sagten. Jetzt aber, seitdem ich Ivi und Alec an meiner Seite hatte, hatte ich das Gefühl, dass meine Zweifel schwanden.

„Sag nicht, dass dich mein kleiner Vortrag zum Heulen gebracht hat", sagte Ivi, umarmte mich, während ich auf einmal zu lachen begann und gleichzeitig weinte.

„Man ja", sagte ich, während die Tränen aus meinen Augen strömten. Ivana hatte es voll geschafft, mich zum Weinen zu bringen und dann zum Lachen.

„Ach, Lou, du kleine emotionale Maus", sagte Ivana zu mir und nahm mich in den Arm.

„Ich kleine emotionale Maus? Was redest du da?", fragte ich und nahm ein Kissen vom Bett, um es ihr ins Gesicht zu werfen. Doch Ivana fing das Kissen reflexmäßig und warf es zurück.

„Verdammt", sagte ich und lachte mit Ivana.

„Gucken wir noch einen Film und lästern über die schlechten Schauspieler?", fragte sie, sprang auf und nahm meine Hand. Ivana suchte im Wohnzimmer nach einem schlecht aussehenden Filmcover. Das machten wir immer so. Wir suchten nach nicht ansprechenden Filmcovern mit schlechten Bewertungen, wie eine zwei-Sterne-Bewertung, und sahen dann den Film, um uns dabei über die Schauspieler und die Handlung lustig zu machen. Ich meine, manche Filme sind echt schlecht. Bei vielen Filmen braucht man nur den Trailer zu sehen, um den Film und seinen Ausgang zu kennen. Ivana und ich liebten es, schlechte Filme zu kommentieren oder generell zu kommentieren. Wir mussten eben immer unsere Meinung äußern. Anders als viele, die Filme sahen, ohne etwas zu sagen und immer absolute Ruhe brauchten. Ich hingegen konnte meinen Mund nicht halten, das behauptete mein Vater immer, wenn wir Filme schauten. Er brauchte nämlich seine Ruhe. Aber das war schon lange her, dass ich mit meinem Vater einen Film gesehen hatte. Und überhaupt, wenn wir uns einen Film ansahen, dann schaute mein Vater in der Regel nicht einmal auf den Bildschirm, sondern auf sein verdammtes, beschissenes

Handy. Manchmal wollte ich einfach sein Handy aus dem Fenster schmeißen und brüllen: „Sei doch mal bei mir!"

Ivana und ich waren ein gutes Team. Zusammen sahen wir einen vermeintlich „schlechten" Film, der dann doch gut war. Das hatte ich nicht erwartet, auch Ivana war voll drin und sagte kein Wort. Meine Augen verfolgten jede Bewegung, und meine Ohren die Gespräche. Der Film handelte von einem Mädchen, das früh an Krebs verstarb. Man sieht das kleine Mädchen als Geist. Sie muss nach ihrem Tod zusehen, wie ihre Familie an ihrem Schicksal zerbricht. Sie versuchte, zu ihrer Familie zu sprechen, obwohl sie niemand hören konnte. Sie versuchte immer wieder, ihre Familie zu vereinen. Das Ende des Films brach mir das Herz. Ich begann so sehr zu weinen, dass mich sogar Ivana kaum trösten konnte. Das kleine Mädchen schaffte es, ihre Familie wieder zusammen-zubringen, doch sie war immer noch tot und musste ihre Familie für immer verlassen, um ins Jenseits zu gelangen.

„Aber das Mädchen soll doch nicht allein sein?", jammerte ich und zeigte mit der Hand zum Fernseher, in dem gerade die Szene lief, als sie vom Geist zum Engel wurde und in den Himmel flog.

„Ich glaube, ihr geht es schon gut, da sie jetzt ihre Familie geret-tet hat", sagte Ivana und strich mir die Haare nach hinten.

„Verdammt, mit dem Ende hatte ich nicht gerechnet", dachte ich und wischte die letzte Träne aus meinem Gesicht.

***

Mit pochendem Herzen schloss ich die Tür und eilte zu Alecs Auto, das vor dem Haus geparkt war. Alec stand davor, gekleidet in ein weißes Hemd, eine Anzugjacke und schwarze Jeans. Plötzlich überkam mich eine Hitze, wie ich sie noch nie in seiner Nähe verspürt hatte, und mein Herz schlug so heftig, dass ich glaubte, es festhalten zu müssen. Obwohl ich dachte, es wäre völlig normal, wenn ich bei ihm war, machte mich alles nervös.

„Hey", sagte ich, ließ mich umarmen und auf die Wange küssen.

Alec lächelte breit und betrachtete mich langsam von oben bis unten, als ob es ihm egal wäre, dass ich bemerkte, wie er mich ansah.

„Bereit?", fragte er und sah mir in die Augen, während ich nur nickte. Ich spürte, wie meine Wangen zu glühen begannen.

Ich hatte keine Ahnung, wohin wir fuhren, da er mir auf keinen Fall verraten wollte, was er geplant hatte. Doch schon die Fahrt, wohin auch immer sie uns führte, war wunderschön, denn wir konnten den Sonnenuntergang beobachten und dabei zusehen, wie es immer dunkler wurde. Alec parkte schließlich in einem Parkhaus in der City of London, und wir stiegen aus, um uns in den Fahrstuhl zu begeben.

„Du siehst wunderschön aus", sagte er und nahm meine Hand in seine. Meine Augen wanderten von unseren Händen zu Alecs Augen, die mich beobachteten. Als der Fahrstuhl stoppte und sich die Türen öffneten, stockte mir der Atem. Wir traten heraus und wurden von einem Kellner zu unserem Tisch geführt.

Alec hatte mich in ein Restaurant auf dem Dach eines Hochhauses gebracht, von dem aus man ganz London überblicken konnte. Langsam setzte ich mich auf den Stuhl, überwältigt von der Aussicht. Der Kellner brachte uns sofort die Speisekarten, aber ich schaffte es einfach nicht, meinen Blick von der atemberaubenden Szenerie abzuwenden.

„Ich sehe, wie deine Augen funkeln", bemerkte Alec und sah nur mich an, anstatt die Aussicht zu betrachten.

„Das glaube ich, denn diese Aussicht ist unglaublich. Ich habe London noch nie so gesehen, und ich liebe es."

Mein erstes Date auf einem Hochhaus mitten in London mit dem Typen, in den ich verknallt war, und er wusste es noch nicht.

„Perfekt", murmelte ich, als ich mich umsah. Alec lächelte und blickte ebenfalls in die Ferne.

„Wie bist du auf die Idee gekommen?", fragte ich und lächelte ihn an.

„Ich sehe immer, wenn wir zusammen sind, wie du zum Himmel hochschaust und die Sterne betrachtest. Also dachte ich, ein Essen unter den Sternen wäre perfekt", erklärte er und grinste noch breiter als sonst.

„Das ist es. Perfekt!", wiederholte ich das Wort „perfekt".

Wir bestellten und aßen unter dem Sternenhimmel, konnten aber nicht aufhören, uns anzusehen. Alles fühlte sich an, als wären wir in einem kitschigen Film, aber ich konnte einfach nicht begreifen, was hier gerade geschah.

Als der Kellner kam und die Rechnung auf den Tisch legte, zückte Alec sofort sein Portemonnaie.

„Ich zahle nächstes Mal", sagte ich zu ihm, da ich es nicht für wichtig hielt, dass immer er bezahlen musste. Dieses Mal ließ ich ihn bezahlen, da er alles organisiert hatte, aber beim nächsten Mal würde ich das übernehmen.

Wir standen auf und verließen den Tisch, doch Alec führte mich nicht zum Fahrstuhl, sondern zu einem abgelegenen Bereich auf dem Dach, wo keine anderen Gäste waren. Dort stand eine große

Bank mit Kissen und Decken.

„Sag nicht, dass du das organisiert hast?", fragte ich überrascht, als ich Alec ansah. Meine Augen wurden größer, und ich begann ein wenig zu quietschen, was ich schnell unterdrückte, weil ich mich so bescheuert fühlte.

„Nein, das war schon hier, aber das ist kein öffentlicher Bereich, sondern ein Privatbereich des Restaurants", erklärte er und führte mich an der Hand zur Bank. Hier konnten wir uns zurücklehnen und direkt den Sternenhimmel betrachten, was wir auch sofort taten.

Dann sahen wir uns an. Es lag Stille zwischen uns, aber keine unangenehme Stille. Alec nahm meine Beine, legte sie auf seinen Schoß und rückte näher an mich heran. Gerade als ich das Gefühl hatte, er würde mich küssen, sagte ich: „Alec, was passiert mit uns?"

Er sah mich an und antwortete: „Das, was mit uns passieren sollte. Ich kann nicht mehr ohne dich, Lou. Verstehst du das? Ich kann nicht einfach nur dein bester Freund sein, wenn meine Lippen nur deine Lippen berühren wollen und meine Hände nur nach dir tasten wollen."

Ich lehnte mich zu ihm, hauchte ihm einen Kuss auf die Lippen und lächelte. Ich brauchte nichts zu sagen, und er reagierte genauso, wie ich es wollte. Daraufhin nahm er sich nicht mehr zurück, nahm mein Gesicht in die Hände und küsste mich ganz sanft. Wir küssten uns, und noch nie schlug mein Herz so heftig wie bei ihm. Es waren nicht nur wunderschöne Lippen, die meine berührten, sondern Alecs. Seine Hand packte meine Taille und zog mich näher zu ihm. Alle Gefühle, die ich für ihn empfand, brachen aus mir heraus, und ich wollte sie nicht aufhalten. Wir lösten uns wieder, und ich spürte, wie wir beide in Flammen standen.

„Das war definitiv der schönste Tag in meinem Leben", dachte ich und lächelte etwas schüchtern.

„Lass uns gehen", flüsterte er sanft und leise in mein Ohr.

„Ja", hauchte ich nur und strich noch einmal durch seine weichen, dunklen Haare. Auf dem Weg zum Fahrstuhl begann ich erst zu realisieren, dass ich von Anfang an Hals über Kopf in diesen Typen verknallt war, schon damals im Krankenhaus, als wir zusammen ungesundes Zeug aßen und lachten.

***

Die Straßenlichter flackerten im Auto, die Sterne funkelten noch immer, und leise Radiomusik spielte im Hintergrund. Wir fuhren durch die leeren Straßen und sahen uns immer wieder an. Ich betrachtete Alec genau, so wie ich es schon immer wollte. Jetzt konnte es mir endlich egal sein, wenn er es bemerkte. Als ich zu ihm sah, leckte er langsam über seine Lippen, was mich an unsere Küsse erinnerte. Das Ganze zwischen mir und Alec fühlte sich an wie ein Traum, der Realität geworden war, ein Traum, aus dem ich nie aufwachen wollte.

Und dann wachte ich auf, in den Armen von Alec, der mich die Treppe bei mir zuhause hochtrug. Ich war wohl im Auto eingeschlafen. Doch anstatt meine Augen zu öffnen, ließ ich mich tragen und genoss Alecs Fürsorge. Er war so vorsichtig, während ich mich schlafend stellte. Dann spürte ich mein Bett und wie ich ein wenig darin einsank. Vorsichtig öffnete ich ein wenig meine

Augen und sah, wie Alec meine Schuhe auszog und sie neben mein Bett stellte.

Ohne dass er es bemerkte, ließ ich zu, dass er mich ein wenig auszog. Am liebsten hätte ich dasselbe bei ihm getan, aber vielleicht war das nicht der richtige Moment. Ich schloss meine Augen, als ich merkte, dass er zu mir sah. Seine Hände lagen an meiner Hüfte und strichen unter meinen Pullover, über meine Haut. Gänsehaut überkam mich. Er wollte mir meine Hose und meinen Pullover ausziehen, doch dann hielt er inne und hauchte mir einen zarten Kuss auf die Stirn, als ich langsam meine Augen öffnete und unsere Blicke sich trafen.

Schlagartig formte sein Mund ein herzliches Lächeln, das mich ansteckte. Ich zog ihn näher an mich und küsste ihn. Vorsichtig beugte sich Alec zu mir, während ich unter ihm lag. Meine Wangen glühten wieder, wie bei unserem ersten Kuss. Plötzlich drehte er mich um, sodass ich auf ihm lag.

„Du bist wohl doch nicht so müde", sagte er zwischen unseren Küssen und setzte wieder an. Eine starke Lust und ein Verlangen breiteten sich in mir aus. Mein Hände zogen an seinem T-Shirt, das er sofort auszog und zu Boden warf. Jeder einzelne meiner Finger erkundete seinen Oberkörper.

Ich löste mich von ihm, warf meinen Pullover hinter mich und spürte sofort seine Hände überall.

„Alec", flüsterte ich leise und wiederholte es. Er sah von meinen Brüsten wieder zu mir hoch und hielt inne.

„Was ist?", fragte er, besorgt.

„Willst du das nicht? Soll ich aufhören?" Sein Blick war besorgter als zuvor.

„Natürlich will ich das, also dich. Ich wollte dich nur bitten, heute Nacht bei mir zu bleiben." Ich lächelte ihn an, streichelte seine Wange. Sofort schloss Alec mich wieder fest in seine Arme. „Lass uns schlafen gehen", flüsterte er ruhig und stand auf, um seine Hose auszuziehen. Ich tat dasselbe und stieg aus dem Bett. Gleichzeitig zogen wir uns bis auf die Unterwäsche aus, während wir uns nicht aus den Augen ließen. Er legte sich zuerst ins Bett und breitete seine Arme aus, damit ich mich zu ihm oder eher gesagt auf ihn legen konnte. Mein Kopf lag auf seiner Brust, während mein Ohr seinem Herzschlag folgte und mein Herz mit ihm zu schlagen begann. Meine Hände lagen auf seiner Brust, während seine an meiner Hüfte waren.

21. Kapitel

„**V**iel Glück! Du machst das schon", sagte Peter, während er mich durch den Rückspiegel ansah. Ich erwiderte seinen Blick, dann wanderte mein Blick zur Schule, und ich zwang mir ein Lächeln auf die Lippen.

„Wow, dieses Lächeln sagt alles. Es ist deine letzte Abiturprüfung, danach hast du es geschafft. Jetzt musst du nur noch durchziehen. Bruna und ich warten zuhause auf dich, und du wirst uns alles erzählen", ermunterte er mich, bevor ich die Tür aufstemmte und mich Schritt für Schritt meiner Schule näherte.

Ein Gefühl der Angst machte sich in mir breit, als ich die Tür öffnete und sofort verwirrte Blicke mich durchbohrten, als ich zum Prüfungsraum lief. Ich atmete tief ein und aus, setzte mich auf einen Stuhl mit meinem Namen und packte meine Stifte aus.

„Bitte legen Sie ihre Handys ausgeschaltet auf diesen Tisch und keine Smartwatches am Handgelenk", wies Herr Wyler uns an und zeigte mit dem Finger auf einen Tisch rechts vor ihm.

Gerade wollte ich mein Handy ausschalten, als Alecs Name auf dem Display auftauchte. Ich lächelte und las: „Viel Glück, ich denk an dich." Mit diesen Worten hatte ich das erste Mal das Gefühl, dass ich die Prüfung schaffen könnte. Zufrieden schaltete ich mein Handy aus und legte es auf den Tisch. Wir erhielten alle unsere Prüfungsblätter, auf die wir unseren Namen schreiben durften, und dann folgten wir den Anweisungen des Lehrers.

Die Zeit begann, und das Aufschlagen der Blätter erfüllte den Saal. Mein Herz schlug schnell, während ich die Aufgaben bearbeitete. „Verdammt", dachte ich, „diese blöden Sachaufgaben muss man immer tausendmal durchlesen, um zu verstehen, was zu tun war. Warum können die sich nicht einfach kurz fassen und konkret sagen, was sie von mir wollen?" Die Zeit schien schneller zu vergehen als sonst, und meine Hand zitterte beim Schnellschreiben, sodass meine Schrift wie Herzfrequenzen aussah.

Die Lehrer hatten uns immer gesagt, wir sollten mit Lineal und Bleistift alles sauber durchstreichen, aber ehrlich gesagt hatte ich weder Zeit noch Geduld dafür. Die Zeit verflog, und Herr Wyler rief uns auf, die Blätter vorne bei ihm abzugeben, bevor wir gehen durften. Nun würde sich zeigen, ob das Lernen zuhause ausgereicht hatte.

Was würde ich mit meinem Leben anfangen, wenn ich mit all dem fertig war? So lange hatte ich darauf hingearbeitet, meinen Abschluss zu machen, und nun war ich soweit, aber ich hatte keine Ahnung, wie es weitergehen sollte. Ich war froh, die Schule zu verlassen, denn die Leute hier wollte ich nie wiedersehen. Während ich meine Tasche nahm und verschwand, sagte ich im Kopf: „Auf Nimmerwiedersehen".

Ich lief vom Schulgelände, der Wind wehte stark, aber nicht unangenehm. Ein Wind rief mir zu, dass ich endlich frei sein könnte. Peter parkte immer ganz hinten in einer Straße hinter dem Schulgelände, wo niemand entlangging. Dort ließ ich mich immer abholen, ohne dass es jemand mitbekam. Nicht jeder sollte erfahren, dass mich ein Fahrer zur Schule brachte und ich noch nie einen Bus genommen hatte. Es war besser, mein Leben zu verstecken.

„Wie war die Prüfung, Louisa?", fragte mich Peter aufgeregt durch den Rückspiegel, als ich mich anschnallte und die Tür zuzog.

„Gut, denke ich", antwortete ich, wobei meine Stimme eher wie eine Frage klang.

„Weißt du was, vielleicht ist das auch egal, denn du hast es geschafft. Bruna und ich haben eine Überraschung für dich", verkündete Peter, während er den Motor startete und uns nach Hause fuhr.

„Eine Überraschung? Das habe ich doch gar nicht verdient", sagte ich und blickte in den Rückspiegel, genau wie Peter, der seine Sonnenbrille ein wenig herunter schob, um mir in die Augen zu sehen.

„Und ob! Du bist fertig mit dieser bescheuerten Schule. Verzeihung!", korrigierte er sich schnell und hielt sich den Mund zu.

„Nein, das hast du schon richtig gesagt. Bescheuerte Schule", wiederholte ich und lachte.

„Ist Papa zu Hause?", fragte ich voller Hoffnung, die dann mit einem Kopfschütteln zerstört wurde.

„Er wollte sich doch frei nehmen. Er wusste, dass heute meine letzte Prüfung war", entfuhr es mir fast schluchzend. Meine Finger umklammerten die Halskette, die ich zum Geburtstag bekommen hatte.

„Du wolltest da sein", flüsterte ich und drückte den kleinen Diamanten in meinen Fingern.

Zuhause angekommen, lief mir Bruna in die Arme und drückte mich fest.

„Sieh mal, wer da ist." Bruna trat zur Seite, und ich sah einen hübschen Typen an der Haustür stehen.

„Du hier?", sagte ich überrascht.

„Ja, ich hier", antwortete Alec und drückte mich halb so stark wie Bruna. Als Peter und Bruna ins Haus gingen, sah Alec ihnen nach und küsste mich schnell.

„Wieso?", entfuhr es mir, während ich das Gefühl hatte, feuerrot zu werden.

„Um bei dir zu sein.", sagte er und grinste. Er nahm meine Hand und führte mich ins

Esszimmer, wo auf dem Tisch eine Torte stand. Als ich näher herantrat, konnte ich die Schrift lesen: „Du hast es geschafft!". Meine Augen wanderten hinter mich zu Bruna, Peter, dann zu Alec, und ich hauchte ein „Danke". Als ich wieder zum Kuchen sah, konnte ich immer weniger sehen, und mit jedem Blinzeln wurden meine Augen feuchter.

„Wir sind stolz auf dich", sagte Peter, während ich alle anlächelte und mir die Tränen wegwischte. Nachdem ich mich beruhigt hatte, setzten wir uns an den Tisch und aßen den Kuchen.

„Schokolade", rief ich wie ein kleines Kind und nahm sofort ein Stück in den Mund. Ich war ziemlich glücklich über die schöne Überraschung, die ich nicht erwartet hatte, doch ich konnte mich nur halb freuen, denn etwas fehlte - jemand fehlte, und ich sah zum leeren Stuhl, auf dem mein Vater immer saß.

„Tut mir leid, Kleines, dein Vater ist in einem Meeting", erklärte Bruna, als sie meinem Blick folgte.

„Schon gut", antwortete ich, auch wenn es mir wieder ein Stück meines Herzens zerriss.

22. Kapitel

„**I**ch gehe nicht hin!", schrie ich meinen Vater an, als er ein Kleid hochhielt, um es mir auf mein Bett zu legen. Es sah wunderschön aus, aber ich hatte mit der Schule, mit meiner letzten Prüfung, abgeschlossen.

„Schatz, ich finde du solltest gehen. Das Kleid hat dir Liona geschickt, mit einem Brief. Du musst es nicht zum Ball tragen. Wenn du es nicht willst, kaufen wir dir eins, aber du solltest dort hingehen, sonst bereust du es noch."

Ich sah, wie er den Brief neben das Kleid legte und mein Zimmer verließ. Von meiner Mutter hatte ich seit Ewigkeiten nichts mehr gehört, und nun lag auf einmal ein Kleid und ein Brief von ihr auf meinem Bett. Ich hatte so sehr versucht zu verstehen, warum sie Arbeit über Familie stellte, aber sie entschied sich damit gegen mich. Ja, ich vermisste sie, aber wenn ich über sie nachdachte, war ich eher wütend als traurig.

Ich: Mein Vater möchte, dass ich zum Ball gehe.

Ivana: Das solltest du. Als ich meinen Abschluss gemacht habe, war ich auch zunächst nicht begeistert von der Idee, zum Ball zu gehen. Doch im Nachhinein bin ich froh, dass ich doch hingegangen bin, denn dort konnte ich erst so richtig abschließen.

Ich: Ich weiß nicht.

Ivana: Es kann auch eine Gelegenheit sein, mit Alec dort aufzutreten. Wenn du erscheinst, wirst du strahlen. ;)

Ich: Eine gute Idee! Ich frage ihn, ...

Ivana: Mach das! Ich gehe jetzt Laufen, also gehe offline.

Ich warf mein Handy auf mein Bett und drehte mich zum Kleid um. Es war schon schön, aber ich wusste nicht, ob ich bereit war, es diese Woche schon zu tragen. In drei Tagen, am Freitag, war der Abiball. Ivana hatte mich überzeugt, und ich hatte fest vor, dort hinzugehen und denen zu zeigen, dass ich nicht mehr die gleiche Person war, die sie kannten. Die Sonne strahlte draußen, und ich bekam Lust auf einen kleinen Spaziergang. Der Wind war warm, angenehm und perfekt als Ausgleich zu diesem heißen Wetter. Der Frühling ging langsam zu Ende, und der Sommer kam. Ich hatte nur eine Shorts und ein Top an, da sich der Frühling ungelogen wie Hochsommer anfühlte. Ivana musste echt sportvernarrt sein, um heute laufen zu gehen, aber genauso kannte ich sie. Immer energiegeladen, als könnte sie jeden Moment einen Marathon laufen. In sportlicher Hinsicht war ich eher ein fauler Typ im Vergleich zu Ivana. Ich machte zweimal die Woche Sport, nicht nur ein Workout, sondern richtig intensiv. Ivana stellte mir immer noch meinen Fitnessplan zusammen, den ich zuhause machte. Sie nahm das sehr ernst, und manchmal hatte ich das Gefühl, dass sie sich nicht mehr nur wie meine beste Freundin, sondern wie meine

Trainerin fühlte. Meine Fitnesstrainerin.

Ohne dass ich es merkte, stand ich vor Alecs Haus und sah zu seinem Fenster. Ich wusste nicht, was wir nun waren, aber wir waren definitiv nicht nur Freunde. Mein Finger drückte die Klingel. Ein paar Sekunden später sah ich ihn lächelnd die Tür öffnen. Gerade war ich dabei, mich auf die Zehenspitzen zu stellen und Alec zu begrüßen, als er seinen Kopf wegdrehte und mich in eine Umarmung zwang. Über seiner Schulter sah ich Luca, der mir winkte. Verwirrt ließ ich Alec los und sah zwischen Luca und ihm hin und her. Als ich ihn ansah, wirkte er verlegen und sah mich kaum an. Ich war komplett verwirrt, aber ich sagte nichts.

„Was ist?", fragte er und ging in die Küche, um etwas zu trinken. Erst dann schaute er mir in die Augen.

„Was?", fragte ich nur. Warum verhielt sich Alec so komisch? Langsam kam ich mir bescheuert vor. Er tat so, als wäre nichts, als wären wir nichts.

„Warum bist du hier?", fragte er und sah Luca an, der sich gerade auf die Couch warf.

„Ach egal. Es war bescheuert von mir, vorbeizukommen", sagte ich aufgebracht und rannte raus. Ich war Alec peinlich. Hatte er denn Luca nichts erzählt? Verdammt nochmal, was sollte er überhaupt erzählen? Seit Herbst waren Alec und ich, was auch immer wir waren.

Wütend öffnete ich das Gartentor, doch kam nicht weit, weil mich eine Hand zurückzog.

„Warte." Er sah mich an, und auf einmal sah ich das Funkeln wieder in seinen Augen, das vorhin wie erloschen schien.

„Was war das eben?", fragte ich und sah ihn eiskalt direkt in die

Augen.

„Ich habe Luca nichts erzählt, und ich weiß selbst nicht, wie ich es ihm erklären soll", sagte er und fuhr sich durch die Haare. Mein Herz klopfte wild in meiner Brust.

„Keine Ahnung. Aber wir sind nicht nur Freunde. Wir empfinden etwas füreinander. Und verdammt, es tut weh, wenn du mich so behandelst. Ich habe keine Ahnung, wie du fühlst, aber ich liebe dich!", kam es aus mir herausgesprudelt. Dann wurde mir klar, was ich sagte. Erschrocken von meinen Worten sah ich ihn an. Er sah mich plötzlich mit großen Augen an, was deutlich machte, dass ich tatsächlich das gesagt hatte, was ich gehofft hatte, nicht zu sagen. Ich hoffte auf irgendetwas, auf eine Reaktion oder dass er redete, aber er war still.

„Ich kann nicht", sagte er dann plötzlich, und mein Herz brannte so sehr, dass ich es nicht mehr aushielt und ihn stehen ließ. Ich rannte weg, vor der Angst, vor Alecs Reaktion, vor seiner Ablehnung. Das alles hatte ich nicht geplant. Eigentlich wollte ich ihn fragen, ob er mich zum Ball begleiten würde, denn ohne ihn wollte ich auf keinen Fall dorthin. In meinem Kopf wiederholten sich die Worte: „Ich liebe dich". An nichts anderes konnte ich denken, als an das, was ich ihm gesagt hatte und wie er darauf reagiert hatte. Den Tränen nahe saß ich auf einer Parkbank und wartete auf Ivana.

„Hey. Ich habe deine Nachricht gelesen." Sie setzte sich neben mich, auf die Bank, und nahm mich in den Arm.

„Was ist passiert?", fragte sie und löste die Umarmung auf.

„Ivi, ich habe zu Alec „Ich liebe dich" gesagt", haute ich es direkt raus.

„Wow", reagierte Ivana überfordert.

„Das hilft mir jetzt nicht gerade", sagte ich und strich mir meine Haare hinter die Ohren.

„Tut mir leid, Lou. Fühlst du denn auch das, was du ihm gesagt hast?" Ich nahm meine Beine hoch, sodass ich sie umfassen konnte.

„Ich denke schon, ja", gab ich leise zu. Ivana nickte, als würde sie alles verstehen, und sah aus, als würde sie grübeln.

„Hast du ihn wegen des Balls gefragt? Ob er dich begleitet?" Ich schüttelte den Kopf und sah in die vollen Baumkronen.

Die Blätter bewegten sich im Wind. Es fühlte sich an, als wäre es gestern gerade noch kalt gewesen und die Bäume kahl.

„Mhmm", gab Ivana von sich. Ich war echt deprimiert, was Ivana auch merkte, da sie immer wieder ein neues Thema suchte, um mich abzulenken. Irgendwann standen wir dann vor einem Eisverkäufer und bestellten uns jeweils ein Eis. Wir bezahlten und liefen gemeinsam durch den Park. Ivana immer noch in Sportsachen.

„Jetzt geht es dir doch glatt wieder besser", sagte sie, als sie beobachtete, wie ich mir genüsslich mein Schokoeis in den Mund löffelte. Ich lächelte ein wenig, und nach der zweiten Runde Eis schien alles vergessen zu sein.

***

Nachdem Ivana mich allein gelassen hatte, ging ich gedankenverloren nach Hause und starrte das Kleid meiner Mutter an.

„Es ist wirklich schön", dachte ich und berührte sanft den weichen, weinroten Stoff. Das Kleid hatte einen tiefen Rückenausschnitt und glitzerte im Licht. Aber nachdem ich es nicht einmal geschafft hatte, Alec zu fragen, ob er mit mir dort hingehen würde, wollte ich erst recht nicht allein auftauchen. Doch irgendwie machte ich mich fertig. Es klopfte an meiner Tür, mein Vater stand im Türrahmen und fragte, ob er reinkommen dürfte, obwohl die Tür ganz offen war. Ich nickte, und er trat ein.

„Hey", hauchte mein Vater und nahm mich in den Arm.

„Ich bin stolz auf dich", sagte er und drückte mich fest.

„Ich weiß nicht-", wollte ich gerade anfangen zu sagen, als mein Vater sagte: „Du schaffst das", und mich dann stehen ließ. Ich ging unter die Dusche, und während das Wasser über meinen Körper glitt, dachte ich nur an Alec. Ich wusste nicht, wie ich ohne ihn leben sollte, geschweige denn atmen. Als ich aus der Dusche stieg, sah ich mich für eine Weile im Spiegel an. Plötzlich sah ich mein altes Ich, das so einsam sein Leben lebte. Einsam. Doch dann schaffte ich es, den Schalter umzulegen und mir zu sagen, dass ich mich fertig machen musste. Ich steckte mein dunkles langes Haar hoch, legte mir eine Kette mit einem Diamanten von meinem Vater um den Hals und trug etwas Wimperntusche und Lippenstift in einem natürlichen Rot auf. Ich schloss meine Tür, um mich im Spiegel betrachten zu können. In schwarzer Unterwäsche stand ich vor meinem Spiegel und sah das Kleid, das auf einem Bügel hing. Nachdem ich eine Weile das Kleid angestarrt hatte, beschloss ich, es anzuziehen. Es passte tatsächlich ziemlich gut, und ich gefiel mir im Spiegel. Ich sah aus wie eine andere Person, aber auch irgendwie einfach nur wie ich.

Fertig gemacht schnappte ich mir meine schwarze kleine Umhängetasche mit einem goldenen Schriftzeichen, das ich von meinem

Vater zum Kleid bekommen hatte. Mit meinem Finger fuhr ich über die beiden Buchstaben, es waren zwei „C"s, aber das eine stand kopfüber. Gerade wollte ich mein Zimmer verlassen, als ich mich noch ein letztes Mal zu dem ungeöffneten Brief meiner Mutter umsah. Ich schnappte mir den Brief und steckte ihn in meine Handtasche. Von mir selbst überrascht, stieg ich vorsichtig in meine recht hohen Schuhe und ging die Treppe hinab. Ganz konzentriert sah ich auf meine Füße, damit ich keine Stufe verfehlte, und da das Kleid mir die Sicht versperrte, musste ich es leicht anheben. Als meine Augen zusahen, wie meine Füße den flachen Boden erreichten, sah ich wieder hoch und bekam einen Schock. Alec sah mich mit glitzernden Augen an. Verwirrt starrte ich ihn an, während er mich wieder mit diesem Blick ansah, in den ich mich verliebt hatte. Alec stand mit einem schwarzen Anzug und einem passenden roten Tuch in seiner Revertasche vor mir.

„Du bist so wunderschön. Ich weiß, das habe ich schon tausendmal gesagt, aber wenn ich dich sehe, bleiben mir einfach die Worte weg", sagte Alec mit einem Funkeln in seinen Augen. Mein Herz klopfte laut und lauter. Ich legte meine Hand auf seinen Oberkörper, spürte sein Herz schlagen und fragte nur: „Was machst du hier?"

Alec sah zu meiner Hand und legte seine auf meine, doch ich zog sie wieder weg und entfernte mich ein Stück.

„Ich kann nicht", hörte ich ihn in meinem Kopf sagen.

„Lass mich dich begleiten", bettelte er und suchte meinen Blick. Doch ich sah weg. In meinem Kopf drehten sich die Zahnräder.

„Okay", sagte mein Herz, auch wenn mein Kopf mir sagte, dass mein Herz am Ende des Abends wieder schmerzen würde. „Woher wusstest du von dem Ball?", stellte ich ihm die Frage, „von Ivana?" Hatte sie ihn doch tatsächlich dazu gebracht, mit mir auf diesen bescheuerten Ball zu kommen. Ich wusste nicht genau, wie ich das halten sollte, aber wenn ich tief in mich hineinsah, sagte ein kleiner Teil von mir, dass ich es wollte. Dass ich wollte, dass Alec mit mir kam.

Mein Vater trat in den Flur, hielt mir seinen Arm hin, sodass ich mich einhaken konnte, und führte mich zum Auto. Als ich zu ihm hochsah, erwischte ich ihn, wie er seine Tränen zurückhielt und stolz lächelte. Ich lächelte auch, und irgendwie freute ich mich auf den Ball. Peter fuhr uns zur Schule, während Alec und ich Händchen hielten. Als wir gemeinsam aus dem Auto stiegen und zum Eingang der Turnhalle traten, war alle Irritation zwischen uns vergessen. Es fühlte sich an, als würden wir einfach als Paar zum Abiball gehen, und genau das ließ mich lächeln. Wir gingen durch den Eingang, und plötzlich kam uns Musik entgegen. Die ganze Turnhalle erstrahlte in bunten Farben, Lichter wanderten durch die Halle, Luftballons zierten die Decke, und alle in meiner Klasse waren schick angezogen. Ich sah zu Alec, der nur mich zu beobachten schien, als würde er das Funkeln in meinen Augen betrachten.

„Wollen wir uns etwas zu trinken holen?", fragte mich Alec, und ich nickte und ließ mich von ihm zur Theke begleiten. Mein Herz schlug stärker in meiner Brust, als ich Marvin sah. Er holte sich auch gerade etwas zu trinken. Ohne dass ich es merkte, blieb ich stehen, und auch Alec bemerkte die Spannung in mir und sah zu Marvin und dann wieder zu mir.

„Lou?", sagte er und nahm meine Hand. Ich drückte sie. Ich wollte Alec nur halten. Marvin drehte sich um, sah mich an und lächelte. Verwirrt wusste ich nicht, wie ich reagieren sollte, und lächelte einfach zaghaft zurück. Wir holten uns etwas zu trinken, und während Alec etwas bestellte, sprach mich Marvin an.

„Hallo Louisa, ich wusste nicht, dass wir uns noch einmal wiedersehen werden. Du siehst echt hübsch aus", sagte er und lächelte charmant.

„Danke", sagte ich ein wenig misstrauisch.

„Bist du allein hier?", fragte mich Marvin und schien Alec nicht zu bemerken.

„Nein, ich bin in Begleitung hier", sagte ich, und Marvin lachte.

„Louisa, du brauchst mich nicht anzulügen. Aber halb so wild, ich weiß doch, dass du mich magst. Wer mag mich nicht?", fragte Marvin und grinste widerlich.

„Ich lüge dich nicht an", sagte ich klar und deutlich und wollte mich gerade von ihm wegdrehen, als Marvin fest nach meiner Hand griff.

„Hey Hübsche, lass mich doch nicht stehen. Tanz mit mir, oder willst du gleich mit mir kommen? Ich weiß, dass du mich willst", bot sich Marvin mir an. Ich versuchte mich aus seinem Griff zu lösen.

„Nein, lass mich!", schrie ich ihn an, doch erst als Alec nach seiner Hand griff und sie von mir löste, verschwand er.

„Was zum Teufel?!", sagte Alec aufgebracht, sah wieder zu mir und nahm mein Gesicht sanft in seine Hände. Ich sah ihn an und sah ein Gesicht voller Sorge.

„Geht es dir gut?" Ich lächelte, stellte mich auf meine Zehenspitzen und küsste ihn dankend auf die Wange.

„Ja", sagte ich, während Alec dicht bei mir stand und meine Augen las. Marvin hatte mir meine gute Laune genommen, und ich fühlte mich wieder unwohl an diesem Ort. In meinem Kopf war ein Riesenfragezeichen. Wie konnte er denken, ich würde Interesse an ihm haben? Er ist so ein Arschloch!

„Alec, können wir gehen?", fragte ich ihn, und er nickte. Auch wenn wir noch keinen Schluck von unseren Getränken genommen hatten, verließen wir die Halle. Alle sahen mich, uns an. Die Blicke waren so tief und verachtend. Draußen angekommen, stellte ich fest, dass ich die Luft die ganze Zeit angehalten hatte und angespannt war. Tief atmete ich die Luft ein, während Alec meine Hand hielt.

„Lou?" Ich sah ihn an, während er überall hinsah, nur nicht in meine Augen.

„Ich muss dir etwas sagen." Mein Herz hämmerte gegen meine Brust.

„Es tut mir so leid. Ich wusste nie, dass meine Entscheidung mir so schwerfallen würde, aber ich muss meinen Träumen folgen. Ich-", sagte er, doch ich unterbrach ihn und sagte: „Was ist los?" Ich spürte, dass gleich etwas kommen würde, denn ich sah es ihm an, anders konnte man das nicht deuten.

„Ich habe eine Arbeitsstelle 8000km entfernt von Mayfair, als Arzt, in einer Kinderklinik. Ich werde ein Arzt. Es steht fest." Meine Augen füllten sich mit Tränen, worauf er meine Hand nahm und leicht zudrückte.

„Du verlässt mich?", kam es leise aus meinem Mund.

„Ja", gab er zu. Überfordert zog ich meine Hand aus seiner, und mein Blick fiel zu Boden.

„Deswegen hast du nichts gesagt", erkannte ich und versuchte, ihn anzusehen. Ich spürte, wie etwas in mir kaputt ging, und es fühlte sich an wie mein Herz. Alec wird gehen.

„Wann?", fragte ich ihn, während er es endlich schaffte, mir in die Augen zu sehen. Auch seine Augen waren feucht.

„Morgen Abend." Mein Herz blieb stehen.

„So wenig Zeit?", sagte ich mit zitternder Stimme. Er sah mich mitfühlend an, auch für ihn war es schwer. Ich ging einen Schritt zurück, in der Hoffnung, mich von dem Schmerz zu entfernen. Alec zog mich wieder näher an sich, wischte meine Tränen weg, obwohl immer wieder neue kamen, und sah zu mir runter. Seine Augen konnten sich nicht entscheiden, in welche sie starren wollten.

***

Die Autofahrt verlief schweigend, doch Alec hielt die ganze Zeit meine Hand. Die Erkenntnis, ihn zu verlieren, schmerzte, denn ich wusste, dass es mein Herz brechen würde. Als wir zu Hause ankamen, bemerkte ich zunächst, dass das Auto meines Vaters weg war.

„Wieder allein", dachte ich. Gemeinsam gingen wir zur Haustür. Doch bevor ich alleine in die Stille eintauchte, drehte ich mich noch einmal zu ihm um. Ich wollte nicht, dass er mich einfach so verließ.

„Bleib bei mir", flehte ich, woraufhin er zaghaft lächelte und nickte, als hätte er darauf gewartet, dass ich das sage. Zusammen betraten wir das Haus, zogen unsere Schuhe aus und standen uns dann stumm gegenüber, ohne zu wissen, was wir tun sollten. Ohne den Blick voneinander zu nehmen, gingen wir in mein Zimmer. Ich schloss die Tür, während Alec mich beobachtete. Ich ging langsam auf ihn zu, und er strich vorsichtig eine Strähne meines inzwischen heruntergelassenen Haares zur Seite.

„Wenn du wüsstest, wie laut mein Herz schlägt, wenn du in meiner Nähe bist", flüsterte er sanft in mein Ohr. Mein Herz begann schneller zu schlagen, aber gleichzeitig schmerzte es bei jedem Schlag. Ich sah ihn an, lächelte zaghaft und stellte mich auf die Zehenspitzen, um ihn zu küssen.

„Ich will nicht, dass du gehst", jammerte ich fast, woraufhin er mich entschuldigend küsste. Meine Lippen folgten seinen, und mein Körper entflammte. Seine Hände ruhten an meinen Hüften und zogen mich näher an ihn heran. Doch dann trat er wieder zurück.

„Bist du sicher, dass du mit mir ... schlafen willst?", fragte er unsicher. Ich antwortete, indem ich mein Kleid zu Boden fallen ließ und die Distanz verringerte. Seine Augen wurden größer, als sie immer wieder zwischen meinen Augen und meinem Körper hin- und herwanderten.

„Lass uns im Moment bleiben. Morgen können wir uns der Realität stellen, aber jetzt möchte ich nichts lieber", flüsterte ich und machte noch einen Schritt auf ihn zu. Dann trafen sich unsere Lippen erneut. Seine Berührungen fühlten sich so gut an, dass ich am ganzen Körper Gänsehaut bekam. Unsere Lippen bewegten sich synchron. Plötzlich hob er mich hoch und trug mich zu meinem Bett. Meine Beine umschlangen seinen Körper, während zwischen uns ein Feuer entfachte. Vorsichtig legte er mich auf das Bett und zog sein T-Shirt aus, das er hinter sich warf. Meine Hände erkundeten seinen Oberkörper und berührten jeden Muskel. Auch seine Hände drückten meine Hüften an sich. Unsere Bewegungen wurden immer schneller, und wir hatten kaum Zeit zum Atmen.

Ich spürte ein Verlangen in mir, von dem ich nie gedacht hätte, es zu verspüren. Vorsichtig setzte ich mich auf und ließ meinen BH öffnen. Mein erster Reflex war, meine Brüste zu verstecken, doch Alec nahm sanft meine Hände beiseite.

„Ich möchte sie sehen. Sie sind wunderschön und so perfekt", sagte er. Er betrachtete sie intensiv, während mein Brustkorb sich immer schneller bewegte. Plötzlich verlor ich alle Hemmungen und ließ mich treiben. Ich lag unter ihm, meine Hände erkundeten seinen Körper, bis sie an seinem Bund hängen blieben. Vorsichtig glitt ich darunter. Mein Atem stockte, und zwischen meinen Beinen zog es immer stärker. Er stand auf, zog sich komplett aus, während unsere Blicke sich nicht trennten. Ich erlaubte mir, ihn komplett anzusehen, und meine Wangen glühten, genauso wie seine.

„Du machst mich verrückt, Louisa", flüsterte er mir ins Ohr, während er sich über mir abstützte.

„Ich will dich jetzt", sprach mein Herz laut aus. Als Alec das hörte, küsste er mich sanft auf den Mund und legte eine Spur von Küssen auf meinen Körper nach unten. Als er unter meinen Bauchnabel kam, umfassten mich seine Hände und fuhren an meinem Slip entlang. Keuchend schielte ich zu ihm, während er langsam das letzte bisschen Stoff entfernte. Ich biss mir auf die Unterlippe und beobachtete, wie er meine Oberschenkel umfasste und drückte.

„Gefällt dir das?", fragte er und küsste mich zwischen den Beinen. Mein ganzer Körper gehörte ihm, und ich wollte nur noch ihn. Meine Hände fuhren durch sein Haar, packten es und fuhren hindurch. Er kam wieder hoch und küsste mich. Sein Atem ging genauso stockend wie meiner.

„Ich liebe dich", sagte er plötzlich und sah zu mir hinunter. Seine Blicke versuchten meine zu deuten. Liebe? Fünf Buchstaben. Zwei Silben. Ein Wort, auf das ich so sehr gewartet hatte. Ich lächelte, während er es noch dreimal freudig wiederholte, als hätte ich es nicht verstanden. Plötzlich schlug mein Herz nur noch für ihn.

„Bist du dir wirklich sicher, Lou?", fragte Alec ein letztes Mal, bevor ich meine Unschuld an ihn verlor.

„Verdammt ja", sagte ich deutlich und ungeduldig.

***

Ich tastete um mich, suchte nach Alec, doch er lag nicht mehr neben mir im Bett.

„Alec?", rief ich. Langsam stieg Panik in mir auf und ich wurde nervös. Er würde mich doch nicht einfach verlassen. Plötzlich kam er aus dem Badezimmer.

„Na, endlich wach?", sagte er und setzte sich neben mich auf die Bettkante.

„Ich dachte schon, du wärst einfach gegangen", gab ich zu und suchte nach etwas zum Anziehen.

„Ich bin hier"

Vorsichtig drehte er mein Gesicht zu ihm, damit ich für einen

Moment aufhörte, nach meinen Klamotten zu suchen, die überall verstreut lagen. Als ich ihn schließlich ansah, legte er sanft seine Lippen auf meine.

„Daran könnte ich mich gewöhnen", dachte ich und lächelte.

„Könntest du mir mein T-Shirt und meine Jogginghose rüberwerfen?", fragte ich ihn.

„Nein". Er grinste frech.

„Wie, nein?", sagte ich verwundert und warf ein Kissen nach ihm. Er duckte sich gekonnt, als würde er immer wissen, was ich vorhatte.

„Hol sie dir selbst", sagte er und lehnte sich zurück. Guter Schachzug.

„Okay", gab ich mich geschlagen und stieg völlig nackt aus meinem Bett. Stolz lief ich zu meinem Schrank, mit dem Wissen, dass er mich beobachtete. Ich holte frische Unterwäsche aus dem Schrank und zog mich direkt vor ihm an. Ich konnte nicht leugnen, dass mir seine Blicke gefielen. Als nächstes zog ich sein T-Shirt an, das mir bis über den Hintern reichte.

„Du hast immer noch mein Shirt, das ich dir mal geliehen hatte", bemerkte er und grinste amüsiert.

„Steht dir gut", stellte er fest und sah mich an. Ich trat näher an ihn heran. Gerade als er aufstehen wollte, schubste ich ihn zurück auf das Bett und setzte mich auf seine Beine.

„Ich finde auch, dass es mir steht. Darf ich es behalten?", fragte ich und ließ meine Hand langsam unter sein Shirt gleiten.

„Verdammt, Lou", keuchte er, als meine Hand seinem Schritt gefährlich nahe kam. Ich beobachtete, wie er ungeduldig wurde, doch dann stand ich auf und öffnete meine Tür.

„Komm, wir gehen frühstücken", sagte ich grinsend.

„Ziemlich frech. Das hast du doch absichtlich gemacht"

Ich zuckte nur unschuldig mit den Schultern und schloss die Tür hinter uns.

***

Nachdem ich den letzten Kuss von ihm erhalten hatte, verließ mich Alec. Als ich dann allein war, spürte ich, wie mein Herz schwer wurde und mir die Luft zum Atmen fehlte. In meinem Zimmer angekommen, überfluteten mich Flashbacks der vergangenen Nacht. Ich griff nach meinem Tagebuch aus dem Nachttisch und begann zum ersten Mal seit langem wieder zu schreiben.

Tagebucheintrag 6#:

Nun bist du einfach weg
Mit all deinem Gepäck
Plötzlich entfernt von mir
Schon jetzt vermisse ich das wir

Ich kenne mein wahres Leben nicht ohne dich
So ein leben will ich nicht
Und es ist nicht ein Tag her
Doch vermisse ich dich so sehr
Tagebuch Eintrag ende.

Ende des Tagebucheintrags.

Seufzend räumte ich mein Buch wieder weg. Allein lief ich den kalten Steinboden zum Flügel entlang und legte meine Fingerkuppen auf die Tasten. Ich spielte sanft und ließ meine Finger über die Tasten gleiten. Sie bewegten sich immer schneller über die weißen Tasten, bis das Spiel zunehmend aggressiver wurde. Plötzlich umgriffen mich Arme und hinderten mich daran, weiterzuspielen. Es war mein Vater, dessen Eintreten ich nicht bemerkt hatte.

„Hör auf", flüsterte er und ließ mich eine lange Zeit nicht los. In den Armen meines Vaters fing ich an zu weinen, und meine Fassade bröckelte. Ich hätte nicht gedacht, dass ich jemals so einen Schmerz fühlen müsste. Klar, ich wusste, worauf ich mich eingelassen hatte, aber darauf vorbereitet war ich deshalb noch lange nicht. Ich begann zu realisieren, was es für mich bedeutete, dass er fort war.

23. Kapitel

Alles war so dunkel, als ich die Augen öffnete. Ich suchte nach dem Licht, doch es war einfach nicht mehr da. Vorsichtig tastete ich mich dem dunklen Flur entlang, auf der Suche nach irgendetwas. Wenn ich doch wenigstens wüsste, wonach ich suchte. Plötzlich hörte ich Schritte, die immer näher kamen. Mein Herz begann zu rasen.

„Das kann nicht sein. Er war doch tot", rief ich aus, und ich wusste genau, dass John Macweiher zurück war. Würde er denn nie aufhören, mich zu jagen? Ich begann, mich auf den Boden niederzulassen, um zu krabbeln. Der kalte Boden schien endlos. Und so sehr ich versuchte, irgendwohin zu entkommen, schien die Gestalt mich einzuholen.

„Du bist nun allein, Louisa. Niemand wird dich retten", rief eine dunkle, bekannte Stimme über mir, die sich bis unter meine Haut verkroch. Ich drehte mich um und sah die Gestalt, die eine Waffe hervorzog.

„Alec, hol mich hier raus!", schrie ich und begann zu weinen.

„Alec ist weg", sagte die Gestalt lachend und schoss mir dieses Mal ins Herz.

Mit einem lauten Schrecken erwachte ich schweißgebadet in meinem Bett, mein Herz raste und mein Atem ging schnell. Es dauerte einen Moment, bis ich mich beruhigte und realisierte, dass es nur ein Albtraum gewesen war. Trotzdem begannen erneut Tränen über meine Wangen zu rollen.

***

An meiner Tür klopfte es, doch ich ignorierte es gekonnt, da ich einfach nicht aufstehen wollte. Wann würde mein Vater endlich verstehen, dass ich nicht aus meinem Bett aufstehen wollte?

„Lou", hörte ich durch die Tür. Ich schreckte auf und wandte den Blick zur Tür.

„Ivi?", rief ich fragend zurück.

„Mensch Lou", sagte sie bemitleidend, als sie mich im Bett liegen sah. Es war untypisch für mich, den Tag im Bett zu verbringen, doch momentan fiel mir einfach nichts Besseres ein, als den Fernseher anzustarren. Doch sobald Liebe im Spiel war, bekam ich einen Stich ins Herz und schaltete den Fernseher aus.

„Was?", fragte ich genervt, obwohl ich genau wusste, was Ivana meinte.

„Du musst dein Leben wieder in den Griff bekommen", sagte sie und setzte sich zu mir ins Bett.

„Ich vermisse dich", kam es plötzlich aus ihrem Mund. Ich drehte mich zu ihr um, und meine Augen füllten sich mit Tränen.

„Es tut mir leid", begann ich schluchzend. Und plötzlich lag ich in Ivana's Armen und ließ meine Tränen laufen, bis keine mehr übrig waren.

„Ich habe so oft versucht, dich zu erreichen, Lou", sagte sie. Ich nahm mein Handy, das seit einer Woche ausgeschaltet in meinem Zimmer lag. Seitdem Alec gegangen war, schaltete ich es zum ersten Mal wieder an. Eine Nachricht nach der anderen leuchtete auf, aber keine von ihm. Deshalb beschloss ich, mein Handy wieder auszuschalten. Genau deswegen hatte ich es ausgeschaltet, aus Angst vor der Erkenntnis, dass er mir nicht geschrieben hatte. Aber ich konnte ihm auch nicht schreiben.

„Was hast du gerade gemacht?", fragte sie verwundert, als sie sah, wie ich mein Handy wieder wegräumte.

„Ich habe auf eine Nachricht gehofft. Aber ich kann nicht mehr. Es tut zu sehr weh zu warten, bis sein Name auftaucht. Deswegen habe ich es lieber ganz ausgemacht." Gerade wollte ich mich wieder in meine Decke wickeln, als Ivana sie einfach wegriss.

„Hey!", meckerte ich sie an, doch sie warf die Decke hinter sich und packte meine Fußgelenke.

„Wir stehen jetzt auf und gehen laufen. Sport ist wichtig." Ohne dass ich mich dagegen wehren konnte, zog sie mich aus dem Bett, ging zu meinem Kleiderschrank und warf mir meine Sportsachen zu.

„Anziehen!", sagte sie nur und zog die Vorhänge auf.

Ich hatte die Sonne verborgen und versuchte, nichts zu tun. Eigentlich wollte ich zurück in mein Bett oder meine Filme weiter gucken, aber Ivana hatte anderes vor, und ich wusste, dass ich nicht drum herumkommen würde. Langsam schlurfend ging ich ins Bad, um mich fertig zu machen. Ein Blick in den Spiegel genügte, um zu realisieren, was mit mir passiert war. Mein Gesicht sah furchtbar aus, als hätte ich beschlossen, nie mehr zu schlafen.

„Fertig?", hetzte sie mich und klopfte an die Badtür.

„Ja, ich mache schon!", schrie ich zurück und band mein dunkles Haar zu einem Zopf.

„Viel besser", sagte sie, als sie mich ansah. Auf dem Weg nach unten trafen wir auf Bruna, die erstaunt guckte und dann lächelte.

„Gott, ich hatte gar nicht bemerkt, wie sehr ich mich vor der Welt versteckt habe", stellte ich fest. Ich sah Ivana an, lächelte und ließ mich in den Arm nehmen, bevor wir losrannten. Die Sonne schien wunderschön, dass meine Augen sich nur halb öffnen konnten. Die Vögel sangen und flogen umher. Endlich sahen die Bäume nicht mehr so kalt und kahl aus. Der Frühling war meine liebste Jahreszeit, da es sich immer wieder so anfühlte, als würde die Natur erwachen und auferstehen.

„Komm weiter", forderte mich Ivana auf, als sie merkte, wie ich an der Brücke stehen blieb und zum Wasser hinuntersah.

„Wie wunderschön", kam es einfach aus meinem Mund gefallen, als ich das glitzernde Wasser betrachtete. Ich sah wieder zu ihr und lief weiter. Das Laufen mit Ivana fühlte sich wundervoll an. Mit einem leichten Wind, der durch meine Haare wehte, rannten wir durch den Park.

***

Wieder zuhause angekommen, gönnten wir uns einen Smoothie, der uns leider nicht besonders gut gelungen war. Er schmeckte nach einer seltsamen Mischung, aber Ivana schien ihn zu mögen. Ich konnte das nicht verstehen.

„Eigentlich wollte ich dich nicht wieder an Alec erinnern, aber was ist eigentlich zwischen euch passiert?", fragte sie vorsichtig. Schweren Herzens erzählte ich ihr alles, da ich Ivana ohnehin nichts verheimlichen konnte, und wenn ich es versuchte, war sie beleidigt. Ich vermisste ihn, aber ich verbot mir, an ihn zu denken.

„Ivi, ich habe das Gefühl, dass ich nicht ohne ihn leben kann", gab ich zu und drehte mich schnell von ihr weg, da ich den Tränen wieder einmal nahe war.

„Du scheinst ihn echt zu lieben", stellte sie fest und trank einen Schluck von unserem selbst gemachten Smoothie.

„Ja.", gab ich zu und versank wieder in Trauer.

24. Kapitel

„**U**nd du lässt dich bitte von Peter abholen, hast du verstanden, Louisa?", wiederholte mein Vater eindringlich.

„Wir haben das doch schon besprochen… Ich gehe mit Ivana und ihrem Freund in den Club, trinke keinen Alkohol und lasse mich nicht von fremden Typen ansprechen. Verstanden!", zählte ich auf, bevor ich zu Ivana rannte, die bereits im Auto wartete.

„Viel Spaß und übertreib nicht", rief mein Vater mir noch hinterher. Aufgeregt stieg ich zu Ivana und Even ins Auto.

„Alter Lou, dein Outfit sieht mega aus", rief sie, als sie mich im Rückspiegel ansah, während sie ihren Lippenstift nachzog. Ich trug eine enge schwarze Hose, mit einem Top, das von Spitze umrandet war. Dazu hatte ich die neue Handtasche meines Vaters dabei. Zwar war die braune Tasche ein wenig zu teuer, um sie in den Club mitzunehmen, aber eine große andere Auswahl hatte ich nun auch nicht.

„Bereit, Mädels?", fragte Even und guckte zwischen uns hin und her. „Auf geht's!", schrie Ivana, bereit für den Club.

Das Gebäude des Clubs leuchtete bunt, wodurch wir gleich wussten, wohin wir mussten. Wir waren noch nicht einmal im Club, doch spürten schon die Vibration der lauten Bässe im Boden. Nach kurzer Zeit waren wir drinnen und mischten uns unter die Leute. Es war eng, und jeder bewegte sich zur Musik. Die Musik war laut, und der Bass durchdrang einen.

„Drinks?" Even reichte jedem von uns einen Shot. Eigentlich wollte ich nicht trinken, aber ich beschloss, mal auf alle Regeln zu pfeifen und einfach Spaß zu haben. Viel zu lange war es her, dass ich mich mal locker machte und einfach die Atmosphäre genoss. Ein Shot nach dem anderen floss durch meinen Körper und ließ mein Blut schneller fließen. Ich bewegte mich zur Musik und konnte all meine Sorgen vergessen. Ein Typ tanzte mich an, und ich ließ es zu. Wir tanzten dicht zusammen. Mir war plötzlich alles egal, und meine Augen nahmen nur noch die Farben im Club wahr. Seine Hände lagen an meiner Hüfte, während ich einfach die Musik fühlte. Und ehe ich mich versah, hing er an meinem Nacken und verteilte Küsse. Ich war komplett in Ekstase. Ich sah zu Ivana, die genauso aussah wie ich. Sie tanzte mit Even und war locker wie immer. Stunden vergingen, und unsere Füße wurden taub.

***

„Lou, komm, wir gehen", lallte Ivana und griff nach meiner Hand. Ich nickte und ließ mich von ihr nach draußen führen.

„Bye", sagte ich zu dem heißen Typen, mit dem ich getanzt hatte.

„Warte!", rief er und griff nach einem Stift vom Tresen. Er nahm meine Hand und schrieb seine Telefonnummer auf meinen Arm. Ich kicherte, da der Stift kitzelte.

„Ruf an", sagte er, bevor mich Ivana von ihm wegzog. Als wir draußen waren, sah ich schon das schwarze Auto von Peter und rannte freudig zum Auto.

„Ciao", sagte ich zu der Menschenmenge, drehte mich noch einmal um und schickte ihnen einen Luftkuss zu.

„Guten Abend, Peter", sagte ich glücklich, als ich mich auf die Rückbank fallen ließ.

„Wohl eher gute Nacht", antwortete er und sah mich im Rückspiegel ernst an.

„Auf nach Hause!", rief ich und zeigte mit meinem Finger zur Straße, wie ein Pirat, der seinen Männern befahl, die Segel zu setzen. Die Lichter flatterten in meinen Augen, während wir die Autobahn zu mir nach Hause fuhren. Nichts zählte mehr, denn es war alles egal. Ich machte mein Fenster auf, streckte meine Hand hinaus und bewegte sie im Wind. Hoch und runter ließ ich meine Hand durch die starken Lüfte gleiten und legte meinen Kopf auf die Verkleidung der Autotür.

„Miss Wilson, wir sind da", hörte ich Peter sagen.

„Sie sollen mich doch mit Vornamen ansprechen", meckerte ich ihn an und versuchte, meine Augen aufzubekommen, die auf der Fahrt zugefallen waren.

„Louisa", verbesserte er sich und lächelte.

Ich nickte und stieg aus dem Auto. Ich setzte nur einen Schritt auf dem Boden und stolperte zur Tür. Auf der Treppe saß ein Typ, der auf sein Handy schaute und einen Koffer neben sich stehen hatte.

„Das ist mein Haus", lallte ich ihn an und näherte mich.

Als er aufsah, blieb mein Herz stehen, und im nächsten Moment blieben mir die Worte weg.

„Bist du betrunken?", kam es nur aus seinem Mund.

In dem Moment stellte ich fest, wie sehr ich Alec vermisste und dass meine Gefühle nicht im Geringsten verschwunden, sondern von mir und dem Alkohol unterdrückt waren.

„Ein bisschen", gab ich zu. Ich wusste nicht, was ich fühlen sollte, was mich so verwirrte, dass ich nicht in der Lage war, richtig zu denken. Vielleicht lag es auch am Alkohol, warum ich keinen klaren Gedanken fassen konnte. Er stand auf und kam näher an mich heran. Seine Augen scannten mich vom Kopf bis Fuß, als hätte er Angst das ich verletzt wäre. Mein Herz hämmerte, und auf einmal lag meine Hand an seinem Herzen. Ich spürte seinen Herzschlag. Alecs Hand umschloss meine. Ich sah zu ihm auf, während er noch immer seinen Blick auf unsere Hände hatte.

„Was ist das?", fragte er und drehte meinen Arm. Er betrachtete die Nummer auf meinem Arm, und auf einmal schossen Rückblicke von dem Typen in meinen Kopf.

„Nichts", sagte ich und begann zu kichern.

„Warum hast du eine verfickte Nummer auf deinem Arm?", fragte Alec wütend, soweit ich das erkennen konnte. Völlig überfordert stellte ich klar, dass ich ihn eh nicht anrufen würde.

„Hast du jemanden kennengelernt?", fragte er und sah mir so betroffen in die Augen, wie ich es noch nie gesehen hatte.

„Nein, das war nichts. Irgendein Typ hat mit mir getanzt und seine Nummer auf meinem Arm hinterlassen."

Auf einmal sah mich Alec so anders an, was mir nicht gefiel. Ich wollte, dass er mich wieder mit diesem „Ich liebe dich"-Blick ansah, aber nun wirkte er distanziert.

„Sieh mich nicht so an. Du warst derjenige, der mich verlassen hat. Ich bin einsam ohne dich, und es fühlt sich an, als würde ich ersticken. Es tut weh, wenn du mich verlässt. Ich will doch nur bei dir sein", erklärte ich, war erst sauer, doch dann wechselten meine Gefühle zu Trauer, und plötzlich war ich von seinen Armen umschlossen.

„Nachdem mein Praktikum in der Kinderklinik vorbei war, bin ich sofort in den Flieger gestiegen. Tja, und nun stehe ich hier. Mir ging es genauso wie dir, weil ich dich verdammt nochmal liebe, Louisa", sprudelte es aus ihm heraus, während er mich ansah. „Schläfst du heute bei mir?", fragte ich ihn und fuhr mit meinem Finger durch sein Haar. Er nickte und küsste mich sanft auf den Mund. Ich lächelte nur bescheuert und tapste hinter ihm her.

An meiner Haustür angekommen, gab er den Code ein, der die Tür öffnete. Er nahm meine Hand, um mich zu führen. Ich spürte noch immer den Alkohol und stolperte zur Treppe, bis er beschloss, mich hochzunehmen und die Treppe zu meinem Zimmer hochzutragen.

„Oh, Dankeschön", sagte ich kichernd und legte meinen Kopf auf seine Schulter

Er trug mich Stufe für Stufe hoch, bis ich endlich den weichen Stoff meiner Bettdecke spürte. Meine Arme hielten ihn noch immer fest.

„Bleib bei mir.", bettelte ich.

„Ich hatte nicht vor zu gehen", beruhigte er mich und strich mit seinen Fingern leicht über mein Gesicht. Gänsehaut überkam mich. „Das kitzelt", sagte ich kichernd. Er nahm die Finger weg, stand auf, zog seine Kleidung aus, ging zu meinem Schrank und holte eines seiner T-Shirts heraus.

„Anziehen!" Er warf mir sein T-Shirt zu. Schwankend stand ich auf und versuchte, mich auszuziehen.

„Alec, hilf mir doch mal!", sagte ich kämpfend.

„Moment", hörte ich ihn sagen, und plötzlich stand er bei mir und befreite mich von meiner Kleidung. Bevor ich mir das Shirt überstreifen konnte, zog ich meinen BH aus, lief zum Bett und schlüpfte dann in das Shirt. Alec stand wie angewurzelt da, als hätte er mich noch nicht nackt gesehen.

„Was ist?", fragte ich und kam ihm näher, bis er aufs Bett fiel und er nun derjenige war, der hochgucken musste.

„Ich habe dich einfach vermisst, Lou", sagte er und zog mich auf seinen Schoß. Unsere Gesichter kamen sich näher, bis nur noch wenige Zentimeter zwischen unseren Lippen waren. Ich lehnte mich vor und küsste ihn. Alec seufzte vor Lust, wie ich auch, doch dann spürte ich sein Zögern, und er löste sich.

„Ich möchte nicht mit dir schlafen, wenn du betrunken bist", sagte er leise und enttäuscht.

Ich sah ihn einen Moment lang an, die Worte langsam in mein Bewusstsein sickern lassend. Dann nickte ich, ein leiser Seufzer entwich mir.

„Das verstehe ich", murmelte ich und lehnte mich an seine Brust. „Ich bin froh, dass du hier bist."

25. Kapitel

„**K**omm ruhig rein", sagte ich, während Alec im Türrahmen meiner Badtür stand.

„Willst du mich etwa alleinlassen?", stichelte ich weiter, während er seine Augen wandern ließ und dieses Grinsen im Gesicht hatte. Ich drehte mich, zog mich aus, lief zur Dusche, drehte mich um und sah Alec direkt hinter mir stehen. Er tat es mir gleich und stieg auch in die Dusche. Mein Herz raste und klopfte so stark.

„Darf ich?", fragte er sanft an meinem Ohr und lehnte sich zu mir, um das Wasser anzustellen. Eine angenehme Gänsehaut überkam mich und wurde noch viel stärker, als das warme Wasser meinen Körper herunter glitt. Ich schloss meine Augen und ließ mein Gesicht überfluten, während Alec neben mir stand.

Langsam versuchte ich meine Augen zu öffnen und trat zur Seite, damit auch Alec unter das Wasser konnte. Er sah mich an, verfolgte mich so intensiv mit seinen dunklen Augen und stellte sich unter das Wasser. Zwischen uns waren in diesem Moment keine Worte nötig, um sich zu verständigen. Eine angenehme Stille und reine Lust standen zwischen uns. Ich machte Alec ein wenig Platz, doch ihm schien das gar nicht zu gefallen, denn augenblicklich umfassten mich seine Arme und zogen mich wieder näher an ihn heran. Wir sahen uns für eine Sekunde an, bevor er dann die letzten Millimeter zwischen uns verkleinerte und seine Lippen auf meine drückte. Mir wurde immer heißer. Die Scheiben der

Duschkabine beschlugen, so wie mein Spiegel über den Waschbecken. Vorsichtig drückte er mich gegen die kalten Fliesen und ließ nicht von mir los. Wir dachten kaum noch daran, dass wir unter der Dusche standen. Es gab nur uns und unsere Lippen, die sich so begehrten.

„Gib mir das Duschgel", befahl er mir, und ich drückte es ihm in die Hand. Er ließ die Seife in seine Hand laufen, verteilte sie mit der anderen Hand, bevor er sie dann auf mich legte. Sanft verteilte er die Seife auf mir. Er glitt meine Arme hoch bis auf die Schultern und dann über meine Brüste. Seine Berührungen machten mich verrückt, und ich wollte ihn überall spüren. Alec ging auf die Knie und fuhr von meinen Füßen aus mein Bein entlang. Er stoppte, nahm seine Hände weg und begann mich zärtlich zwischen den Beinen zu küssen.

„Fuck", fiel es mir aus meinem Mund. Alles zog sich in mir zusammen, und ich spürte nur ihn. Mein ganzer Körper begann zu zittern, doch er hörte nicht auf. Mein Keuchen wurde lauter, sodass ich mir sofort den Mund zuhielt, doch Alec zog meine Hände runter und sah zu mir hoch, ohne mit dem Küssen aufzuhören.

„Alec", rief ich und griff in sein Haar. Eine Lustwelle breitete sich in meinem ganzen Körper aus, und unsere Lippen suchten und trafen sich, und ich konnte nicht anders, als in seinen Mund zu stöhnen.

„Ich liebe dich", flüsterte er an mein Ohr, und mein Herz hämmerte.

„Ich dich auch", konnte ich endlich darauf antworten. Nun war ich diejenige, die auf die Knie ging.

„Oh Gott Louisa ", begann Alec meinen Namen zu stöhnen.

***

Frisch geduscht, liefen wir zur Treppe. Wir konnten uns kaum trennen. Ich konnte ihn nicht mehr als einen Meter von mir entfernen lassen, so sehr hatte ich ihn vermisst. Ich gab Alec einen Kuss, löste mich aber sofort wieder, als ich das Räuspern meines Vaters unten hörte. Mein Vater war nicht allein, sondern in Gesellschaft einer Frau. Nicht irgendeiner Frau, sondern meiner Mutter.

„Meine Mutter?", wiederholte ich in meinem Kopf, und ich riss meine Augen auf. Ich bemerkte, wie Alec meine Hand drückte und unverständlich hin- und her sah. Was zum Teufel machte sie hier? Meine Mutter hatte mich vor Jahren verlassen, und nun stand sie am Ende der Treppe neben meinem Vater, der ihr gerade einen Kaffee reichte. Ich verstand gar nichts mehr, sodass mir komplett die Worte fehlten.

„Was? Wie? Warum?", flogen die Fragen in meinem Kopf herum.

„Lou", versuchte meine Mutter mich zu erreichen.

„Nenn mich nicht so", kam es schlagartig aus meinem Mund. Ich spürte das Pochen in meinen Adern, doch wusste nicht, wie ich mich fühlen sollte. Wir gingen die Treppe runter, bis Alec und ich vor ihnen standen.

„Das ist Alec, Louisas Freund", stellte mein Vater ihn vor.

„Hallo, ich bin Louisas Mutter. Nenn mich einfach Liona", begrüßte meine Mutter Alec, der ihr freundlich die Hand reichte und lächelte, während ich steif danebenstand. Sie hatte mich verlassen...

„Was machst du hier?", fragte ich, als meine Mutter mich ansah.

„Du hast den Brief nicht gelesen, oder?", fragte sie rhetorisch, da sie genau wusste, dass ich es nicht getan hatte.

„Der Brief", erinnerte ich mich in Gedanken.

„Ich hatte dir darin geschrieben, dass ich zurückkommen werde und heute da sein werde. Gott, mein kleiner Schatz, ich habe dich so vermisst", versuchte meine Mutter mir näherzukommen, während bei mir nur ein Fragezeichen im Gesicht stand.

„Deine Mutter möchte wieder Kontakt zu dir, Schatz", erklärte mir mein Vater.

„Ja, das will ich. Ich würde gerne mit dir die Zeit nachholen, die wir nicht hatten." Ich sah zwischen meinen Eltern hin und her und war fassungslos.

„Du kannst nicht erwarten, dass ich dir einfach verzeihen werde. Du denkst, nachdem du Jahre weg warst, können wir einfach Mutter und Tochter spielen, ich glaube nicht. Du... Du … Du wolltest mich nicht", warf ich ihr entgegen und wurde emotional. Meine Augen füllten sich mit Tränen, und ich spürte, wie Alec meine Hand umfasste und einfach hielt. Ich versuchte mit aller Kraft, meine Gefühle zurückzuhalten, aber wie sollte das gehen, wenn es um Familie ging. Es brannte. Mein Herz, es brannte so sehr vor Schmerz, Hass und Trauer.

„Wer hat Hunger?", versuchte mein Vater die Stimmung zu lockern. Ich schickte ihm einen fragenden Blick zu. Wir setzten uns an den Tisch, neben mir Alec, der mich nicht losließ. Ich brauchte ihn. „Schönes Wetter, nicht wahr?", warf meine Mutter ein.

„Ist das ihr Ernst?", dachte ich und war genervt, dass sie so tat, als hätte sie mich nicht einfach Jahre lang im Stich gelassen. Dass sie hier, so einfach wie selbstverständlich, an unserem Tisch saß,

machte mich wütend. Ich wollte sie anschreien und danach wegrennen, aber etwas hielt mich zurück.

„Louisa, ich weiß, dass ich unsere Beziehung zerstört habe, und
ich bereue meine Entscheidung, aber bitte hass mich nicht. Ich
habe einen Fehler gemacht, der mir leider viel zu spät auffiel,
doch jetzt bin ich hier. Lass mich dich kennenlernen", fing meine Mutter an und lächelte leicht. Völlig überfordert von all dem,
sagte ich nichts und begann zu essen. Alec ging es genauso, denn
er wagte es nicht einmal, sich einzumischen und war komplett
stumm.

„Die ist so bescheuert. Wie kann sie es wagen?", schrie ich fast,
doch ich ließ die Worte dann doch lieber in meinem Kopf und
atmete stattdessen ein und aus.

26. Kapitel

„**D**u weißt, ich liebe dich, aber du musst wieder nach Hause. Zu deinem Vater und... deiner Mutter", sagte Alec gedrückt. Ich sah ihn böse an.

„Willst du mich nicht bei dir haben?", bettelte ich und setzte einen Schmollmund auf. Er sah mich an, legte den Kopf schräg und kam näher an mich heran.

„Das funktioniert nicht bei mir", erwiderte er nur und küsste mich leicht.

„Sicher?", sagte ich frech und steckte meine Hand ein kleines bisschen in seine Hose.

„Du spielst mit fiesen Karten, Lou", sagte er lächelnd an meinen Lippen.

„Darf ich jetzt vielleicht doch noch ein bisschen bleiben?", fragte ich noch einmal. Plötzlich löste sich Alec wieder von mir und sah mich an.

„Früher oder später musst du dich mit deiner Mutter konfrontieren. Louisa, hör auf zu rennen. Du rennst vor deiner Mutter weg. Ich weiß, dass es weh tut, aber das Problem mit Liona verschwindet nicht einfach", erklärte er mir und strich mein Haar aus meinem Gesicht.

„Ich bin doch noch gar nicht bereit", mein Herz drückte, und ich wusste, dass Alec recht hatte. Er hatte einfach immer recht.

„Das ist okay", sagte er und küsste mich schnell auf die Stirn. Ich lächelte zaghaft und suchte meine Sachen zusammen.

„Verdammt", dachte ich und packte meine Tasche. Natürlich wusste ich, dass Alec nur das Beste für mich wollte und mich liebte. Seitdem meine Mutter bei mir zuhause lebte, war ich die ganze Zeit woanders, entweder bei Alec oder bei Ivana. Sie hatten wahrscheinlich beide schon begriffen, dass ich nicht nur Lust auf eine Übernachtungsparty hatte. Tja, ich rannte tatsächlich weg. Ich hatte meine Mutter so lange nicht gesehen, und nun stand sie mir auf einmal direkt gegenüber. Vorher musste ich mich nicht mit ihr befassen, da sie tausend Kilometer entfernt war, doch nun trennten uns nur noch ein paar wenige Kilometer.

***

„Ich liebe dich", sagte Alec und küsste mich.

„Ich dich doch auch.", sagte ich noch immer ein wenig schmollend. Ich lächelte zaghaft und lief aus der Tür. Mein Herz raste richtig, dass ich es nicht mehr unter Kontrolle kriegen konnte.

„Was, wenn meine Mutter wieder geht? Tut es dann genauso weh wie beim ersten Mal, als sie plötzlich einfach weg war?", fragte ich mich, während ich versuchte, nicht stehen zu bleiben. Nicht stehen bleiben. Ich hatte mir gesagt, dass es egal sei, wie langsam oder schnell ich lief, Hauptsache ich bleibe nicht stehen. Mein Kopf malte sich Sachen aus, und ich konnte es einfach nicht stoppen. Und dann stand ich vor unserer Tür.

„Geh doch jetzt rein", forderte ich mich selbst auf, doch meine Beine bewegten sich nicht.

„Ivi?", sagte ich in mein Handy mit zitternder Stimme.

„Was ist, Lou?", fragte sie besorgt. Ivana wusste von nichts, ich wollte mit niemandem über meine Mutter reden, aber Alec hatte eben diese Situation miterlebt, als ich sie nach mehreren Jahren plötzlich vor mir stand.

„Ich hätte dir schon früher davon erzählen sollen, aber ich konnte nicht. Naja, … Wie auch immer… meine Mutter ist da. Ja, das ist jetzt unglaubwürdig, aber sie ist seit drei Wochen in unserem Haus, und ich wohne bei Alec. Das ist alles zu viel für mich. Ich wusste nicht, wie ich mit dieser Situation und mit ihr umgehen sollte. Naaa. Jetzt stehe ich auf jeden Fall vor unserem Haus und kann nicht reingehen", sagte ich ihr kurzgefasst und schnell. Ich schnappte nach Luft, und in mir machte sich Panik breit, wieder ins Haus zu gehen.

„Ähm…ok. Das war jetzt echt schnell, aber ich glaube, ich habe es kapiert." Ich lief, mit meinem Telefon am Ohr die Einfahrt auf und ab.

„Ich kann mir vorstellen, dass es sehr schwer für dich ist, aber das ist jetzt deine Challenge, du musst da durch. Wenn du dem Ganzen nur aus dem Weg gehst, schadest du dir nur selbst. Ich sage nicht, dass du sie gleich wieder in dein Herz lassen musst, aber davor wegrennen solltest du nicht", sagte Ivana vorsichtig. Gott, sie hatte auch recht.

Ich nahm meine Kraft zusammen und ging rein. Unsere Augen trafen sich sofort, und während sich ihr Gesichtsausdruck aufhellte, wurde ich ganz starr und stumm.

„Louisa", sagte sie verwundert, aber auch glücklich.

***

Es war seltsam zwischen meiner Mutter und mir. Wir wussten nie, wie wir miteinander reden sollten. Oftmals standen wir einfach nebeneinander und sprachen nicht. Total unangenehm. Doch ich merkte, wie meine Mutter versuchte, mehr über mich zu erfahren, indem sie einfache Fragen stellte. Das Schlimmste an allem war, dass wir uns wie Fremde fühlten und wenig oder gar nichts über den anderen wussten. Meistens war mein Vater nicht mal da, und so war ich gezwungen, ganz allein mit meiner Mutter zu sein. Als hätte er es dieses Mal mit Absicht gemacht.

„Spielst du noch Klavier?", fragte sie mich und sah zum Flügel.

„Selten", antwortete ich kurz und rührte die Soße fürs Essen an. Ich merkte, wie meine Mutter versuchte, mir näher zu kommen, doch ich konnte es nicht zulassen. Jedenfalls nicht an diesem Tag.

„Sag mal, schafft es Miles immer noch nicht, die Schuhe ins Regal zu stellen?", fragte sie mich und lachte. Wir sahen beide zum Schuhregal am Eingang, wo die Schuhe meines Vaters kreuz und quer standen.

„Nein. Ich glaube, das wird er nie auf die Reihe kriegen", antwortete ich und lachte. Als ich zu meiner Mutter rüberschielte, sah ich, wie sie mich ansah. Sie hatte plötzlich dieses Glitzern in den Augen. Doch die Realität schien uns wieder einzuholen, und die Stimmung wurde wieder angespannt. Ich hörte auf zu lachen, und meine Mutter begann, einen Salat zu waschen. Meine Mutter war wunderschön und wirkte wie 35 oder so. Mein Vater hatte mir oft gesagt, wie ähnlich ich ihr war, auch wenn andere immer sagten, ich würde meinem Vater ähnlicher sein. Sie hatte dunkles Haar und dunkle Augen mit so schönen langen Wimpern und eine Figur, die den Traummaßen nahekam.

„Hey!", rief eine sehr, sehr bekannte Stimme aus dem Eingangsbereich. Ivana kam und setzte sich zu uns in die Küche.

„Hallo, ich bin Ivana, Lous beste Freundin," sagte sie einfach und lässig. Der Blick meiner Mutter änderte sich schlagartig, und sie stellte sich ebenso vor.

„Willst du uns helfen oder warum bist du gekommen?", fragte ich sie, während sie sich am Kühlschrank bediente und sich ein Glas mit Orangensaft nahm.

„Wir wollten uns doch treffen", erinnerte sie mich, während ich völlig verwirrt war.

„Wollten wir?", fragte ich verwundert.

„Jupp", rief sie mir zu, während sie sich auf der Couch im Wohnzimmer breitmachte. Die Stimmung im Raum war gleich ganz anders, angenehmer, als würde sie die unangenehme Stimmung nicht bemerken. Irgendwie war es lustig zu beobachten, wie zu Hause sich Ivana bei mir fühlte und so tat, als würde sie hier wohnen oder Teil der Familie sein. Also für mich war sie auch Familie, also so in etwa.

„Wie lange kennt ihr euch schon?", fragte meine Mutter und lehnte sich zu mir, damit Ivana es nicht mitbekam.

„Nicht so lange, ich glaube, so in etwa zwei Jahre. Wir lernten uns kennen, nachdem ich aus dem Krankenhaus kam. Ivana war meine Trainerin, um mich wieder fit zu machen. Sie hat mir echt geholfen, mich körperlich wieder auf die Höhe zu bringen", erzählte ich und gab dieses Mal mehr als zwei Sätze von mir. Ich sah sie an und lächelte. Meine Mutter sah erschüttert aus, sie schien sich schlecht zu fühlen.

„Ich wäre gern für dich da gewesen", gab sie zu und berührte meine Hand. Ich sah auf meine Hand, zog sie aber nicht weg.

„Ich weiß", erkannte ich und kämpfte mit den Tränen.

„Geh ruhig mit deiner Freundin und komm dann zum Abendessen wieder, okay? Ich mach das schon hier", sagte sie lächelnd und übernahm die Essensvorbereitung.

***

„Ich habe dir bisher nie erklärt, warum meine Mutter nicht da war, oder?", fragte ich zögernd, bereit, Ivana meine Geschichte zu erzählen. Oder vielmehr die Geschichte, warum ich ohne Mutter aufwachsen musste.

„Vielleicht hätte ich es dir schon früher erzählen sollen, aber ich hatte Angst, dass es mich noch einmal umhauen würde. Ich habe mir bisher immer eingeredet, dass es in Ordnung war und dass sie schließlich auch ihr eigenes Leben hatte. Doch jetzt begreife ich erst, wie egoistisch das war, wenn ich es dir erzähle. Und zu akzeptieren, dass ... das ... das ..." Es fiel mir schwer, über meine Mutter zu sprechen. Es fühlte sich an, als würde man mir noch einmal das Herz rausreißen. Die bloße Erinnerung daran, wie ich damals immer geweint hatte, wie ich vor der Tür saß und darauf wartete, dass meine Mutter zurückkam. Irgendwann hatte ich die Geduld verloren, und mit ihr wuchs meine Wut.

Da standen wir nun im Park und umarmten uns. Es war schön, von Ivana umarmt zu werden, denn es war nicht nur eine Umarmung, nein, sie hielt mich fest.

„Danke", flüsterte ich und schenkte ihr ein leichtes Lächeln.

Als meine Mutter ging, war ich noch so klein. Ich wusste nicht, dass mich das so fertig machte, dass sie mich verlassen hatte. Es war Normalität ohne sie, auch wenn das gemein klang. Nie musste ich mich mit ihr auseinandersetzen, weil sie weg war. Aber irgendwas in mir war glücklich, dass sie wieder da war, und gleichzeitig war ich immer noch voller Wut. Ivana und ich liefen den Green Park in London entlang, er war wunderschön und so grün. Dieses Grün drückte so viel Lebenskraft und so viel Stärke aus. Es war so frisch und kräftig. Der Himmel war so blau, und die Sonne so warm. Wenn ich die Natur ansah, sah ich die Schönheit, die wahre Schönheit. All das künstlich Dargestellte war auf eine Art schön, doch die Natur besaß die wahre Schönheit. Wir liefen durch eine Allee von Bäumen, die uns Schatten spendeten, wie eine Straße mit einem grünen Dach.

„Ich und Even haben Schluss gemacht", schoss es auf einmal aus Ivana heraus. Schlagartig blieb ich stehen und starrte sie an. „Wieso?", fragte ich entsetzt. Even und Ivana waren so perfekt, wie ein Traumpaar.

„Es hat einfach nicht mehr gepasst. Wir beide haben gemerkt, dass wir unsere eigenen Wege gehen. Wir haben zusammen die Entscheidung getroffen", erzählte mir Ivana und zog mich an die Seite auf eine Parkbank. „Aber ihr schienst wie füreinander gemacht zu sein…", sagte ich immer noch fassungslos.

„Lou, es ist besser so, außerdem verlässt er London", sagte sie lässig, als wäre es keine große Sache mehr.

„Hast du ihn nicht geliebt?", fragte ich verunsichert nach, während Ivana lachte.

„Naja, ich dachte, das würde ich, doch ich hatte ihn nur lieb, nicht geliebt. Lou, jetzt guck nicht so entsetzt." Ivana stupste mich an, als würde sie mich wieder in die Realität zurückholen wollen. Tja, ich hätte nie gedacht, dass eine Beziehung auf einmal so schnell vorbei sein kann. Ivana und Even waren nicht mal so lange zusammen.

„So jetzt reicht es. Was ist jetzt eigentlich mit dir und Alec?", fragte sie und grinste.

„Was soll sein?", fragte ich unschuldig und fummelte an meinen Haaren rum, bis Ivana mir mein Haar zurückstrich, sodass ich aufhörte.

„Seid ihr nun zusammen? Was ist das zwischen euch? Ist das was Ernstes? Wahrscheinlich, oder?", fragte sie hastig und wirklich sehr neugierig.

„Also Alec und ich...", fing ich an, doch dann stellte ich fest, dass ich keine Ahnung hatte.

„Sind wir ein Paar?", fragte ich mich selbst in Gedanken und das immer wieder und wieder.

„Ich weiß nicht", antwortete ich unsicher.

„Wie?", verwirrt sah sie mich an. Gott, ich hatte mir darüber noch gar keine Gedanken gemacht. Was war ich denn für Alec?

„Ach Schätzchen, ich glaube, wir müssen das herausfinden." Ich nickte, und in meinem Kopf fing ich an zu zweifeln. Was ist, wenn Alec mich auch nur liebte, wie Ivana Even, aber er mich nicht liebte, wie ich es tat?

27. Kapitel

Als ich den ersten Bissen von meinem Toast nahm, spürte ich, wie mir nichts schmeckte. Alles erschien langweilig und ungenießbar. Mein Kopf schien völlig abwesend zu sein, während mein Körper automatisch versuchte, mich zu ernähren. Selbst mein Früchtetee schien nach nichts zu schmecken, egal wie viel Zucker ich hinzufügte. Die süße Note blieb aus, als ob der Zucker sich weigerte, den Tee zu veredeln.

„Guten Morgen", rief mein Vater fröhlich und drückte mir einen Kuss auf den Kopf. Er setzte sich neben mich, warf einen Blick auf meinen Teller und dann auf meinen Tee.

„Früchtetee?", fragte er interessiert. Ich brummte nur ein „ja".

„Darf ich?", fragte er und probierte den Tee.

„Louisa, was hast du mit dem Tee gemacht?!", entfuhr es ihm angewidert und entsetzt.

„Da muss ein Kilo Zucker drin sein", stellte er fest und rührte mit dem Löffel am Boden der Tasse. Ein leises „Oh" kam nur aus meinem Mund.

„Deine Mutter hat eine Wohnung in Kensington gefunden", verkündete er die Neuigkeit. Inzwischen kam ich ganz gut mit der neuen Situation zurecht, mit meiner Mutter. Sie gab sich wirklich alle Mühe, mir näherzukommen. Ich blockte sie nicht mehr ab und ließ sie mich kennenlernen. Das war irgendwie auch ein wenig seltsam, da sie meine Mutter war und so wenig über mich wusste.

„Das ist großartig", sagte ich und setzte ein Lächeln auf.

„Eine wirklich schöne Gegend", fügte er hinzu und nahm sich ein Toast aus dem Brotkorb. Ich war noch nie in Kensington gewesen. Wenn ich mich irgendwo rumtrieb, dann immer in der Nähe von London City oder in Soho bei Alec.

***

Mein Handy vibrierte in meiner Hosentasche. Als ich die Nachricht sah, stand dort nur eine Nummer.

„+44 037 4290 2347", las ich die Nummer stirnrunzelnd vor.

Sofort entsperrte ich mein Handy, um dann zu sehen, dass meine Mutter mir geschrieben hatte. Tatsächlich hatte ich nie ihre Nummer. Es war schon komisch, wie fremd sie war. Sie sollte eigentlich mir das Gefühl geben, dass sie meine Familie war, aber allein der Gedanke daran, sie zu sehen, ließ mich einen Schritt zurückgehen.

+44 037 4290 2347: Hallo Louisa, hier ist Liona. Miles hat mir deine Nummer gegeben, deshalb schreibe ich dir gerade. Ich überlege, ob wir vielleicht zusammen etwas unternehmen möchten. Du weißt schon, so ein Mutter-Tochter-Tag. Ich würde dich gerne besser kennenlernen. Was denkst du?

Ich las ihre Nachricht, schwebte mit den Fingern über meiner Tastatur und wusste nicht, was ich antworten sollte. Sollte ich zustimmen? Mein Herz klopfte schwer, denn es fühlte sich an, als würde ich ein Risiko eingehen. Ich hatte Angst davor, sie wieder in mein Leben zu lassen. Denn wenn ich jemanden einmal wirklich ins Herz schloss, konnte ich die Person nicht mehr loslassen, oder ich würde erneut zerbrechen. Nach allem, was ich dieses Jahr durchgemacht hatte, wollte ich nicht zurückfallen in mein altes, schwaches „Ich". Inzwischen wusste ich, wer ich war und dass ich mich selbst beschützen musste. Ich war das wertvollste Gut in meinem Leben, denn bis zum Ende meines Lebens bleibt mir nur ich selbst. Ich allein. Auch wenn ich nun nicht mehr allein war, verstand ich, dass die Liebe, die ich anderen gab, auch mir selbst gehören sollte.

Wenn nun meine Mutter wieder in mein Leben kam, wäre es nur eine Frage der Zeit, bis ich mich an sie gewöhnte oder sogar begann, sie richtig zu lieben. Und wenn sie sich dann doch entschied, wieder zu gehen, würde das kleine Kind in mir herausbrechen, das damals nicht verstehen konnte, warum es keine Mutter haben durfte. Eine Mutter, die ihre Tränen trocknete, wenn sie weinte. Eine, die mit ihr spielte. Eine, die mit ihr lachte, bis ihr Bauch schmerzte. Oder eine, die ihr davon erzählte, wie sich ihre Eltern kennengelernt hatten, warum sie sich für den Namen „Louisa" entschieden hatten. Eine Mutter, die ihr erzählte, was sie so besonders machte. Aber ich hatte nichts davon. Auch mein Vater war nicht der, den ich mir gewünscht hatte. Ich liebe ihn sehr, aber ich hatte immer das Gefühl, ich sei nicht seine Priorität im Leben. Und so entwickelte sich alles dahin, dass ich zu der Person wurde, die verzweifelt nach Liebe suchte, sei es bei ihren Eltern, ihren Freunden oder...

Ich: Gern.

Stimmte ich dann doch zu. Ich war bereit, etwas zu riskieren, auch wenn sich meine Mutter doch wieder entschieden sollte zu gehen. Ich wusste nun, dass ich nicht mehr allein war, komme was wolle.

Irgendwie freute ich mich auch darauf, meine Mutter besser kennenzulernen und auch dass sie Kontakt wollte. Ob sie Ähnlichkeiten mit mir hatte?

28. Kapitel

Die ganze Denkerei machte mich verrückt. Alec brachte mich dazu, über alles nachzudenken, und es war so furchtbar anstrengend. Ich fühlte mich fast geplatzt vor lauter Gefühlen und Gedanken, also entschied ich mich, in mein Tagebuch zu schreiben, um mir Luft zu machen. Immer wenn ich etwas in mein Tagebuch schrieb, hatte ich danach das Gefühl, besser damit umgehen zu können. Deshalb war das Tagebuchschreiben für mich so besonders geworden.

Ich lief in meinem Zimmer umher und suchte vergeblich nach meinem Tagebuch. Manchmal war ich wirklich schusselig und wusste mal wieder nicht, wo ich es hingelegt hatte. Ständig legte ich Dinge irgendwo ab und vergaß, wo ich sie platziert hatte. Dazu kam, dass man Tagebücher auch versteckte, damit niemand sie sah oder las, was es noch schwieriger machte, sie zu finden.

„Gefunden!"

Wo war es? Es lag genau an der gleichen Stelle wie immer. Ich klatschte mir gegen die Stirn, weil es mal wieder so ein typischer Moment war, in dem ich nicht realisierte, dass mein Tagebuch immer an derselben Stelle lag. Ich öffnete die Schublade meines Nachttisches und holte es heraus. Obwohl ich bisher nicht so viel hineingeschrieben hatte, musste ich ein paar Seiten umblättern, um eine leere Seite zu finden.

Tagebucheintrag 7#

Ich denke, jede Zeit
Keine Pause
Mein Kopf sagt, was wäre, wenn...?
Ich sage stopp
Doch mein Kopf hört nicht auf
Denke über alles nach, doch nicht an mich

Ich zerbreche meinen Kopf, vor tausend Fragen
Fragen über Fragen
Stopp, rufe ich, doch ich denke weiter
Es hört niemals auf
Warum?

Schaue hoch zu den Sternen, frage mich warum
Warum dies, warum das?
Kommt nur vor, wenn ich allein bin
Mein alleiniges „ich" macht mich fertig

Eine Pause wünsche ich
Ich will an nichts denken
Der Wunsch: einen sorglosen freien Kopf für einen Tag
Frei, sorglos...

Ende Tagebucheintrag

Ich legte mein Tagebuch wieder in den Nachttisch, atmete tief durch und verließ mein Zimmer. Während ich den Flur entlangging, spürte ich plötzlich mein Handy vibrieren in meiner Hosentasche. Ich zog es heraus und sah den Namen, nach dem ich mich sehnte, auf dem Display: Alec. Mein Herz begann schneller zu schlagen, als ich die Nachricht sah. Ich konnte nicht widerstehen und blieb mitten im Flur stehen, um sie sofort zu lesen.

Alec: Hey

Mit einem breiten Grinsen antwortete ich sofort auf seine Nachricht.

Ich: Hey:)

Alec: Ich will dich sehen. Lust auf ein Date?

Mein Grinsen wurde noch breiter, als ich seine Nachricht las. Ich hätte nicht gedacht, dass es möglich war, aber ich freute mich noch mehr.

Ich: Ja, hast du etwas Bestimmtes vor?

Alec: Ja klar! Ich sag dir eins, nimm Badesachen mit. Ich hole dich heute Abend um 18 Uhr ab. Freu mich auf dich <3

Alec machte es immer spannend. Wirklich jedes Mal umgab er seine Pläne mit einem Hauch von Geheimnis, und wenn ich ein Date plante, konnte ich es einfach nicht für mich behalten und erzählte es ihm sofort.

Ich: Ich mich auch auf dich! <3

Lächelnd ließ ich mein Handy in meine Hosentasche gleiten.

„Warum so fröhlich, Miss Louisa?", fragte Bruna mit einem Korb voller weißer Hemden meines Vaters.

„Ich habe heute Abend ein Date", sagte ich und konnte meine Freude kaum verbergen. Alec und ich kannten uns nun seit zwei Jahren. Zwei Jahre waren eigentlich nichts, doch es fühlte sich an, als hätte es kein Leben davor gegeben, kein Leben ohne ihn. Wenn mich jemand fragen würde, wieso, dann würde ich sagen, dass ich, bevor ich Alec und Ivana kannte, noch nicht richtig gelebt hatte. Es klang traurig, dass mein Leben davor für mich nicht existierte, doch jetzt lebte ich endlich.

„Oh", machte sie und zog die Augenbrauen hoch. Ich lachte und eilte schnell in mein Zimmer, um mich auf das vorzubereiten, was auch immer Alec vorhatte.

Ich rannte in meinem Zimmer umher, als würde er jeden Moment vor meiner Tür stehen, dabei dauerte es noch zwei Stunden, bis es 18 Uhr war. Ich wusste nicht, was ich anziehen sollte oder welchen Bikini ich wählen sollte. Ich wollte etwas, bei dem ich richtig gut aussah, aber nicht zu freizügig wirkte. Aber irgendwie auch schon ein bisschen freizügiger als ich sonst am Strand rumlaufen würde. Einen Bikini, der meinen Körper heiß aussehen ließ, aber nicht zu gewollt sexy wirkte.

„Wow", dachte ich, denn nie hätte ich gedacht, dass ich mir plötzlich so einen Kopf machte, bei dem, was ich anzog. Ich entschied mich für einen schwarzen Bikini. Das Oberteil war ganz normal schwarz, mit Schnüren zum Zuknoten, während die Badehose schwarz und knapp war. Ich fühlte mich gut in diesem Bikini und entschied mich deshalb für ihn. Hastig zog ich meinen Bikini an und darüber ein einfaches weißes Top mit einer blauen Jeans. „Eine Handtasche?!", dachte ich laut und öffnete meinen Schrank. Ich hatte nicht viele Handtaschen und doch brauchte ich eine Weile, um eine auszusuchen. Sie war wunderschön, schwarz und einfach, mit kleinen Goldakzenten. Ich wollte perfekt aussehen und fügte deshalb meinem Outfit noch ein Funkeln hinzu. Vorsichtig steckte ich mir kleine Goldohrringe in die Ohrlöcher, während ich mich im Badespiegel ansah.

Diese kleinen Goldringe machten mein Outfit perfekt. Natürlich trug ich auch eine Kette, doch die musste ich nicht anlegen, da ich sie immer trug. Ich umfasste den kleinen Anhänger und sah mich lächelnd im Spiegel an. Mein Spiegelbild zeigte eine starke Frau, die ganz anders war, als die, die ich vor zwei Jahren im Spiegel gesehen hatte. Mein Handy klingelte und erinnerte mich daran, dass es 18 Uhr war, und sofort sprang ich auf. Mein Herz begann aufgeregt zu klopfen und meine Lippen freuten sich darauf, seine bald zu berühren. So schnell wie ich konnte, eilte ich die Treppen hinunter, zog meine Schuhe und eine kleine Jacke an und öffnete die Tür, bevor Alec klopfen konnte.

„Hey", sagte er und nahm die Hand wieder runter, die er zum Klopfen gehoben hatte.

„Hey", antwortete ich und hörte das kleine 12-jährige Mädchen aus mir antworten. Alec packte meine Taille und zog mich für einen Kuss an sich. Und wieder schmolz ich dahin. Niemals könnte ich davon genug bekommen. Wir lösten uns, ich zog die Tür hinter mir zu und ließ mich an der Hand zu seinem Auto führen.

Ich würde gerne mal am Steuer sitzen, doch ich hatte noch keinen Führerschein, auch wenn das kaum zu glauben war für eine 18-jährige, die bald 19 würde.

„Bitte einsteigen", sagte er und öffnete mir die Tür.

„Alec, dass brauchst du nicht jedes Mal machen", versuchte ich ihm jedes Mal zu erklären, doch es schien ihm wohl zu gefallen.

***

Wir fuhren am Green Park vorbei, überquerten eine Brücke und durchquerten ein charmantes Stadtviertel, bis wir nach 3,5 Meilen ankamen. Die Autofahrt dauerte nur 14 Minuten. Mit jedem Halt dachte ich, wir wären bereits am Ziel angekommen, bis Alec das Auto parkte und ich aus dem Fenster blickte. Die Umgebung war zauberhaft, mit hohen Gebäuden und grünen Wegen, die sich zwischen ihnen schlängelten. Alles war so anders als zuhause, und ich fragte mich, wo wir wohl schwimmen würden.

„Aber ist es nicht schön hier?", fragte Alec, als er meine Hand nahm und mir eine Gänsehaut bereitete.

„Ja, aber wo werden wir hier schwimmen? Hast du vor, im Springbrunnen zu planschen?", fragte ich lachend und deutete auf den Brunnen vor uns.

„Du hast es erkannt", antwortete er mit einem Grinsen. Doch bevor ich weiter darauf eingehen konnte, unterbrach er mich mit einem Kuss und flüsterte mir ins Ohr, dass es nur ein Scherz war.

„Mach es doch nicht so spannend", flehte ich ihn an.

„Wo gehen wir hin? Ist es noch weit?", fragte ich ungeduldig, doch Alec blieb geheimnisvoll.

„Sei nicht so neugierig. Wir sind schon da", sagte er und deutete mit einem Finger nach oben. Ich folgte seinem Blick und sah einen riesigen, komplett durchsichtigen Pool zwischen zwei Gebäuden schweben.

„36 Meter hoch, und wir werden dort hingehen", erklärte er beiläufig, während ich fassungslos auf den Pool starrte.

Ich versuchte ihm klarzumachen, dass das illegal sei, doch er ignorierte meine Bedenken und klingelte an der Tür eines der Gebäude.

„Luca's Freundin wohnt hier, sie bringt uns nach oben, und dann haben wir den Pool ganz für uns allein", erklärte er, als die Tür geöffnet wurde. Wir betraten das Treppenhaus, und als sich die Tür hinter uns schloss, drückte Alec auf den Knopf, um den Fahrstuhl zu rufen. Mir stockte der Atem bei dem Gedanken, dass wir bald in einem riesigen Glaspool, 36 Meter über dem Boden, schwimmen würden.

„Wie kommt man nur auf so eine Date-Idee?", fragte ich, während ich meine Hände in seine Hosentaschen steckte und ihn ansah.

„Ich liebe dich", flüsterte ich, als ich in seine dunklen Augen sah, und Alec erwiderte meine Gefühle, indem er mich küsste. Während ich mich ihm näher fühlte, drückte ich ihn gegen die Wand des Fahrstuhls und spürte, wie die Leidenschaft zwischen uns entflammte.

Die Tür des Fahrstuhls öffnete sich, und wir betraten einen atemberaubenden Ausblick. Von hier oben konnten wir ganz London sehen, umgeben von imposanten, verglasten Gebäuden, die von warmem Licht erhellt wurden.

Alecs Hände umfassten meine Taille von hinten, und sofort

durchzuckte mich eine angenehme Gänsehaut. Langsam drehte ich mich um, mit seinen Händen immer noch an meiner Taille. Seine Augen ruhten nur auf mir, und in diesem Moment wünschte ich mir, ein Foto von ihnen zu machen, um seine Schönheit festzuhalten. „Überraschung", sagte er stolz lächelnd.

„Ich weiß gar nicht, was ich sagen soll... Das ist einfach... wow", brachte ich hervor und bedankte mich mit einem Kuss.

„Lou, ich weiß nicht, was du mit mir gemacht hast, dass ich solche Dinge tue. Aber ich würde es jeden Tag tun, nur um dich so anzusehen, wie du gerade aussiehst", gestand er, während ich meine Hand auf seine Brust legte, um sein pochendes Herz zu spüren. Seine Hand umschloss meine, die auf seiner Brust ruhte. „Willst du meine Freundin sein?", fragte er mich. Ich sah sofort zu ihm hoch. Tage lang hatte ich darüber nachgedacht, ob Alec mich genauso wollte, wie ich ihn, und nun stand er hier auf einem Dach, mit einem Pool, und fragte mich, ob ich seine Freundin sein wollte!

„Und?", wiederholte er die Frage.

„Ja, verdammt! Das ist doch klar!", rief ich und ließ mich von ihm anziehen. Er küsste mich, und obwohl es sich anders, aber unglaublich anfühlte, schloss ich meine Augen und ließ mich fallen, genauso wie er. Alec zog mein Top aus und bewunderte meinen Bikini.

„Der ist schön", flüsterte er dicht an mir.

„Finde ich auch. Möchtest du den Rest des Bikinis sehen?", fragte ich und ließ meine Hose zu Boden gleiten.

„Wie sieht es mit dir aus?", fragte ich, während er ohne ein Wort zu sagen seine Badehose anzog. Ohne lange zu zögern, tauschten wir erneut Blicke aus und fanden uns wieder an den Lippen des anderen. Ich keuchte, als Alec meinen Hals und dann meine Brüste küsste. Mein Atem ging schwer, und ich hielt mich an seinem Hosenbund fest, während seine Hände meinen Rücken hinunter wanderten.

„Alec, was hast du vor?", fragte ich ihn, als er mich hochnahm und mit mir zum Wasser lief. Ich klammerte mich fest an ihn, doch statt mich ins Wasser zu werfen, führte er mich Stufe für Stufe hinein. Diese Situation erinnerte mich an das Wochenende am Meer, was mich schmunzeln ließ. Das Wasser war nicht einmal kalt, sondern angenehm warm. Es berührte zuerst meine Füße, dann meine Beine, meinen Po und schließlich meinen ganzen Körper.

Als Alec mich losließ und untertauchte, sah ich mich um und bemerkte den Abgrund unter uns.

„Oh Gott, ist das hoch", flüsterte ich, mein Herzschlag wild. Alec tauchte wieder auf und nahm meine Hände. Er sah einfach umwerfend aus.

„Mein Freund", nannte ich ihn stolz und küsste seine nassen Lippen. Keine Minute verging, und schon fand ich mich auf seiner Hüfte sitzend, unsere Lippen erneut vereint.

„Alec?", fragte ich unsicher, als er mich zur Kante des Pools führte.

„Du musst die Aussicht sehen." Er legte seine Hand an mein Gesicht. „Schau nicht nach unten, sondern geradeaus", versuchte er, mich zu beruhigen. Das Ganze war wirklich unheimlich, aber ich gewöhnte mich langsam daran und genoss schließlich die wundervolle Aussicht.

„Du schaffst es immer wieder, mich zu überraschen", sagte ich, mich zu ihm umdrehend und ihn anlächelnd. Er lehnte sich links und rechts an die Glasscheibe, um mich einzuschließen.

„Ich liebe dich"

„Ich liebe dich auch, Lou."

Diese drei Worte hatten so viel Kraft und Bedeutung für uns. Genau diese drei Worte und das eine spezielle Wort hatten immer in meinen Träumen eine große Rolle gespielt.

„Nun sind wir wohl offiziell ein Paar." Ich sah grinsend zu ihm hoch. Er lächelte und strich mir eine nasse Strähne aus dem Gesicht.

„Ja, das bedeutet, ich werde dich nie wieder gehen lassen", sagte er und küsste mich sanft, sodass ich förmlich dahinschmolz.

„Gut", erwiderte ich zwischen unseren Küssen.

29. Kapitel

In meinem verzweifelten Suchen nach dem Rezept für den Schokoladenkuchen kramte ich wie verrückt in dem Rezepte-Ordner herum, doch nirgendwo fand ich, was ich dringend brauchte.

„Guten Morgen, mein Schatz", begrüßte mich mein Vater und machte sich einen Kaffee, während seine Augen immer wieder fragend zu mir wanderten.

„Was suchst du?", fragte er und beugte sich über meine Schulter.

„Ich suche ein Rezept für einen Schokoladenkuchen, für Alecs Geburtstag", antwortete ich, ohne aufzublicken und meine Finger weiter auf der Suche zu halten.

„Dann such doch einfach im Internet, wofür habt ihr jungen Leute es sonst", schlug er vor und schlurfte mit seinem Kaffee zum Esstisch.

Aber es ging nicht nur um irgendein Rezept. Es war das Rezept für den besten Schokoladenkuchen, den ich je gegessen hatte. Besonders nach all dem, was Alec für mich getan hatte, wollte ich ihn einmal selbst überraschen, auch wenn meine Überraschung kleiner war als seine. Seine größte und beste Überraschung war das Date im Sky Pool von London vor fünf Monaten, als unsere Beziehung offiziell wurde. Das war bis jetzt meine liebste Erinnerung.

„Immer noch nichts gefunden?", fragte er und kam zu mir, um seine Tasse in die Spüle zu stellen.

„Louisa, hier ist es doch, ich habe es schon rausgelegt", sagte er und lachte.

„Du Schussel", neckte er mich und nahm das Rezept von seiner Zeitung, die auf dem Ablagetisch neben dem Ordner lag.

„Was?", fragte ich verwirrt. Wie konnte das sein?

„Warum bist du so durcheinander, mein Schatz?", fragte er und gab mir einen Kuss auf die Stirn.

„Wahrscheinlich, weil ich heute Alecs ganze Familie kennenlernen werde", murmelte ich, während ich alle Zutaten für den Kuchen herausholte.

„Das Mehl hast du vergessen", erinnerte er mich und ging mit seiner Zeitung ins Wohnzimmer.

Dieses Mal hatte ich das perfekte Geschenk für Alec. Wir hatten sogar schon darüber gesprochen, einfach mal zu zweit wegzufahren. Und nun würde ich es wahr werden lassen, indem ich ihm eine Reise mit mir nach Spanien schenkte. In Spanien, wo mein Vater ein Haus hatte, dorthin wollte ich mit ihm. Ich hoffte, dass ihm mein Geschenk gefallen würde.

„Hoffentlich hat er keine anderen Pläne", sagte ich und legte meine Hände betend zusammen.

„Es wäre so perfekt mit ihm", dachte ich und holte die restlichen Backutensilien aus den Schränken.

Ich liebte es zu backen, weil ich die Reaktionen der anderen so genoss, wenn sie meine Kuchen probierten. Früher, als meine Großeltern noch lebten, hatte ich ihnen fast jedes zweite Wochenende einen Kuchen gebacken und ihn ihnen nach Hause gebracht. Ich vermisste die beiden sehr, vor allem, weil mein Vater und ich dann plötzlich so allein waren, oder besser gesagt, ich allein war.

***

Ich zählte die Zutaten auf - Eier, Mehl, Zucker, Kakaopulver, Backpulver, Zartbitterschokolade - und stellte sie alle um die Schüssel, in die der Teig kommen würde. Mit einem Löffel Butter fing ich an, eine Springform einzufetten. Danach gab ich alle anderen Zutaten für den Teig in die Rührschüssel und vermischte alles gründlich mit dem Rührgerät. Als der Teig eine gleichmäßige Konsistenz hatte, ließ ich die geschmolzene Zartbitterschokolade in den Teig fließen und rührte sie auf niedriger Stufe unter. Nachdem der Teig fertig war, füllte ich ihn in die vorbereitete Springform und schob sie in den Ofen. Zurück blieb eine leere Schüssel mit Teigresten.

„Das ist der beste Teil", dachte ich laut und löffelte den restlichen Teig genüsslich.

Nach einer langen Backzeit von 30 Minuten im Ofen konnte ich endlich meinen perfekten Kuchen bewundern. Er sah tatsächlich perfekt aus, und ich war richtig stolz auf mein Werk. Als der Kuchen abgekühlt war, konnte ich den Schokoladenüberzug darüber laufen lassen - das war das Highlight des Ganzen.

Während der Kuchen abkühlte, eilte ich ins Zimmer, um mir ein Outfit für Alecs Geburtstag auszusuchen. Nach unzähligen Outfitwechseln war ich völlig erschöpft. Ich hatte keine Ahnung, wie schwer es sein konnte, das richtige Outfit zu finden. Es war mir wichtig, bei seiner Familie einen guten Eindruck zu hinterlassen, nicht zu freizügig zu wirken, aber auch nicht zu förmlich. Da draußen war es Herbst und sehr windig, daher durfte ich auf keinen Fall zu kalt angezogen sein. Ich spähte aus meinem Fenster.

Der Wind peitschte die Blätter immer wieder gegen die Scheibe, und irgendwie fand ich es beruhigend. Die Blätter hatten wunderschöne Farben, jede einzelne besaß ihre eigene Mischung. Das eine war mehr rot, das andere mehr gelb.

Nachdem mein Zimmer mit Kleidungsstücken übersät war, fand ich endlich das perfekte Outfit. Schnell schlüpfte ich in meine weiße Bluse, darüber einen beigen Pullunder und eine blaue Jeans. Die Zeit drängte, ich musste den Kuchen fertig machen und Alecs Geschenk einpacken. Also zog ich mich schnell an, warf einen letzten Blick in den Spiegel und machte mich dann wieder an die Kuchenglasur.

***

Mit dem Kuchen auf dem Schoß und den Karten für die Reise wurde ich von Peter zu Alec gefahren. Mein Herz klopfte stark, als das Auto sich in Bewegung setzte, und es klopfte noch stärker, als ich den ersten Schritt auf die Haustür zu machte. Meine Finger zitterten, als ich die Klingel drücken wollte. Ich versuchte, meine Nervosität nicht zu zeigen, und setzte ein Lächeln auf. Was, wenn Alecs Familie mich nicht mochte? Die Tür öffnete sich, und ein kleines Mädchen mit geflochtenen Zöpfen stand vor mir.

„Wer bist du?", fragte sie verwundert. Sie sah total niedlich aus mit den Zöpfen und dem braunen Jeanskleid. Die Zöpfe erinnerten mich an meine Mutter. Meine Mutter hatte mir damals fast jeden Tag auch solche Zöpfe gemacht.

„Hey", rief Alec und kniete sich zu dem kleinen Mädchen.

„Amelia, das ist meine Freundin. Louisa, das ist meine Cousine Amelia", erklärte er und stupste die kleine Maus auf die Nase. Sie mochte ungefähr vier Jahre alt gewesen sein.

„Hallo", sagte ich und lächelte ihr zu.

„Magst du Kuchen?", fragte ich sie und zeigte ihr Alecs Kuchen, indem ich mich auf die Knie begab.

„Ja!", rief sie lautstark und hüpfte auf und ab.

„Hey, ich dachte, der ist für mich", sagte Alec im Jammerton und grinste mich dann an. Wir standen auf und guckten noch einen Augenblick Amelia zu, wie sie lautstark durch das Wohnzimmer rannte, um den anderen mitzuteilen, dass es Kuchen gab. Alec umfasste meine Hand, zog mich ran und küsste mich.

„Jetzt kannst du mir wieder deine Aufmerksamkeit schenken", sagte er frech grinsend und küsste mich noch einmal.

„Happy Birthday", sagte ich zu ihm und gab ihm meine Karte, während ich meinen Mantel aufhängte.

„Du kannst sie öffnen, wenn du willst" Als ich merkte, wie gespannt er auf die Karte sah. Mein Herz schlug wieder aufgeregt, als er die Karte las. Ich versuchte zu deuten, was er wohl dachte, indem ich immer wieder zwischen der Karte und ihm hin und her sah. „Valencia", las er laut und blickte sofort zu mir.

Ich versuchte sein Gesicht zu lesen, doch er machte es mir etwas schwer, da er schockiert aussah, und ich nicht wusste, ob das tatsächlich ein Ausdruck der Freude war.

„Ich werde im Frühling nach Spanien fliegen und frage dich hiermit, ob du mich begleitest", erklärte ich ihm.

„Dir gefällt es nicht, oder?", fragte ich enttäuscht und machte einen kleinen Schmollmund.

„Natürlich will ich dich begleiten, nur kann ich kein Spanisch", gab er zu und fuhr sich verlegen durch die Haare. Ich lächelte, da es ihm echt gefiel und er mit mir kommen wollte.

„Ich kann für uns sprechen, und du wirst es lernen", sagte ich und sah ihn an. Plötzlich begann er zu strahlen.

„Das wird großartig. Danke, das ist das schönste Geschenk, das ich je bekommen habe … Zeit mit dir." Ich grinste, und mein Herz machte einen Sprung, als er mir das sagte. Er küsste mich auf den Mund und dann einmal auf die Stirn.

„Komm, ich will dich ganz stolz meiner Familie präsentieren", sagte er grinsend und nahm meine Hand. Ich lachte und ließ mich von ihm führen. Er stellte mich jeder einzelnen Person vor, und jedes Mal stellte er mich gleich vor.

„Louisa", rief Emily und rannte auf mich zu.

„Gut siehst du aus, Schätzchen", sagte sie, was mir schmeichelte. Sie war eine so herzliche Frau. Alecs Mutter schloss mich sofort in den Arm, während mir Paul freundlich zuwinkte.

„So so … ihr seid jetzt also ein Paar?", fragte Alecs Vater, und wir nickten.

„Willkommen in der Familie, Louisa", sagte Emily freundlich und lachte.

„Louisa war schon immer Familie, vor allem, da sie hier doch schon halb wohnt", sagte Emily und gab ihrem Mann einen kleinen Klaps auf den Bauch. Scherzend tat der so, als täte es weh.

„Wir gehen dann mal, Mama und Papa", sagte er zu ihnen, doch die schienen schon mit sich selbst beschäftigt zu sein. Wir liefen nach draußen in den Garten, wo sich die anderen Gäste aufhielten. Durch die Wolken am Himmel brachen ein paar Sonnenstrahlen hindurch, die sich gut auf der Haut anfühlten. Und die Luft war herrlich, so frisch und feucht.

„Hey, Alec", sagte der nächste Typ und umarmte ihn freudig. Ich hatte keinen Plan, wer das war, aber er war ungefähr in Alecs Alter. „Alles Gute zum Geburtstag, alter Mann" Er klopfte ihm auf die Schulter.

„Danke", sagte Alec. Die beiden schienen sich eine lange Zeit nicht gesehen zu haben.

„Wie alt bist du jetzt eigentlich?", fragte der Typ und checkte ihn überlegen ab.

„20, nicht wahr?", fragte er nach kurzer Überlegung.

„Stimmt", gab Alec von sich.

„Ach so ja … das ist meine Freundin Louisa. Louisa, das ist Noah, ein Freund, den ich von meinem Praktikum kenne", stellte er ihn vor. Daraufhin umarmte mich Noah grüßend.

„Hey, die sieht voll aus wie deine Ex", sagte er und sah mich an. Verwirrt sah ich zu Alec. Ich sah aus wie seine Ex. Was?

„Was sagst du?", fragte ich diesen Noah, der nur lachte. Eigentlich wusste ich, wie Alecs Ex-Freundinnen aussahen. Hatte er mir etwa etwas verschwiegen?

„Erzähl kein Scheiß", sagte Alec zu ihm und gab ihm einen Klaps auf den Hinterkopf und entschuldigte sich bei mir.

„Der redet immer nur Scheiß", versuchte er sich zu erklären. Dieser kleine Spaß hatte mich so aus dem Konzept gebracht, dass ich echt dachte, seine Ex hätte mir ähnlich gesehen, was ich irgendwie auch hätte verstehen können.

„Stimmt, ich mache nur Spaß. Seine Ex-Freundinnen kommen lange nicht an dich ran", sagte Noah auflösend zu mir und zwinkerte grinsend.

„Okay, reicht, ich will Louisa etwas zeigen", warf Alec ein und drehte mich von Noah weg. Ihm schien es gar nicht zu gefallen, wenn mir jemand schmeichelte, und so war mir gleich klar, dass es gar nichts gab, was er mir zeigen wollte.

„Hey", sagte ich und stoppte ihn.

„Reg dich doch nicht auf wegen dem", beruhigte ich ihn und zeigte ihm, dass ich nur Augen für ihn hatte. Ich legte meine Lippen auf seine und bewies ihm das, was er mir sofort zu glauben schien.

„Das ist eklig", sagte das kleine Mädchen, die mir die Tür geöffnet hatte. Sie hatte uns erwischt und sah uns angewidert an. Alec und ich lösten uns natürlich sofort.

„Warum machen das bloß alle?" Sie runzelte die Nase.

„Willst du Kuchen?", fragte sie mich mit ihren blauen, hellen Augen. „Gerne", sagte ich und spürte, wie meine Wangen noch glühten.

„Hey, ich habe doch Geburtstag!", rief er Amelia zu und mir hinterher, während sie mich an der Hand in die Küche zog. Alec lief hinterher und löste damit aus, dass alle anderen sich auch ein Stück Kuchen holten. Zufrieden sah ich zu, wie alle meinen Kuchen aßen und mir Komplimente gaben.

„Genau deshalb liebe ich das Backen", dachte ich. Auch wir beschlossen uns schnell noch ein Stück Kuchen zu nehmen, bevor man ihn uns wegnahm, und setzten uns an den Esstisch. Gespannt auf Alecs Reaktion beobachtete ich ihn, bei seinen ersten Stücken.

„Der ist ja furchtbar", sagte er zu mir und verzog das Gesicht.

„Er schmeckt dir nicht?", fragte ich ihn enttäuscht, während er nur grinste und noch ein Stück nahm.

„Ich liebe ihn, danke", gab er zu und legte seine linke Hand auf mein Bein. Es kribbelte unter seiner Hand, sodass ich immer wieder runter gucken musste und ein breites Lächeln aufsetzte. Seine Familie war so freundlich. Jeder schien mich hier herzlich willkommen zu heißen, und die Kinder waren echt niedlich. Auch Luca war gekommen. Er war natürlich sehr begeistert, dass ich mit Alec nun zusammen war, da er von Anfang an wusste, dass da mehr zwischen uns war und das, bevor es uns beiden überhaupt klar war.

„Dieser Idiot", dachte ich und beobachtete ihn mit seiner Freundin, gegenüber von uns am Tisch. Ich mochte Luca sehr, aber der kann auch echt nerven. Seine Freundin war wahrscheinlich sehr geduldig, oder er war einfach nicht so fies zu ihr. Der Typ liebte es mich zu verwirren.

„Spielst du mit mir?", fragte mich die kleine Amelia und stupste mich mit dem Finger an. Ich sah schnell kurz entschuldigend zu Alec und stand auf.

„Klar." Sie freute sich sehr und nahm meine Hand. Amelia war so klein, dass ich mich ein wenig unbequem bücken musste, als sie mich ins Wohnzimmer schleppte. Auf dem Boden war eine kleine Eisenbahn aufgebaut, und daneben waren kleine Figuren.

„Die ist ja cool", sagte ich zu ihr und drückte den Knopf, um die Eisenbahn fahren zu lassen. Nachdem ich schon eine Weile mit Amelia gespielt hatte, merkte ich, dass es mir plötzlich egal war, was die anderen dachten.

„Hauptsache, ich fühle mich wohl", dachte ich und baute mit Amelia den Bahnhof für die Eisenbahn auf.

„Wo ist denn das Fenster?", fragte ich suchend.

„Hier", sagte Alec und setzte sich zu uns auf den Boden. Ich lächelte ihn an und nahm mir das Fenster aus seiner Hand.

„Danke", sagte ich und sah ihn an, während er mich musterte.

30. Kapitel

Valencia

„**I**ch kann nicht mehr sitzen", sagte ich und rutschte auf meinem Po hin und her.

„Wir sind noch nicht mal im Flieger", sagte er lachend und beobachtete mich dabei, wie ich versuchte, es mir bequem zu machen.

„Ich weiß", sagte ich und stand auf, um den Snackautomaten anzustarren. Nichts sprach mich an, also blieb ich noch eine Weile davor stehen, und wartete darauf, bis ich auf etwas Lust bekam.

„Wollen wir uns ein Kakao holen?", fragte mich Alec und zog mich dann vom Automaten weg.

„Ja, okay", sagte ich schmollend, doch als ich all die Gebäckstücke im Café des Flughafens sah, besserte sich meine Laune. Ich bestellte mir zum Kakao ein Croissant und Schokoladenmacarons. Gemeinsam mit Alec schlürften wir unsere Getränke an einem Tisch im Café.

„Warum siehst du mich so an?", fragte ich ihn, da er mich beim Essen beobachtete.

„Du bist süß, wenn du dich so über Essen freust", gab er zu und ließ seine Augen nicht von mir.

Sobald mein Bauch leer war, konnte man das an meiner Laune merken, aber Alec schien damit immer perfekt umzugehen. Ich konnte mir sogar vorstellen, dass er wusste, was ich brauchte.

„Der Flug LH332 nach Valencia ist ready for boarding, bitte begeben Sie sich an Gate 32. Der Flug nach Valencia startet in Kürze", rief eine weibliche Stimme durchs Mikrofon. Sofort sprang ich auf.

„Alec, wir müssen zum Gate", sagte ich hastig, und auch Alec schnappte gehetzt seine Tasche und lief mit mir gemeinsam zügig zurück zum Gate.

***

„Ich habe nicht mal geschafft meinen Kakao zu trinken", sagte ich bemitleidend, als Alec das Handgepäck im Fach über uns verstaute.

„Ich kauf dir einen in Spanien", sagte er und küsste mich, als er sich neben mich setzte. Ich konnte es kaum glauben, mit Alec nach Spanien zu fliegen, ganz allein, ohne meinen Vater oder einen Luca, der alles kommentierte, was ich tat. Ich lächelte ihn glücklich an und lehnte mich an seine Schulter.

Alec hatte den Fensterplatz bekommen, aber er musste mir beim Rückflug versprechen, dass ich danach am Fenster sitzen durfte. Ein Klingeln ertönte und über uns erschien das Symbol zum Anschnallen. Wir schnallten uns an und gleich danach hörten wir den Piloten ansagen, dass er sich zum Abflug bereit machte. Mein Herz klopfte wie wild gegen meine Brust. Ich bin zwar schon oft im Flugzeug geflogen, aber beim Abheben war ich immer nervös. Aus dem Fenster konnte ich beobachten, wie das Flugzeug zur Startbahn rollte. Mein Atem wurde schwerer, auch Alec schien es zu bemerken und nahm meine Hand. Für einen Moment sah ich zu unseren Händen runter und lächelte. Sein Händedruck gab mir ein sicheres Gefühl, und ich wollte sie auf keinen Fall loslassen. Die Maschine wurde immer lauter, begann zu fahren und wurde schneller und schneller. Ich drückte Alecs Hand ganz fest, sodass meine sogar weh tat. Und dann hoben wir ab und es machte sich ein seltsames Gefühl in meinem Bauch breit.

„Danke für das Geschenk, Lou", bedankte er sich noch einmal. Er nahm mein Gesicht in seine Hände, drehte es zu ihm und gab mir einen sehr leidenschaftlichen Kuss. Ich hatte nie genug von seinen weichen Lippen. Während er mich küsste, spürte ich, wie er lächelte, weshalb ich mich von ihm löste.

„Hallo", sagte ein kleiner Junge und starrte uns an.

„Hallo", grüßten wir freundlich zurück und hofften, dass sich der kleine Mann umdrehte, doch stattdessen quatschte er uns voll. Irgendwie süß und irgendwie musste ich an Alecs Cousine denken. Amelia hätte ihn sicherlich gemocht.

Nach zum Glück nicht allzu langer Zeit drehte sich der Junge um und spielte mit seinem iPad.

„Ich bin echt müde vom Warten", sagte ich ironisch und musste kurz lachen. Lachen darüber, dass mich das Warten am Flughafen so angestrengt hatte, dass ich nun tot umfallen könnte.

„Dann mach die Augen zu." Und genau das wollte ich tun. Das Anschnallzeichen über uns erlosch und ich schnallte mich ab.

„Komm her", sagte er und klopfte auf seinen Schoss. Ich machte die Lehne zwischen uns hoch, drehte mich auf den Rücken und legte mich auf seinen Schoss. Als ich hochsah, sah ich sein wunderschönes Lächeln, das ich am liebsten einfangen wollte.

„Hey, schlafen funktioniert nur, wenn man die Augen schließt", rief er, als er bemerkte, dass ich ihn ansah. Ich schloss lächelnd meine Augen und schlief sofort ein.

***

„Wir sind angekommen", kündigte der Taxifahrer an und wartete auf sein Geld. Der Preis war echt hoch, und Alec wollte unbedingt bezahlen. Ich ließ es zu, aber nur weil er auch etwas dazusteuern wollte. Wir stiegen aus, nahmen unsere Koffer und bedankten uns beim Taxifahrer.

„Komm mit", rief ich Alec zu, der sich eine Weile umsah und nach dem Haus suchte, das uns, meiner Familie gehörte.

„Hier sieht es aus wie an einem dieser Orte, die Influencer ihren Followern zeigen, um sie neidisch zu machen", sagte Alec und folgte mir. Ich lachte, doch musste ihm recht geben. Valencia war ein wunderschöner Ort. Zu schade, dass ich nicht öfter hier war, denn es war einfach unglaublich schön. Wir liefen durch ein Tor, das von Blumen umwachsen war, und es fühlte sich an wie im Paradies. Ich schloss die Augen und ließ all die Erinnerungen, die ich hier als Kind gemacht hatte, in mir hochkommen.

„Wow", sagte Alec, als auf einmal ein Haus hinter all den Pflanzen zu sehen war.

„Willkommen in unserem Haus", sagte ich freudig und warf die Hände präsentierend auf das Gebäude. Die Sonne war schön warm und machte die ganze Atmosphäre perfekt. Unser Haus war recht klein, ein gemütliches Haus, was auch der Grund war, weshalb es mir so sehr gefiel. Es gab zwei Stockwerke und einen Pool im Garten, der mit Salzwasser gefüllt war. Ich begleitete Alec zur Tür, an der „Casa Wilson" stand. Er las es, sah mich an und sagte: „Die kennen wir doch." Dann stupste er mich an. Gespannt auf

Alecs Reaktion schloss ich die Tür auf und ließ ihm den Vortritt. Ich beobachtete, wie er sich alles ansah und umherlief. Das Haus war so typisch spanisch eingerichtet, wie wahrscheinlich jedes Haus, und doch war es für mich ein ganz besonderes Haus. Die Möbel waren hauptsächlich aus dunklem Holz, die Wände hingegen in einem strahlenden Weiß gestrichen.

Nachdem er sich überall im Haus umgesehen hatte, rannte er wieder zu mir, zog mich an ihn ran und küsste mich. Als er sich dann von mir löste, blieb mir nur lächelnd zurück.

„Es gefällt dir hier?", sagte ich und biss mir leicht auf meine Unterlippe.

„Ja sicher", sagte er und küsste mich noch einmal.

„Lass mich dir den Platz zeigen, wo ich früher meine Ferien verbracht habe." Ich nahm seine Hand und zog ihn hinter mir her. Hastig öffnete ich die Tür zur Terrasse und führte ihn zu einer Hängematte, die zwischen der Hauswand und einem Pfosten hing. Ich quietschte laut und warf mich hinein. Sie war so bequem. Und auf einmal kamen mir erneut lauter Erinnerungen hoch, Erinnerungen an einen Nachmittag, als ich hier drin lag, es regnete, donnerte und ich einfach nur hier drinnen lag und dem Gewitter lauschte. Ein Gewitter war für mich immer beruhigend, doch es gab auch eine Zeit, in der ich es gruselig fand.

„Darf ich?", fragte er höflich und sah neidisch in die Hängematte. Ich nickte und erlaubte ihm, sich neben mich zu legen. Da lagen wir nun, dicht an dicht. Ich an seiner Brust oder eher auf ihm drauf, da die Hängematte nun auch nicht so viel Platz bot. Er sah mich an, als gäbe es nur mich, was mein Herz höher schlagen ließ. Noch nie in meinem Leben wollte ich jemanden so sehr wie ihn. Manchmal war die Liebe von mir für ihn erschreckend, da ich gefühlt besessen von ihm war. Aber ich fühlte mich deswegen nicht wie eine Verrückte, denn ich wusste nun, dass Alec das Gleiche empfand.

„Ich liebe dich", sagte ich und erlaubte mir sanft durch sein Haar zu gehen. Er lächelte, als hätte ich ihm das schönste Geschenk auf der Welt gegeben.

„Und ich liebe dich!", sagte er und küsste zaghaft meinen Hals. Auch wenn das spanische Wetter recht heiß war, flammte ich noch mehr auf.

Ich sah grinsend zu ihm hoch. Eine Sekunde später stand er auf, trug mich auf seinen Armen ins Haus.

„Lust unser neues Haus zu erkunden?" Überzeugend zog er eine Augenbraue hoch.

„Immer.", antwortete ich und biss vor Vorfreude auf meine Unterlippe.

Im Esszimmer angekommen, setzte er mich zu Boden. Es dauerte nicht lange, da gingen wir schon aufeinander los, wie Tiere. Mit einem kurzen Sprung saß ich auf seinen Hüften, die mich trugen, als wäre ich kaum ein Gewicht. Alecs Hände fuhren über meine Oberschenkel immer höher, bis unter mein Sommerkleid, während unsere Lippen sich nicht trennten. Er ging ein paar Schritte, bis ich die Wand an meinem Rücken spürte. Mein Atem ging immer schwerer.

„Alec, hör auf zu spielen.", forderte ich ihn auf, als er mit seiner Hand gefährlich meine Haut packte. Ich wusste genau, was er tat, aber dennoch entlockte er mir ein Stöhnen.

„Ungeduldig?", fragte er mit lustvollen Augen.

„Ja", gab ich zu, ohne zu lügen, denn ich war wirklich ungeduldig. Er grinste amüsiert.

Im nächsten Moment stand ich wieder auf meinen Füßen.

„Zieh es aus", befahl er, und ich zog mein Kleid aus. Ich liebte es, wie er mich ansah, als wäre ich das schönste auf der Welt. Durch Alec bekam ich immer mehr Sicherheit, wodurch auch ich begann, meinem Körper zu mögen.

Seine Hände nahmen meine Taille, als gehörte ich ihm, und führten sie näher an ihn. Er sah zu meinen entblößten Brüsten, nahm sie in die Hand und schenkte beiden gleichberechtigt Aufmerksamkeit mit seinem Mund.

Augenblicklich warf ich meinen Kopf genussvoll in den Nacken und ließ Alec das Ruder übernehmen. Dann waren seine Lippen wieder auf meinen und fingen mein laut werdendes Stöhnen ein. Wir taumelten im Raum umher, bis wir an den Tisch stießen.

„Dreh dich um", forderte er auf. Ich wusste genau, was in seinem Kopf vorging. Ohne zu zögern drehte ich mich um, mit dem Rücken zu ihm. Mein Herz hämmerte vor Spannung.

Alec legte seine Hand auf meinen unteren Rücken und fuhr immer weiter nach oben, sodass ich mich automatisch auf den Tisch beugte. Mit seiner anderen Hand griff er zwischen meine Beine und berührte mich genau dort, wo ich es wollte.

„Oh Gott", wimmerte ich bei seinen Berührungen. Mein nackter Oberkörper lag auf dem kalten Holztisch.

„Du bist so wunderschön", sagte er und zog mir mein letztes Stück Kleidung aus. Ich hörte, wie er seinen Gürtel öffnete und ihn herauszog. Völlig erregt wartete ich auf ihn, während ich mich nicht bewegte und immer härter auf meine Unterlippe biss.

Und dann stieß er in mich, als hätten wir nicht die Zeit der Welt. „Fuck", keuchte Alec.

***

Während der Reise mit Alec bemerkte ich, wie ich mich verändert hatte, wie ich zu dem Menschen wurde, der ich immer sein wollte. Das machte mich stolz. Nach all dem Schmerz, den ich erlitten hatte, war ich immer wieder aufgestanden und hatte für meine Zukunft gekämpft. Nie im Leben hätte ich gedacht, dass ich am Ende mit meiner Liebe zusammen sein und so glücklich sein könnte. Vor kurzem hätte ich nicht einmal geglaubt, dass ich jemals mit meinem Leben zufrieden sein könnte. Ich hatte aufgegeben, bevor ich überhaupt angefangen hatte zu kämpfen. Nun wusste ich, dass ich alles schaffen konnte, denn ich hatte das Schlimmste überstanden. Egal, was passieren würde, ich war nun stärker als jemals zuvor. Der Schmerz, den ich erlebt hatte, war furchtbar gewesen, aber er hatte mich zu der Frau gemacht, die ich nun war. Ich überstand ein Koma und kämpfte. Ich kämpfte dafür, wieder richtig laufen zu können, obwohl mir die Ärzte mitteilten, dass die Hoffnung darauf, jemals wieder richtig ohne Krücken laufen zu können, wohl hoffnungslos wäre. Und nun musste man mich sehen! Ich hatte zwar immer noch meine Narbe an meinem Bein, doch sie war nichts als eine Erinnerung. Eine Erinnerung daran, wie ich mich verändert hatte und wie stark ich geworden war. Nach dem Tod von John Macweiher, wurden meine Albträume weniger. Trotzdem fühlte ich mich schuldig, mich gut zu fühlen, bei dem Gedanken, dass er tot war. Und dann lernte ich auch noch zwei der wundervollsten Menschen auf der Welt kennen, Ivana und Alec. Wenn ich an die beiden dachte, war ich glücklich und stolz. Ich brauchte niemanden außer diese beiden. Meine zwei Lieben des Lebens. Auch wenn das vielleicht kitschig und bescheuert klang, spürte ich, wie sehr sie sich einen Platz in meinem Herzen teilten. Im Leben ging es vor allem um Liebe, ob es Liebe für jemanden anderen oder für einen selbst oder für etwas war.

7 Jahre später

31. Kapitel

Die Tür klingelte, und sofort war ich auf den Beinen.
„Das ist Ivi", rief ich Alec zu, der gerade dabei war, sich seinen Bart abzurasieren. Ich hatte ihm die ganze Zeit gesagt, dass er mir besser ohne diesen 3-Tage-Bart gefiel, aber er war der Meinung, dass er unbedingt den gleichen Look wie Luca haben wollte. Wenigstens hörte er jetzt auf mich.

Ich öffnete freudig die Tür. Keine Sekunde standen wir da, sondern fielen uns direkt quietschend in die Arme.

„Ich habe dich so vermisst, Schätzchen", sagte Ivi und drückte mich ganz fest.

„Ich dich auch", sagte ich gedrückt, da mir Ivis Umarmung fast die Luft nahm.

„Gott, ich habe dir so viel zu erzählen. Ich habe jemanden kennengelernt. Sie war meine Arbeitskollegin im Fitnessstudio, aber jetzt daten wir", brabbelte sie los und zog sich ihre Schuhe und ihren Mantel aus.

„Oh mein Gott, wie heißt sie? Ich will alles wissen", forderte ich sie auf, während wir zusammen in die Küche gingen.

Ivana erzählte mir einfach alles, wie sie eigentlich dachte, dass sie sich früher niemals für Frauen interessiert hätte und dass sie es aber mit ihrer neuen Freundin ernst meinte.

„Sie heißt Olivia", sagte sie stolz, und man merkte ihr sofort an, dass Ivana sogar bei dem Namen anfing zu schwärmen. Ich hörte weiter zu, wie sie von ihrem ersten Date erzählte, was schiefging und dann doch das Beste war, was sie jemals erlebt hatte.

„Hier", sagte ich und stellte ihr eine Tasse Kaffee auf den Tisch. Gespannt hörte ich ihr weiter zu und schlürfte meinen Kaffee. Auch wenn ich immer gesagt hatte, dass ich niemals Kaffee mögen würde, mochte ich ihn nun.

„Hey, ist eigentlich Alec da?", fragte mich Ivana, das Thema wechselnd, als sie mir alles über Olivia erzählt hatte. Es war süß, wie sehr Olivia Ivana glücklich zu machen schien. Das besänftigte mich sehr, vor allem, weil Ivana nicht mehr in London lebte, sondern in Cambridge.

„Alec macht sich gerade für irgendwas fertig. Ich weiß nicht wofür, aber er ist voll nervös deswegen", flüsterte ich Ivana zu und lehnte mich näher an sie.

„Vielleicht hat er ja eine Neue?!", ärgerte sie mich und piekste mich in den Bauch.

„Heute mal witzig unterwegs?", lachte ich sie aus und schickte ihr einen fiesen Blick zu.

„Bis später", sagte Alec und rannte gefühlt aus dem Appartement. Ein wenig verwundert war ich schon, da er mir nicht mal gesagt hatte, was er denn eigentlich vorhatte. Aber Alec würde mich nie im Leben betrügen, also was auch immer er tat, ich vertraute ihm.

„Jedes Mal, wenn ich hier bin, bin ich neidisch auf eure geile Wohnung. Ich meine, ihr könnt sogar ganz London aus dem Fenster sehen", sagte sie und zeigte zu unserem großen Fenster, das uns ein Panoramabild von London verschaffte. Tatsächlich war unser Apartment unglaublich. Es war nicht riesig, aber sehr frei und offen. Es war eine Art Loft, denn es war modern, aber in einem Altbau. Die Wände waren aus Backsteinen, die aber eine wirklich schöne, gemütliche und freie Atmosphäre machten. Es war schon immer mein Traum gewesen, so eine Wohnung selbst zu gestalten und es war wahr geworden.

„Wir arbeiten auch viel, um uns so etwas zu ermöglichen", erklärte ich. Nachdem Alec und ich in dieses Apartment gezogen waren, nahm ich kein Geld mehr von meinem Vater an. Er war noch immer besorgt, dass mir etwas fehlte und ich mich nicht selbst versorgen konnte. Das machte mich noch stolzer, mich selbst, ohne seine Hilfe zu versorgen. Auch wenn ich wusste, dass ich irgendwann sowieso sein Geld erben würde.

„Kommst du mich nächstes Wochenende mal wieder in Cambridge besuchen? Ich will dir unbedingt Olivia vorstellen", sagte Ivi und ich konnte nicht anders als ja zu sagen.

***

„Wollen wir?" fragte Alec und öffnete die Tür. Ich freute mich sehr auf das London Eye und war auch echt nervös. Alec hatte letztens erfahren, dass ich noch nie in so einem Riesenrad war. Wahrscheinlich hatte er es sich deswegen in den Kopf gesetzt, sich mit mir in so ein Ding zu setzen. Ich war mir aber noch nicht ganz so sicher, ob ich da wirklich rein wollte, aber da Alec sich so freute, das mit mir zu machen, konnte ich nicht nein sagen.

Wir nahmen den Fahrstuhl in die Tiefgarage, um das Auto zu nehmen. Alec und ich hatten nur ein Auto, das wir uns teilten, da wir es besser fanden, zu Fuß oder mit dem Fahrrad unterwegs zu sein. Außerdem arbeiteten wir beide in London. Als der Fahrstuhl aufging, stiegen wir aus und liefen zum Auto.

„Hier", rief Alec und warf mir den Schlüssel rüber, den ich auffing. Ich mochte das Autofahren sehr und fühlte mich wohl, wenn ich am Steuer saß.

Als Alec auf dem Beifahrersitz saß, startete ich das Auto und gab schwer schluckend die Adresse des Riesenrads ein. In meinem Kopf fragte ich mich die ganze Zeit, was ich davon halten sollte, dass ich jeden Moment in so einem Ding saß, das viele Meter über dem Boden schwebte. Das Navi sagte uns, dass wir in 10 Minuten da wären, doch dann standen wir im Stau und es wurden 20 Minuten.

„Mist!", gab Alec von sich.

„Du hattest recht, wir hätten laufen sollen. Aber dafür haben wir es warm im Auto und müssen nicht durch den kalten Schnee laufen", überzeugte ich ihn.

Er lächelte und küsste mein Handrücken.

***

Schneller als gedacht fand ich einen Parkplatz und stellte das Auto ab. Mein Herz klopfte stark, als wir auf dieses Riesending zuliefen, und es rutschte noch tiefer in die Hose, als wir plötzlich davorstanden.

„Das ist aber echt hoch", sagte ich und konnte nicht glauben, dass ich jeden Moment in diesem Ding sitzen würde. Der Mann nahm Alecs Geld, und ein anderer führte uns in unsere kleine Kugel, mit der wir gleich fahren würden. Ich trat vorsichtig ein und setzte mich auf die gepolsterte Sitzfläche. Als Alec dann neben mir saß, schloss sich unsere Kugel. Meine Augen wurden größer, als ich spürte, wie wir in die Höhe fuhren. Alec wirkte hingegen entspannt und gelassen. Ich umklammerte seine Hand, während wir an Höhe gewannen. Je länger wir fuhren, desto leichter fiel es mir, locker zu lassen. Die Aussicht war unbeschreiblich. „Wow. Sieh mal Alec, man kann einfach alles sehen!", sagte ich und konnte gar nicht den Blick von dem verschneiten London nehmen. Plötzlich blieben wir stehen. Wir befanden uns am höchsten Punkt. Es war so wunderschön, ich konnte gar nicht aufhören, wie ein kleines Kind aus dem Fenster zu sehen. Schnell machte ich ein Foto. Dafür stand ich auf, ging auf die andere Seite und fing den Moment ein. Als ich mich umdrehte, stockte mir der Atem. Alec kniete vor mir, und als ich dachte, mich zu täuschen, zog er plötzlich eine kleine Schatulle hervor. Mir blieben komplett die Worte weg, und mein Herz hüpfte und schlug Purzelbäume.

„Louisa, wir kennen uns jetzt seit knapp neun Jahren. Angefangen hat unsere Geschichte in einer Klinik, in der ich dich kennenlernen durfte. Der Tag, an dem ich dich das erste Mal sah, wusste ich schon genau, dass ich dich einmal lieben würde. Ich durfte dich, in guten sowie in schlechten Zeiten begleiten, und das möchte ich weiterhin tun. Nun bist du meine Freundin geworden, die Liebe meines Lebens. Doch ich will dich nicht nur meine Freundin nennen, deshalb frage ich dich jetzt… Willst du, Louisa Wilson, meine Frau werden?", fragte er mich tatsächlich, noch immer am Boden kniend. Langsam öffnete er die kleine Schatulle und hielt mir den Ring hin. Der Ring war unfassbar schön und glitzerte.

„Deswegen war er so nervös und wollte mir nicht sagen, wieso er so dringend weg wollte", dachte ich. Alec sah mich nervös an, als wäre ihm nicht bewusst, was meine Antwort wäre. Mir war sie definitiv bewusst. Kurz lag Stille zwischen uns, bis ich sie dann endlich brach und „Ja", sagte.

Epilog

-Alec-

Der Gedanke, Louisa jemals zu verlieren, schnürte mir die Kehle zu. Sie war das Beste, was mir je passiert war. Wir hatten gemeinsam so viel aufgebaut, dass ich mir ein Leben ohne sie nicht mehr vorstellen konnte. Ursprünglich waren wir nur Freunde, aber für mich war es von Anfang an mehr als das. Schon beim ersten Anblick im Krankenhaus fesselten mich ihre dunklen Haare und ihre Augen, die eine Geschichte zu erzählen schienen. Ich spürte einen unwiderstehlichen Drang, alles über sie zu erfahren, besonders darüber, warum sie im Koma lag und was sie durchgemacht hatte. Louisa lebte nur mit ihrem Herzen, und das war etwas, was ich an ihr bewunderte. Niemand sah die Welt so wie sie, und das war es, was sie so einzigartig machte.Ich wusste nicht, ob ihr bewusst war, welchen Respekt ich vor ihr hatte, da sie die stärkste Frau war, die ich jemals getroffen hatte.

Durch sie erfuhr ich die wahre Bedeutung von Liebe. Schon zu Beginn unserer Freundschaft verliebte ich mich kopfüber in diese Frau. Nach unserem ersten Kuss war klar, dass auch sie ähnliche Gefühle hegte, denn in der Art, wie sie mich küsste, konnte ich spüren, wie sehr sie sich öffnete und sich mir hingab. Mit der Zeit erfuhr ich all ihre Geschichten aus der Vergangenheit, die sie geprägt hatten und verstand, warum sie so war, wie sie war. Sie hatte eine harte Zeit durchgemacht, war oft allein und auf der Suche nach Liebe und Geborgenheit, die ihr nie jemand gab. Es wurde meine Mission, sie für den Rest meines Lebens daran zu erinnern, wie sehr ich sie liebte. Sie verdiente es, geliebt zu werden, auch wenn ich sie erst davon überzeugen musste. Louisa Wilson brachte eine neue Seite in mir zum Vorschein, und ich liebte sie aus tiefstem Herzen.

Danksagung

Zuerst einmal möchte ich mich bei all meinen Leser*innen bedanken, die mein Buch ausgewählt haben und meinen Roman „Change" lesen. Ich hoffe sehr, dass ihr euch genauso sehr in die Geschichte verliebt wie ich.

Ein herzliches Dankeschön gilt auch meinen Freunden und meiner Familie, die immer an mich geglaubt haben, selbst wenn ich mal an mir selbst gezweifelt habe. Ebenso möchte ich denen danken, die meinen Roman bereits vorab lesen durften und mir sagten, dass er inspirierend und großartig sei - vielen Dank.

Ein besonderer Dank gebührt auch meiner Lektorin Dr. Anja Busse, die meinen Roman korrekturgelesen hat und mir bestätigt hat, dass die Geschichte Potenzial hat.

Anfangs hätte ich nie gedacht, dass ich es schaffen würde, einen kompletten Roman fertigzustellen und zu veröffentlichen. Die Geschichte von Louisa war eine Fantasie, die aus meinem Herzen kam. Trotz anfänglicher Unsicherheiten habe ich nie aufgehört, daran zu arbeiten. Am Anfang hatte ich nicht einmal die geringste Ahnung, was ich tat, doch im Laufe des Prozesses habe ich mir alles selbst beigebracht. Nun möchte ich die Geschichte mit euch teilen.

Trotz all des Chaos, wie beispielsweise meinem Abitur, habe ich es geschafft, meinen ersten Roman zu veröffentlichen.

Ich hoffe sehr, dass der Roman zeigt, dass egal in welcher Situation man sich im Leben befindet, es immer einen Ausweg gibt. Du verdienst es genauso wie jeder andere, ein glückliches Leben zu führen. Vergiss nicht, dir selbst auch Liebe zu schenken, denn du verdienst sie genauso sehr wie jeder andere.

Über die Autorin

Caren Erika Rosemarie Meyer wurde 2004 in Berlin geboren und hat das Schreiben oder Geschichten erzählen schon seitdem sie ganz klein ist entdeckt, zum Beispiel indem sie ihrer kleinen Schwester Geschichten zum Einschlafen erzählt hat.

Neben dem Romanschreiben veröffentlicht sie bereits Gedichte, die alle sehr emotional sind. Sie ist außerdem eine aufstrebende Schauspielerin, die eine Leidenschaft für Filme hegt. Sie plant auch in Zukunft, Romane zu schreiben, diese zu verfilmen und Regie zu führen.

Weiterhin plant Caren viele weitere Geschichten, wie das nächste Buch „Perfection". Aber auch noch viele weitere werden kommen, denn dies ist erst der Anfang ihrer Reise.